KBI34003

애국의 계보학

Narratives of Nation-Building in Korea (ISBN 9780765610683)
authored/edited by Sheila Miyoshi Jager

메두사의 시선 04

애국의 계보학

대한민국의 정체성을 만든 서사들

실라 미요시 야거 지음

정희진 기획·감수 | **조고은** 옮김

나무연필

『애국의 계보학』이 한국에서 출간되어 오늘날의 연구자들에게
의미 있는 논의를 보탤 수 있다니, 무척 기쁘다. 이 책은 나의 첫
저작이기에 내게도 각별하다. 이 책에서 가장 중점적으로 다룬
주제는 한국의 민족주의다. 나는 젠더 문제와 더불어 한국의 전
통적인 유교 서사가 근대국가에 대한 한국인의 관념에 꾸준히 영
향을 미치며 변주해가는 방식에 특히 주목했다. 이 책이 탐구한
주요 사안은 다음과 같다. 한국인은 남성성과 여성성의 형식을
새로 만들어내기 위해 자신의 과거를 어떻게 해석했는가? 그렇
게 새로 등장한 남성성과 여성성 개념은 한국이라는 국가를 건설
하는 데 어떤 영향을 미쳤는가? 마지막으로 학생운동 세력이나
대통령 등 특정한 역사 행위자들이 이와 같이 새롭게 젠더화된

서사를 자신의 이데올로기적 목적을 위해 어떻게 통합했는가?

이러한 질문들에 적절한 답을 찾았는지는 장담할 수 없지만, 이 책은 젠더가 언제나 또는 반드시 젠더 자체만의 문제가 아니라는 중요한 주장을 편다. 나는 젠더에 대한 특정 서사가 당대의 상황을 설명하는 데 거듭 재사용되는 방식과 더불어, 젠더 체계가 그 외의 정치적·문화적·미학적 조직 및 경험의 양식과 연관되는 방식을 보여주고자 했다. 예컨대 신채호와 이광수의 저작을 검토하면서 신채호가 기술한 한국사가 ('나약한' 양반 이미지의 대척점으로서) 고대 군사적 남성성의 유산을 강조한 방식과 이광수의 소설이 남성성의 대체와 (부인 및 가족으로의) 귀향이라는 비유를 통해 구축된 방식을 보여주었다. 이러한 비유는 일제강점기를 거쳐 해방 이후에 다시 등장하는데, 이때는 귀향이라는 주제와 절개 높은 부인이라는 이미지가 식민지배의 수난뿐 아니라 조국분단의 비극을 표현하는 데 쓰였다. 마찬가지로 한국 현대사에서 영웅적인/사나이다운 남성성이라는 주제가 박정희 같은 군부 지도자는 물론 학생운동 세력에 의해서까지 어떤 식으로 다양하게 부활했는지 살펴보았다.

시카고 대학에서 인류학 박사 과정을 밟고 있던 나는, 1987년 여름에 샤머니즘을 연구하기 위해 처음 한국을 방문했다. 당시에는 한국의 가면에 관심이 많았는데, 이내 마음을 바꿨다. 6월항쟁이라는 격동의 시간을 목도한 뒤 나는 한국의 학생운동을 주제로 박사 논문을 쓰기로 결심했고, 이 논문이 결국 『애국의 계보학』

이 되었다. 내 논문은 전통적인 인류학 논문이 아니었다. 문학 작품을 비롯하여 문헌 자료를 여럿 참조했기에 민족지학보다는 문화사 연구에 가까웠다. 결국 나는 인류학을 완전히 뒤로한 채 역사학으로 전공을 바꿨다. 인류학을 공부했지만 역사학자가 된 것이다.

그러나 전통적인 역사학자와 달리 나는 과거뿐 아니라 현재와 미래까지 연구한다. 과거의 사랑, 젠더, 가족에 대한 상상이 당대의 관념과 어떻게 연결되는지, 그 결정적 연결 고리를 추적하는 것이 나의 일관된 관심사다. 분단과 한국전쟁을 거치면서 수백만 가족이 흩어지고, 통제할 수 없는 외세에 의해 한국의 국가 정체성이 위태로워지면서 이러한 지점은 매우 중요해졌다. 그 결과 학생운동 세력은 민족 분단을 민족적 육체를 침해하거나 침해하겠다고 위협하는 외부인에 의한 낭만적 상봉의 좌절로 상상하곤 했다. 그와 함께 헌신(특히 여성적 헌신), 정절, 낭만적 재회에 대한 열망은 통일을 의미하게 되었다. 이는 결국 새롭게 '번역된' 옛날 이야기였던 것이다.

한국학 연구자이자 동아시아 역사가로서 나는 한국의 과거와 현재가 어떻게 연결되는지를 비롯하여 한국과 동아시아의 연결에도 관심을 두고 있다. 한국의 역사적 경험은 언제나 지역사 및 국제사가 교차해왔기에 더더욱 그러하다. 한반도를 둘러싼 중국, 일본, 러시아의 경합 및 투쟁으로 오랜 세월에 걸쳐 한국은 갈등과 전쟁의 거점이 되어왔다. 그렇기에 한국사 연구는 동아시아

지역 연구의 중심이기도 하다. 이 책에서는 지정학 및 강대국 간의 세력 다툼을 구체적으로 다루고 있지 않지만, 식민주의, 전쟁, 분단과 같은 외적 문제에 대한 한국의 대응은 이 책의 기저에 깔린 초점이자 내가 다른 연구에서 깊이 탐구한 주제이기도 하다.

한국의 독자들에게 이 책을 읽을 수 있게 해준 조고은 번역가와 도서출판 나무연필에 감사드린다. 『애국의 계보학』이 한국의 역사 및 민족주의에 대해 새로운 사고방식을 열어줄 수 있기를 진심으로 기원한다.

미국 오하이오주 오벌린에서

실라 미요시 야거

일러두기

1. 이 책은 실라 미요시 야거의 *Narratives of Nation Building in Korea: A Genealogy of Patriotism*을 한국어로 옮긴 것이다.

2. 이 책에 인용된 한국어 문헌은 가급적 원문을 그대로 수록하되 현대 한국어로 구사되지 않는 표현의 경우 원문의 뜻을 대괄호([ ]) 안에 넣어주거나 현대어로 풀어 썼다.

3. 필자의 주석은 따로 표시하지 않았고, 옮긴이와 편집자의 주석은 주석 번호 바로 뒤에 '[옮긴이]', '[편집자]'라고 밝혔다.

4. 단행본은 겹낫표(『 』), 논문·기사를 비롯한 개별 글은 홑낫표(「 」), 신문·잡지는 겹화살괄호(《 》), 영화·그림·조각은 홑화살괄호(〈 〉)로 표시했다.

민족주의와 젠더의 시선으로 본 한국사

이 책은 한국의 역사, 젠더, 민족주의의 관계를 중점적으로 다룬다. 보다 구체적으로는 근대 자본주의 세계체제가 부상하고 그와 연동하여 국가가 등장하면서, 한국인이 자신을 젠더적 존재로 인식하는 방식이 어떻게 변화했는지를 조명한다. 19세기 말에 이르러 국가라는 개념이 등장하면서 새로운 형식의 남성다움과 여성다움이 더불어 탄생했고, 민족주의의 창조적이고 변혁적인 힘이 곧 새로운 젠더 주체성을 생산하는 원동력이라는 것이 이 책의 핵심적인 주장이다. 젠더 담론이 항상 혹은 반드시 젠더 자체만을 다루는 것은 아니다. 젠더란 상호적으로 구성되며 역사적으로 다양한 여성과 남성의 범주로 개념화된다. 그리하여 젠더 체계는 다중적이고 가변적인 방식으로 다른 문화적·정치적·미학적 구조 및 경험의 양식과 서로 연관된다.

나는 일본의 식민지배와 서구의 제국주의라는 맥락 속에서 한국의 여성성과 남성성이 어떻게 형성되었는지를 탐구하는 데서 출발한다. 일본과 서구가 구성한 한국, 그리고 한국이 구성한 일본과 서구는 특정한 조합을 통해 새로운 정체성을 만들어내는데, 나는 이를 구축하는 국가의 창조적 힘을 밝혀내는 데 초점을 맞추었다. 이러한 측면에서 본다면 이 책은 탈식민성과 그 담론적 패러다임이 비서구 세계의 정체성, 문화, 정치의 구성에 미친 지배적 영향을 조명해보는 대응이기도 하다.

특히 나는 호미 바바Homi Bhabha의 "거의 비슷하지만 완전히 똑같지는 않은"이라는 개념이 문제적이라고 본다. 이는 피식민자들이 복잡한 '모방' 체계를 통해 식민지배에 대응하는 양상을 설명하는 개념이다. 하지만 이를 통해서는 서구 원본과 식민지 사본의 차이를 결코 설명해낼 수 없다.[1] 모든 역사적 특수성을 지워버린 채 "거의 비슷하지만 완전히 똑같지는 않다"고 규정하는 탈식민성 개념은 존재론적 주변성만을 모호하게 규정하는 추상적 관념이다. 이는 모든 소수자 담론에 똑같이 적용할 수 있으며, 그

---

1 바바는 탈식민적 주체와 국민국가의 관계를 설명하기 위해 식민지배적 모방이라는 개념을 사용하면서 다음과 같이 말한다. "모방은 그 자체가 부인의 과정인 차이의 표상화로 나타난다. (……) 식민 담론의 권위를 모방하는 것은 심오한 일이면서도 혼란을 야기한다. 식민지 상태 혹은 식민 주체를 '규범화'할 때, 탈계몽주의 문명의 꿈은 그 자신의 자유의 언어를 소외시키고 그 규범에 대한 또 다른 지식을 생산하기 때문이다"(1994: 86). 그녀는 '모방'과 '소외'로 인해 탈식민주의 주체가 심대한 양가성을 갖게 된다고 보았다. 이 복제가 언제나 '부분적'이고 '불완전'하다는 지식으로 이어지기 때문이다.

애국의 계보학

렇기에 그 어떤 구체적 의미도 갖지 못한다. '탈식민', '여성', '종족'과 같은 개념은 은유적으로 사용되기 때문에, 세라 술레리^{Sara Suleri}(1995)가 지적했듯 "각각의 억압의 수사는 타자에 대한 거울상 알레고리로도 똑같이 쓰일 수 있다". 더욱이 지배자의 권력을 구체화하는 과정에서 비서구의 문화는 오직 하나의 가능성, 즉 저항으로 환원된다. 탈식민주의적 정체성 공식의 문제점은 그것이 기본적인 이분법 양식, 즉 순수하게 자생적인 '자기 이해' 대 대타자^{The Other}를 문화적으로 전유하여 형성된 '오염된' 정체성 ("거의 비슷하지만 완전히 똑같지는 않은")으로 설정된다는 데 있다. 그러나 당연하게도 '순수한 자기 이해'라는 개념은 신화다. 서구의 선박들이 정복을 위해 낯선 해안에 닻을 내리기 훨씬 전부터 전 세계 대부분의 문화와 사회는 이미 '오염'되어 있었다.[2]

지난 몇 년간 서구에 의한 '오염'을 부정적으로만 보았다면, 그것이 전 세계적으로 새로운 창의적 발전의 토대를 제공해온 측면도 생각해볼 여지가 있다. 진보 신화가 한국적으로 '번역'되면서, 한국의 유교적 과거와 연관되어 추앙받던 학문적 남성성이라는 이상향은 어떻게 재가공되고 극적으로 변형되어 새로운 형식의 남성성이 되었을까? 일본을 통해 한국에 소개된 서구 문학 번역은 한국이 국가 건설에 매진하고 '근대적' 남성과 여성을 상상계적/상상적으로 구성하는 과정에서 어떻게 강력한 대리인으로 자

---

2 인도에서 발달한 불교가 중국에 미친 영향이나 중국에서 발원한 뒤 한국과 일본에 뿌리내린 유교적 정치 이념에 대해 어떻게 바라봐야 하는가?

서론 | 민족주의와 젠더의 시선으로 본 한국사

리 잡았을까? 이러한 번역은 이후에 한반도 통일에 대한 박정희의 민족주의적 수사 표현과 학생운동의 저항적 수사 표현에 어떻게 재전유되었을까? 문화적 의미와 가치를 생성하고 영속화하는 다변적 '번역'의 관점에 입각하여 젠더를 역사적으로 바라보면, 사회의 재생산과 변이 및 집단적 사회구조의 변화가 일어나는 무수한 지역적·개인적 장소를 드러낼 수 있다.

이 책의 핵심 목표 중 하나는 모든 창조적 '번역'의 복잡한 유산을 정리하고, 한국 현대사 전반에 걸친 서사적 일관성(및 비일관성)을 드러내는 것이다. 주요 텍스트/순간에 대한 해석을 묶은 모음집으로서, 이 책의 목적은 한국 현대사의 특정 사건과 작업이 담론적으로 어떻게 연결되었는지에 대한 통찰을 제공하고 이러한 서사적 연결의 기저에 있는 논리를 찾아내는 것이다. 이를 위해서는 헤이든 화이트Hayden White와 헤럴드 블룸Harold Bloom에게서 차용한, '수사적인 것'이라고 지칭되어온 형식을 비판적으로 검토해야 한다. 비유적 접근을 통해 국가를 상상할 때 중요한 역할을 수행해왔던 역사적 사건 및 문헌을 조사하는 방법을 마련하고, 주된 서사적 비유를 통해 더 큰 흐름을 구성해온 방식을 찾아낸 뒤 그 사건 및 문헌과 연결해내는 방법을 탐색할 것이다.

화이트(1978)가 설명하듯, "수사법the tropic은 고대 그리스어 tropikos에서 파생된 단어인데, tropos는 고대 그리스어에서 '바꾸다turn'라는 의미이며 고대 그리스의 공통어 코이네Koiné에서는 '방식way' 혹은 '관례manner'를 의미한다. 이것이 고전 라틴어에서 '비유metaphor' 혹은 '비유법figure of speech'이라는 뜻으로 사용된 tropus를 통해 인도유럽어로 들어왔다". 이런 의미에서 수사법은 하나의 참조점과 또 다른 참조점('참조reference'라는 단어의 어원은 '가져오다'라는 의미의 라틴어 refero이다) 사이의 관계relation인 만큼 이나 번역translation이기도 하다. 그렇기에 수사법은 끝없는 참조의 연쇄 속에서 핵심적 텍스트/순간을 다른 것과 연결하는 일종의 지형도의 기능을 담당한다.

또한 나의 연구는 발터 벤야민Walter Benjamin의 '몽타주' 개념과 도 연결된다. 벤야민의 친구 테오도어 아도르노Theodor Adorno는 몽 타주를 "수수께끼 같은 형식을 활용하여 충격을 주고 이를 통해 생각을 움직이게 만드는 그림 퍼즐"이라고 했다(Taussig 1984: 89). 특정 텍스트/순간에 대한 나의 분석이 충격을 줄 정도는 아닐지 라도, 은폐되거나 간과될 수도 있었지만 다른 텍스트/순간을 병 치해보면 비로소 드러나는 과거와의 연관성을 탐구하는 하나의 방식을 제공할 것이다. 나아가 이 책은 "작은 개별적 순간의 분석 속에서 전체 사건의 결정체를 발견하기"(Benjamin 1999: 461)라는 벤야민의 개념을 활용하여, 민족주의 연구에 사용되는 역사적 범 주 및 방식을 고찰하는 대안적 방법을 마련한다. 그리하여 국민 국가와 역사적 시간의 모더니즘적 개념에 의해 승인된 역사 진보 의 신화를 단순히 복제하는 것이 아니라, 진보주의적 주장에 거 리를 두면서 한국 근대의 **단편적** 역사, 즉 한국 민족주의의 서사 적 패턴을 해독하고자 하는 일종의 문학적 '몽타주'를 구성했다.

책 전반에 걸쳐 서사적 '재구성'의 연속적 과정에서 과거와 현재가 만나며, 검토 중인 각 텍스트/순간이 하나의 과거, 현재, 미래에 포함된다.

따라서 이 책의 짜임은 연대순이면서도, 어떤 중요한 역사적 순간에는 매우 강렬하게 집중하고 다른 중요한 순간은 건너뛰면서 한 서사적 '장소'에서 다른 '장소'를 넘나든다는 점에서 절충적이다. 이 책의 각 장은 일제강점기까지 거슬러 올라가는 특정한 서사적 수사가 비록 변형되기는 하지만 근대를 거쳐 현대에 이르기까지 여전히 중요하게 남아 있다는 전제를 근간으로 하나로 엮인다. 책 전반에 걸쳐 나는 특정한 국가적 사건을 합리화하기 위해 핵심적인 서사적 수사가 사용, 변형, 재배치되는 다양한 담론적 텍스트/순간을 탐구한다. 현대 한국 사회에서 발견되는 이러한 '지배적 수사'가 남북 분단의 맥락에서는 어떻게 성공적으로 재배치되는지도 보여줄 것이다.

"근대 정체성"이라는 제목을 붙인 1부에서는 다음에 이어질 여섯 장에 대한 무대를 설정한다. 1장에서는 20세기 초에 수십 년간 형성된 군사적 남성성과 국민국가 사이의 관계를 탐구한다. 여기서는 특정한 양식의 민족주의적 자기비판과 식민주의 담론을 분석하여, 한국의 과거에 대한 '진정한' 기록이 어떻게 왜곡되었는지를 보여줄 것이다. 그 사례로는 신채호 등의 민족주의 역사가가 유교적 '양반'이라는 형상으로 구현된 나약하고 무능한 남성성의 이미지를 차용하는 방식이 제시된다. 특히 신채호가

'근대화와 계몽'을 촉진하기 위해 '양반'이라는 의외의 대상을 어떻게 민족주의적 자기비판의 도구로 활용했는지, 그리고 조선왕조(또한 이와 연결된 '불모의' 남성성)를 한민족 역사의 정통에서 벗어난 일탈로서 완전히 삭제해버리는 작업을 어떻게 정당화했는지 밝힐 것이다.

1장에서 일제강점기에 생산된 새로운 역사 서술에 나타난 남성성과 민족을 분석한다면, 2장에서는 '번역된' 문학 실천과 국가 건설의 정치, 그리고 이들과 여성이 담당한 역할 사이의 관계를 탐구한다. 여기에서는 한국 최초의 근대소설을 쓴 작가로 널리 알려진 이광수의 작품에 초점을 맞추어, 20세기 초에 발전한 한국 근대문학이라는 '특수한' 개념이 어떻게 국가가 스스로를 규정하는 데 중요한 매개가 되었으며, 진정성을 추구하는 국가의 요구 속에서 어떻게 여성이 가장 중요한 주체로 등장하게 되었는지를 살피고자 한다. 3장과 4장에서는 이러한 주제를 더 깊이 탐구하여 열녀/신여성의 수사가 식민지배로 인한 국가의 수난뿐 아니라 조국 분단의 비극을 표현하기 위해 반복적으로 사용되는 방식을 밝힐 것이다. 그중에서도 나는 특히 현대 텍스트/순간으로 다시 써진 「춘향전」의 다양한 '번역'과 이렇게 수정된 해석을 통해 새로 만들어진 '판본'에 주목하여, 이들이 국가에 대한 그럴듯한 이야기를 창조하는 데 어떻게 활용되는지에 각별한 관심을 기울일 것이다.

이 책의 3부에서는 다시 한번 1장에서 논했던 영웅적인/사나이다운 남성성의 수사가 박정희 정권(5장)와 학생운동(6장), 그리고 노태우의 군사정부(7장) 등 한국 현대사에 걸쳐 다양한 방식으로 부활하는 방식을 탐구한다. 예컨대 1970년대 박정희 정권이 벌인 새마을운동은 한국의 농촌 공동체에서 상당한 경제 발전을 추구할 뿐만 아니라 농민들의 마음에 '정신' 혁명을 일으키고자 했다. 나는 이러한 새마을운동이 시행되는 과정에서 영웅적 남성성의 이야기가 어떻게 다양한 방식으로 전개되었는지를 조명한다. 이 '혁명'은 한국의 '뒤떨어지고' '게으른' 유교적 농민들을 '자립적'이고 '진보적'인 근대 시민으로 개조하고자 했다. 박정희는 친숙한 영웅담을 기반 삼아 자신의 이상이었던 모범적이고 합리적이며 훈육된 근대 (군사적) 사회를 만들어내기 위한 변화를 이끌어냈다. 더욱이 그는 스스로를 신라 및 화랑정신의 후예로 내세웠으며, 1972년에 폭압적인 유신헌법을 선포한 이후에는 자신이 한국 민족 '전통'의 유일한 적통의 계승자임을 자임했다. 북한의 우상파괴적이며 '망나니' 같은 마르크스주의 체제와 견주며 그는 자신의 정통성을 더더욱 강조했다.

7장에서는 서울 용산의 전쟁기념관을 통해 통일에 대한 한국 정부의 공식 입장을 검토하면서 투쟁하고 구원받는 영웅적 남성성이라는 주제를 구체적으로 탐구한다. 이렇게 영웅서사 모티브를 재해석하면서 나는 노태우 정권 시기에 조국 통일의 이야기가 어떻게 형제 상봉이라는 서사로 써지는지 보여줄 것이다. 즉 남한은 북한이라는 약하고 제멋대로인 동생을 너그럽게 '용서'해주는 형이 되어야 한다는 조건하에서 조국 통일에 임한다.

마지막 장과 에필로그에서는 이러한 주제가 1997년 대통령 선거 이후 한국의 정치 담론의 발전과 연관되는 방식을 다룬다. 김대중이 대선에 승리하면서 권력자로 '부상'한 것은 김대중을 탄압하던 군사정권의 민족주의적 수사 표현에서 발견되는 '남자다운' 구원이라는 흔한 서사 구조의 또 다른 변형으로도 볼 수 있다. 그러나 김대중 버전의 남성성은 과거 한국의 군사정부가 보급한 남성성 형식과 극명하게 대비되며, 군사적 용맹함이 아니라 기독교적 용서에서 비롯한 정신적 강인함을 이상화했음을 밝힐 것이다.

이러한 생각은 국가관의 다중성 및 정치적 정체성은 고정되지 않으며 여러 위치들 사이를 이동한다는 관념과 관계가 있다. 실제로 역사의 행위자들이 국가에 대한 어떤 표상에 대항하여 다른 특정한 표상을 동원하는 방식을 탐구할 때에는, 이렇게 경합하는 표상들이 정작 매우 **유사한** 경우가 드물지 않다는 점에 주목해야 한다. 다시 말해 상반된 주장이라 해도, 그 주장들이 상당히 동일한 서사 전략을 핵심적으로 활용하는 경우가 종종 있다. 물론 국가가 특정 집단을 포함하고 다른 집단을 배제하거나 주변화하는 데 능숙하다는 점을 간과해선 안 된다. 하지만 포함과 배제가 모두 **동일한** 말로 표현되는 경우가 많다는 사실 역시 매우 중요하다.

이는 특히 한국의 경우에 더욱 들어맞는다. 민족, 종교, 언어의 경계를 따라 다양한 집단 간의 경쟁이 벌어지는 대부분의 근대 국가와 달리, 한국은 광범위하게 말하자면 세대 간에 이러한 경쟁이 벌어진다. 이는 한국의 민족주의 담론이 부자지간의 세대적 연결, '애국적' 계보 및 조상 숭배를 그토록 중시하는 이유를 설명할 수 있는 중요한 단서다. 학생운동과 국가/민족 담론 모두에서 이러한 특징이 드러나는데, 그 기저에는 부성父性에 대한 원초적 불안이 잠재되어 있다. 김일성의 부성적 이미지에서는 부성/남성성의 상실과 그것의 이상적인 '회복'을 바라는 관념을 읽어낼 수 있는데, 이는 국가가 선조로부터 이어받은 자신의 정통성에 집착하면서 드러낸 조상 및 부계 혈통에 대한 관심과 매우 **동일하다**. 한편 남한의 국가 역사에 대한 재현 전략은 두 버전이 있는데, 각 버전의 중심에는 모두 북한이 있다. 청년세대가 역사적 측면에서 북한을 진정한 국가 가치의 보고로 우상화하는 동안, 기성세대는 북쪽의 형제를 사생아, 형이 가르치고 구원해줘야 할 망나니 동생이라고 보았다.

　나는 이 대립하는 주장들 사이에서 발견되는 놀라운 담론의 유사성이, 한 서사 구조가 '충실한' 재현임을 자임하는 다른 주장들과 경합하며 해석(그리고 재해석)되어온 방식에서 기원한 것이라고 보았다. 영웅적 남성성에 대한 탐색은 지배적(공유된) 서사 전략이 모호하게 문화에 스며든 것을 보여주기에 적합한 사례이다. 1장에서 서술하겠지만, 신채호는 민족의 '정수'를 확립하는 작업에 영웅서사 전략을 채택한 한국 최초의 민족주의자 중 한 사람

　　　　　　　　　　　　　　　　　　　애국의 계보학

이다. 그는 널리 알려진 고구려의 전쟁 영웅인 광개토대왕과 을지문덕 장군의 혁혁한 무공을 다양한 방식으로 민족 담론과 연결시켰다. 그런데 이러한 신채호의 영웅 중심 사관을 국가와 저항 운동 세력 모두가 활용한다. 국가를 재구성할 때 특정한 해석의 동원은 이처럼 도무지 예측할 수 없는 방향으로 이루어진다. 국가관의 다중성이 특정 집단들 각각에 의해 동원되는 어떤 내재적·본질적 특성이나 담론 이전의 '정체성'에서 기원하는 것이 아니기에 그러한 것이다. 오히려 나는 역사적 행위자들이 충실한 해석이라고 자임하는 유사한 주장에 맞서면서 선택한, 인식 가능하고 **공유되어 있는** 서사 전략에서 공통점이 발견된다고 본다. 마찬가지로 3장과 4장에서는 이별하고 재회하는 연인의 규범적인 유교 로맨스 서사 역시 '본래'의 의도와 달리 완전히 새로운 의미를 띠고 있음을 밝힌다. 한때의 한국 로맨스는 민족적 자아 계몽의 이야기(3장)로, 이후에는 조국 통일의 이야기(4장)로 변형된다.

한국의 민족주의를 연구하면서 내가 명백히 밝히고자 하는 것은, 사상이나 이데올로기적 개념은 정치적으로 '지배적'인 문화나 집단에서 비롯한 것이든 '종속된' 곳에서 비롯한 것이든 결코 그 자체가 **본질적으로** 억압적이거나 해방적이지는 않다는 점이다. 예를 들어 국모國母라는 이미지는 이것이 놓이는 **예측하기 어려운** 맥락에 따라 전통적인 억압의 질서를 상징하기도 하고 잠재적인 해방/통일을 상징하기도 한다. 기원적 관념을 담은 '본질적 핵심'과 실질적으로 그것의 일부인 문화를 특권화하는 것은 그 관념이 다른(그리고 예상되지 않은) 이데올로기 혹은 정치적 목적을 위해 사용될 수 있는 잠재적 힘을 무효화한다. 국가와 민족주의는 언제나 진보와 근대화에 대한 서사를 활용해왔지만, **전혀** 다른 정치적 의제를 가진 사람들이 전혀 다른 이데올로기적 목적을 위해 다양한 방식으로 **동일한** 서사를 활용하는 경우도 상당하다. 학생운동 세력과 국가 민족주의자들은 각기 자신의 정통성을 표명하기 위해 특정한 주장을 펴면서 매우 유사한 수사 표현을 재현하는 전략을 구사했다. 이는 가족 중심의 세계와 관련된 특정한 지배적 서사의 수사법들을 예상치 못한 일련의 방식으로 '번역'하면서 진화하게 된 것이었다. 저항운동 세력이 통일 조국의 비전을 제시하면서 자애로운 부성과 혈통의 서사에 기댔다면, 친정부 세력은 국가를 인정받기 위해 씩씩한 남성성과 조상 숭배를 신봉하는 데 의지했다. 이러한 해석 활동의 논쟁적 성격을 정리함으로써, 국가에 대한 상상적 관념이 역동적으로 (재)형성되며 과거에 대한 분산된 의미가 (재)전유되는 방식이 드러날 것이다.

애국의 계보학

— 1부 —
근대 정체성

1장

남성성의 회복: 신채호

육체적 힘이 생존 투쟁에 임하는 인간의 힘을 의미하듯, 군사적 힘은 국가의 힘을 의미한다. 사상, 법률, 헌법의 효과는 일시적이며, 군사적 힘만이 상존하는 것이다. 남성성이 인류의 육체적 힘의 정점을 보여주듯, 한 국가의 군사적 승리는 물리적 위대함의 절정을 보여준다. _호머 리[1]

사람들은 늘 "야만인은 힘을 중시하고 문명인은 두뇌를 중시한다"고 말한다. 아아! 이는 하나만 알고 둘은 모르는 말이다. 이 얼마나 세상의 현실을 보지 못하는 어리석은 말인가. (······) 상무尙武는 모든 민족의 근원적 창조력이다. 민족국가를 만들려면, 문명을 유지하려면 이에 의존할 수밖에 없다. _량치차오[2]

　조선 시대 전반에 걸쳐 한국인들은 반군사적인 입장을 취하면서 군사 전문가를 거의 존중하지 않는 엘리트 유학자의 지배를 받았다. 그러나 1910년 한일병합 이전까지 여러 세력들이 '문명개화'를 달성하여 한국의 실패한 제도와 전통을 바로잡고 사회를 '강하게' 만들기 위해 노력했다. 민족주의자들은 국민성이 후

1　호머 리는 의화단운동에 맞서 싸웠으며, 쑨원의 고문을 지낸 장군이다. Hofstadter(1992: 190)에서 재인용.

2　Hsin min shuo(Towards a New People)(1903); Pusey(1983: 261)에서 재인용.

진적이어서 나라가 망하게 되었다는 결론에 도달했다. 이에 따라 개혁 프로그램을 통해 국민성을 강화하는 데 관심을 기울이면서 유교 사상 및 제도의 지속적 타당성에 의문을 제기했다. 이러한 맥락에서 몇몇 민족주의 작가들은 한국사에서 군사 기관이 수행해왔던 역할을 비롯하여 군사력에 대한 기존 견해를 재평가하기 시작했다. 이들은 군사 부문을 담당했던 한국인들을 대안적 역사로 수용하면서, 실패한 국가 전통 및 제도를 되살리기 위해 조국의 과거로부터 군사적 남성성이라는 새로운 이상을 소생시키고자 했다.

한국에서 군사적 남성성이라는 화두를 민족성과 연관시킨 근대 최초의 사학자 중 하나가 바로 신채호이다. 식민지 현실을 받아들이는 과정에서, 그는 민족성의 위기를 (유교적) 남성성의 위기와 연결시켰다. 삼국시대, 특히 고구려와 신라가 남긴 위대한 군사적 업적을 돌아보며 신채호는 고대 장수의 남성적 이상을 되살려 국가의 미래를 구축하고자 했다.

무능하고 무력한 조선의 양반들은 식민지배의 고초를 겪게 되자 엄청난 비난을 받았다. 양반이라는 존재는 보다 '진정한' 과거, 즉 보다 남성적인 한국 전통의 이름으로 유교에 대한 공격을 정당화하는 효과적 수단이 되었다. 그 전통의 대표는 고구려의 소도와 신라의 화랑 무사였다. 조국의 해방을 구상하던 민족주의자들은 전통적으로 무능하고 유약한 유교적 남성성과 확고하게 대비되는 강력하고 '남성적인' 윤리를 재건하는 관점을 택했다.

획기적인 저서 『제국 그 사이의 한국 1895~1919 *Korea Between Empires 1895~1919*』에서 앙드레 슈미드Andre Schmid는 조선왕조의 은유적 의인화인 양반에 대한 재현이 한국 민족주의 담론과 일본 식민주의 담론에서 결정적인 역할을 했음을 밝힌다. 그가 보기에 한국의 민족주의자와 일본의 식민주의자는 개념어, 문화적 표상, 서사 전략을 공유하고 있었다. 슈미드는 "검정 갓을 쓰고 흰 도포 자락을 휘날리며 가죽신을 신은" 양반의 인물형이 개혁을 절실히 요하는 한국의 후진성을 나타내는 주요 상징으로 사용되었음을 구체적으로 제시한다(2002: 122).[3]

실패한 민족성과 실패한 남성성 사이에는 반복적으로 만들어진 연관성이 함축되어 있다. 나약하고 거세된 양반의 이미지는 민족주의적 자기비판의 수사에서 중심에 놓였고, 신채호와 같은 민족주의자들은 군인 남성의 새롭고 이상화된 이미지를 받아들였다.[4] 과거의 군사 영웅에 대한 칭송이 이어지는 동안, 일부에서

---

3 슈미드는 한국의 민족주의와 일본의 식민주의가 정치적 의제의 차원에서 정반대임에도 불구하고, 한일 모두 문명개화에 관심을 기울였기 때문에 비슷한 목표에 매진했다고 설명한다. 따라서 일본 당국은 한국의 민족주의적 자기비판 양식을 손쉽게 채택해서, 문명개화라는 동일한 원칙하에 식민 착취를 정당화하는 데 활용했다.

4 프라센지트 두아라가 지적한 바와 같이, 19세기의 사회진화론은 국가에 제국주의적 권력을 부여했을 뿐만 아니라, 제국주의와 그들의 침략을 야만에 대항하는 근대 문명의 자연선택에 따른 전투로 정당화했다. 사회진화론은 계몽주의 이데올로기의 밑바닥을 표상했는데, 이는 계몽된 문명의 이름으로 '선진국'과 '후진국'의 위계질서를 만들고 식민 착취를 정당화했기 때문이다(Duara 1995; Stocking 1987). 이때 역사의 선형적 진행에 내포된 '적자생존'과 '생존 투쟁'이라는 개념이 문명의 성취를 전투력과 연결시켰다는 점에 주목해야 한다. 이것이 한국, 대만, 동남아시아 일부 지역에 대해 일본이 권리를 주장하는 근거였기 때문이다. 실제로 일본은 비서구 국가를 식민화한 유일한 비서구 제국주의 세력으로서 자신의 군사력과

는 17~18세기의 실학 전통을 재건하려고 했다. 개혁적 지식인들은 도덕적 자기계발에는 문명화의 기능이 있다는 성리학의 신념을 계승하면서 한국의 문제를 '부패한 유학자들'로 국한시키고, 자신들이 유교의 정수라고 생각한 가치는 구제하고자 했다(Schmid 2002). 그러나 신채호는 이러한 견해는 물론 민족주의적 자기비판의 다른 사례와도 다른 방식으로 거세된 남성을 재현했다. 양반을 '진정한' 한민족 전통의 재현이 아니라 하나의 일탈이라고 선언한 것이다. 그렇다면 앞으로 해야 할 일은 국가를 재건하기 위해(혹은 근대화를 이루기 위해) '부패한 유학자들'을 개혁하는 것이 아니라, 유교 사상 전체를 완전히 이질적 문화로 선언한 뒤 이를 대체할 대안적 (군사) 전통을 찾는 것이 된다.

이 장의 목적은 두 가지이다. 첫째, 신채호가 양반을 민족주의적 자기비판의 수단으로 활용하면서 국가의 과거에 대한 대안적 이미지를 제시하는 방식을 추적하는 것이다. 둘째, 고구려와 신라에서 한국의 군사적 뿌리를 '재발견'하여 조선왕조와 연관된 나약하고 여성화된 남성상과는 명백히 다른 한국의 남성성에 대한 대안적 인식을 끌어내는 방식을 밝히는 것이다. 이때 우리는 민족의 과거를 '재창조'하는 것이 한국의 남성성을 재창조하는 데 어떤 식으로 중요한 영향을 미쳐왔는지도 살펴봐야 한다.

산업력을 과시했을 뿐 아니라, 그 군사력을 인종적·문화적 우월성의 근거로 정당화했다. 따라서 청일전쟁에서 야만으로 규정된 지 얼마 되지 않은 중국을 정복한 일본은, 새롭게 전유된 이 서사 패러다임 속에서 '문명화'된 상태임을 나타내는 표지로 간주되었다.

군사주의와 민족주의

한국의 지식인들은 근대 민족국가론을 발전시키기 위해 국민성, 국수國粹, 국혼國魂이라는 개념을 자주 사용했다. 역사의 목적론이 근대를 향해 끊임없이 나아가는 동안, 문화의 생존력은 이러한 발전에 얼마나 기여할 수 있는지를 기준으로 가늠되었다. 1910년에 한국이 일본의 식민지가 된 이후, 지식인들은 한민족이 국민성 때문에 이렇게 비참한 상태에 처하게 되었다고 여기며 그 결함과 약점을 규명하고자 했다. 그렇다면 한국의 근대화를 가로막았던 주된 원인은 무엇이며, 이러한 결함은 어떻게 고쳐야 한다고 보았을까?

대부분의 경우에는 한국과 중국의 전통적 관계에서 해답을 찾았다. 조선왕조 500년 동안, 중국은 문명을 이루는 초국가적인 문화 영토인 '중화 왕조'로 기능했으며 조선의 상류층도 여기에 동참했다. 그런데 19세기 말에 이르면 조선의 신흥 지식인들이 자국의 위상에 의문을 제기하기 시작한다. 이들 역시 기존 중국의 학문을 연마해왔지만, 조국의 비참한 상황이 오랜 세월 중국에 '복속'되어왔던 역사에 뿌리를 두고 있다고 점차 확신하게 되었다. 20세기 초에 이르러서는 조선의 상류층도 더 이상 중국을 보편적인 것으로 간주하지 않았다. 이제 중국 문명은 그저 중국에만 국한된 것으로 여겨졌고, 한국에 맞지 않는다는 이유로 거부되었다(Schmid 1997). 신채호가 「제국주의와 민족주의」(1909)

에서 설명했듯, 한국은 중국에서 벗어나 한국의 '국수'를 온전히 회복해야만 보편적 생존 투쟁에서 살아남을 수 있었다.

> 오호라, 민족을 보전코자 하는 자가 이 민족주의를 버리고 무엇을 마땅히 얻으리오. 이러한 고로 민족주의가 팽창적·웅장적·견인적 광휘를 드날리면, 여하한 극렬적·괴악적 제국주의라도 감히 참입參入치 못하나니, 요컨대 제국주의는 민족주의가 박약한 나라에만 참입하나니라.
> 비단 같고 꽃 같은 한반도가 오늘날에 이르러 암흑연暗黑然 피미연披靡然히 마굴에 떨어짐은 어찌된 일인가. 즉 한인의 민족주의가 강건치 못한 까닭이니, 오직 바라건대 한국 동포는 민족주의를 대분발하여 "아족我族의 국은 아족이 주장한다" 하는 일구一句로 호신부護身符[몸을 보호하는 부적]를 만들어 민족을 보전할지어다. (신채호 1972a: 108~109)[5]

민족혼의 정수를 재발견하여 민족주의를 함양하는 데 매진한 이들에게 이 '정수'가 무엇인지 정확히 규명하는 일은 즉각 해결해야 할 과제가 되었다. 중국 문화에 동화되면서 '억눌린' 수많은 한국의 사상과 관습 중에서, 신채호가 가장 안타까워한 것은 고대의 군사문화 및 전통의 상실이었다. 근대는 '이질적'인 유교

---

5 신채호의 작업은 기본적으로 1972년에 출간된 『단재신채호전집』(총 4권)을 기준으로 삼으면서 다른 편집본도 참조했다. 『단재신채호전집』 하권은 1972a, 별집은 1972b로 표기했다.

애국의 계보학

적 과거의 나약한 학자적 전통을 버림으로써 민족이 '갱생'하는 시대가 될 것이며, 그 안에서 새로운 유형의 '투쟁하는' 사람들이 나타날 것이다. 신채호는 《대한매일신보》의 논설(1909년 6월 4일)에서 이렇게 설명한다.

새 국민을 조성하자 하니 어떤 국민을 새 국민이라 하는가? 유순한 국민을 새 국민이라 할까? 아니다. 유순한 자는 겁이 많고 나약하며, 겁이 많고 나약한 자는 뒤로 물러서기를 잘하며, 뒤로 물러서기를 잘하는 자는 용렬하여 남에게 지니, 용렬하여 남에게 지는 자는 필경 멸망하는지라. 이제 비린 사람과 피의 비가 가득한 이 시대에 있어서 유순한 국민을 만들려는 것은 비유컨대 여러 주린 범이 밥을 생각하는데 양을 몰아넣는 것과 마찬가지이니 어찌 그럴 수 있으리오.

그러면 안정한 국민을 새 국민이라 할까? 아니다. 안정한 자는 구습을 보전하여 지키기를 좋아하며, 구습을 보전하여 지키기를 좋아하는 자는 쇠하고 약하게 되기가 쉬우며, 쇠하고 약하게 된 자는 용렬하여 남에게 지니, 용렬하여 남에게 지는 자는 필경 멸망하는지라. 이제 용이 다투고 범이 싸워 천지가 진동하는 이 시대에 있어서 안정한 국민을 만들려는 것은 비유컨대 홍수가 몰아 들어오는데 잠든 사람을 두는 것과 마찬가지이니 어찌 그럴 수 있으리오.

그러면 어떠한 새 국민을 만들어야 할까? 강건하고 용진하는 국민을 만들어야 한다. 왜 그런가? 칼산 칼물이 도처에 종횡하고 백 가지 괴물과 천 가지 마귀가 곳곳에 가득한 이 시대에 강건한 국민이 아니면 저것에 맞서기 어려우며, 용진하는 국민이 아니면 저것과 싸우지 못할지니라.

신채호에게 근대("백 가지 괴물과 천 가지 마귀가 곳곳에 가득한 이 시대")란 진보를 향해 쇄신하는, 즉 투쟁하는 새로운 국민을 창조해야 하는 시대였다. 또한 그가 설명했듯, 이 시대는 반드시 "국민의 무혼武魂을 환기하며 무기武氣를 양성"할 확신과 결단력을 지닌 사람을 요한다. 그렇다면 그 국민은 어떠해야 할까?

사람마다 각자 임경업의 삼초대三超臺[임경업이 무예를 연마하고 심신을 단련하던 곳]에 오르며, 사람마다 각자 창해역사滄海力士의 백 근짜리 쇠몽둥이를 들어 위험의 길로 전진케 함이 가능할지나 (……) (신채호 1972b: 201)[6]

신용하(1984)가 언급했듯, 신채호는 새롭게 계몽된 '투쟁하는'

---

6 임경업과 창해역사는 역사적 인물로, 전자는 기록이 남아 있지만 후자는 신화적 인물로 추정된다. 이들은 한민족의 국가나 이해관계를 수호하기 위해 용맹한 무도 정신을 보여주었다. 임경업은 17세기 병자호란 때 청나라에 대한 거센 공격을 펼쳤다. 창해역사는 한반도 출신으로 알려져 있는데, 아직 한반도에 국가가 세워지기 전인 기원전 3세기에 중국 진나라를 정복한 한나라에 복수하기 위해 진나라에서 고용한 무사라고 한다. 그는 길고 무거운 쇠창을 무기로 사용했다고 전해진다. 한나라가 중국을 통일하고 최초의 황제를 옹립함에 따라 창해역사의 보복 시도는 결국 실패하였다.

애국의 계보학

시민을 길러내기 위한 기반으로 체력 단련과 군사 훈련을 강조했다. 그는 완강하게 일본에 맞섰지만, 일본을 이상적인 근대 군국주의 국민국가의 모델로 삼았다.

> 체육은 신체를 활동하여 지기志氣를 장쾌케 하며 기예를 연습하여 군사를 학성學成하나니, 일본을 볼진대 소학교에서 체조운동과 기계운동을 교수하며 중학교에서 담총조련과 포격연습을 종사하여 대오가 가지런하고 군용이 엄숙하니, 후일에 지원병 예비병이라, 전국 인민이 배우지 않는 이가 없어서 학생도 후일병後日兵이요, 상민도 전일병前日兵이요, 공장工匠도 후일병이요, 농민도 전일병이라. 이처럼 징병을 실시하여 국민 모두가 병역을 다해야 나라가 강하니라. (신채호 1972b: 139)

한국의 민족 지식인 사이에서 새로운 '투쟁하는' 시민을 육성해야 한다는 필요성이 대두되자, 20세기의 첫 10년간 많은 자강단체가 결성되었다. 그중 대한자강회(1906), 대한협회(1907), 신민회(1907)는 군사작전 및 훈련을 지원했다(김형배 1986). 특히 신민회는 후에 만주에 주둔하게 될 독립군을 지원하는 사관학교를 설립하기도 했다. 한일병합 이후 여러 단체 지도자들은 만주나 연해주로 자진 망명했고, 그곳에서 사관학교 및 단체를 설립하여 항일 무장투쟁을 강화하고자 했다. 신채호 역시 잠시 블라디보스토크에서 지내면서 1913년 광복회의 설립을 도왔고 이 단체의 부회장을 지냈다.

많은 신채호 연구자들이 지적하듯, 1910년 이전에 집필된 그의 역사 관련 저작 대부분은 군사 지도자에 대한 위인전이었다. 신채호는 중국의 량치차오가 1907년에 지은 『이태리건국삼걸전』의 번역을 마친 후, 을지문덕(1908), 이순신(1908), 최영(1909)의 전기를 집필했다. 량치차오의 영웅서사와 마찬가지로 한국의 고대 군사 영웅을 다룬 이 책들은 집단행동을 필수적이고 불가분한 것으로서 목적론적 개인의 존재와 연결시킨다(Tang 1996). 그러나 량치차오와 달리 신채호는 전적으로 군사 지도자에 대한 글을 쓰는 데 매진했다. 전통 유교 경전에서는 철저히 무시되어온 인물들에 대한 글이었다. 수십 편의 위인전을 집필한 작가이자 신민회의 열성 회원이었던 박은식도 이러한 영웅 중심적 세계관을 공유하고 있었다. 그는 "대저 역사는 국가의 정신이요, 영웅은 국가의 원기라. 생각해보건대 무릇 지구상에 야만 부락이 아니요 국가의 제도로 성립되고 국민의 자격으로 생활하는 자는 모두 그 역사를 존중히 하고 영웅을 숭배하"게 마련이라고 했다(박은식 1909).

한국의 새 역사가 국민이 국가성을 구축하기 위해 노력하는 분투의 기록이라면, 무사-영웅은 국가의 핵심 주역이었다. 과거의 한국사에서도 인간이라는 행위자가 언제나 중요한 역할을 맡아왔기에, 문제는 국가의 새 역사에서 영웅의 역할을 어떻게 정의할 것인가가 아니라 영웅주의라는 이상 그 자체를 어떻게 **재정의**할 것인가였다.

이 이상은 20세기 초에 급격한 개혁을 거쳤다. 신채호는 박은식, 장지연과 같은 민족주의 학자와 더불어 한국사에서 전쟁 영웅이 담당했던 역할을 '재발견'하기 시작했다. 군사 영웅을 한국사의 핵심 행위자로 재평가하면서, 조선 시대 문신과 무신의 전통적 관계도 새롭게 해석되었다. 조선 사회에서는 줄곧 문신과 무신 사이에 긴장이 감돌았지만, 신채호는 다른 그 어떤 민족주의 작가보다도 이 긴장을 한층 더 깊이 활용하여 양반을 통렬하게 공격했다. 그에 따르면 양반은 "국혼이 결여된" 존재였다. 다시 말해 영웅 재발견 기획은, 한국의 "노예적 문화 사상"의 손아귀에서 벗어나 군사 국가의 새로운 역사를 만드는 작업과 밀접하게 연결되었다. 그는 호전적이고 충성스럽고 용맹한 군사 영웅의 이름으로 약해진 국가를 강건하게 키워, 생존경쟁에서 확실히 살아남을 수 있게 만들고자 했다.

문文과 무武

신채호의 '군사화된' 역사관의 구체적 내용을 탐색하려면, 우선 국가를 새롭게 규정하는 과정에서 조선의 전통적 긴장을 어떻게 활용했는지 파악해야 한다. 신채호는 역사에 관한 초기 저작 전반과 특히 군사 영웅에 대한 전기에서 양반을 혐오스럽게 묘사했다. 많은 동시대 사람들 또한 그러했다. 양반은 거센 비난과 풍자의 대상이었고, 한국의 과거 및 민족문화를 비판하는 민족주의 저작과 식민주의 저작 모두에서 문제적 인물상이었다.

신채호는 "우리의 사천 년 역사에 대해 쓸모 있는 것이라고는 아무것도 없는 치욕스럽고 우스꽝스러운" 학문을 하고 있는 양반을 호되게 질책했고, 심지어 양반이 "민족 영웅의 위대한 업적을 은폐"했다고 비난했다. 그는 나약하고 거세된 조국의 상황에 대해 탄식하면서, 독자들에게 "붓을 버리고" 무장투쟁에 가담해야 한다고 촉구한다. 또한 한국인이 더 이상 치욕을 느끼지 못하게 되어 "습관적으로 몸을 파는 늙은 기생처럼 중국을 사랑하는 한국 문신의 노예 문화" 때문에 긍지를 잃어버렸다고 한탄한다.

문신에 대한 신채호의 경멸은 조선 시대에만 국한되지 않는다. 사관학교를 설립하거나 독립군에 가담하거나 해외에서 무장투쟁론을 주창하기 위해 한국을 떠난 자강단체의 다른 회원들과 마찬가지로, 신채호도 민족주의적 문화운동의 목표에 극심한 환멸을 느꼈다(신용하 1986).[7] 특히 1919년 3·1운동이 실패한 뒤, 그의 논설에는 이러한 비판적 입장이 점점 더 강하게 드러난다. 「조선혁명선언」(1923)과 「낭객의 신년만필新年慢筆」(1925) 모두에서 신채호는 민족주의적 문화운동의 원리를 신랄하게 비판할 뿐 아니라, 문화 및 문화적 제도가 한국의 민족주의적 목표를 달성하는 데 적절한지에 대해서도 의문을 제기한다. 한국의 새로운

---

[7] 식민지 한국에서 일어난 문화운동의 목표와 철학을 충실히 다룬 연구로는 Robinson(1986) 과 Wells(1990)를 참조하라.

애국의 계보학

문화 엘리트의 글을 선조 유학자의 "도피적 태도"와 연결시키면서, 신채호는 새롭게 나타난 한국의 "부패한 시인과 작가"로 인해 치명적으로 약해진 조국의 비참한 상태를 한탄했다. 그가 겨냥한 신문학 남성 작가들은 타락한 조선 시인 정수동만큼이나 쓸모 없는 존재였다. 정수동은 출산 중인 아내를 버리고 시적 영감을 찾아 금강산으로 떠난 시인이다.

정수동은 지금부터 60~70년 전의 시인이었다. 자기 아내가 애 낳을 때를 당하여 난산중으로 죽네 사네 하므로 정수동이 약국으로 불수산佛手散[해산 전후에 쓰는 약]을 지으러 갔었다. 돌아오는 길에 어떤 친구가 나귀를 타고 금강산을 간다 한다. 그를 본 정수동이 시흥詩興이 도도하여 그만 불수산은 도포 소매에 넣은 채 금강산으로 달아났었다.

요즈음 연애 문예의 마음이 취한 이가 이와 거의 비슷하지 않을까? 혹 가로되 이것이 무슨 말이냐? 정수동은 썩은 한시의 시인이요, 요즈음의 문예파는 새파란 신시新詩·신문新文을 가진 자니 어찌 서로 비기리오? 하나 나는 오직 현실을 도피하는 꼴이 피차일반이라 함이로다. 이를테면 한강의 철교가 현실이 아니냐? 인천의 미두米豆가 현실이 아니냐? 경제의 공황이 현실이 아니냐? 상공 각계의 쓸쓸함이 현실이 아니냐? 다수 농민의 서북간도 이주가 현실이 아니냐? 만반의 위급한 현실이 정씨 일가의 난산중보다 더하거늘, 이를 버리고 속된 문예 속에서 금강산을

찾으려 하니 또한 가련하도다. (신채호 1972a: 21~22)

버림받은 아내의 이미지는 한국의 유교 문학 및 근대 초기 국문학 전반에 공명하는 모티브이다. 그러나 이 모티브가 한국 신문학 작가의 작품에서 식민지 조국에 대한 은유로 널리 사용된 반면, 신채호의 역사서에서는 버려진 아내/여성이 아니라 부재한 남편/남성의 이미지에 초점이 맞춰진다. 한용운이나 김소월 등은 한국을 일본 제국주의의 피해자로 묘사했지만("님은 갔습니다/ 아아, 사랑하는 나의 님은 갔습니다/ 푸른 산빛을 깨치고 단풍나무 숲을 향하여 난 작은 길을 걸어서 차마 떨치고 갔습니다"), 신채호는 한국이 식민지배의 고초를 겪게 된 원인을 충실한 남성의 '부재'에서 찾고자 했다. 동시대의 다른 민족주의자들과 마찬가지로, 나약한 양반의 형상은 패망한 국가의 특성을 보여주는 알레고리로 독해했다. 그러나 신채호는 양반을 개혁해야 할 남성성/국가성의 예시로 삼기보다는, 남성성의 새로운 이상을 소생시켜 낡은 것을 대체하기 위해 양반을 한국의 '진정한' 민족사 연보에서 완전히 지워버려야 한다고 주장했다. 그가 서술하는 역사에서 새로운 주인공은 강인하고 용감하고 근면하며 호전적이고 계몽된 인물이지만, 이들이 양반과 얼마나 다른지가 무엇보다도 중요했다.

1910년 이후, 신채호의 민족주의적 역사 연구는 고대 군사 영웅을 고찰하는 작업에서 고구려, 신라, 백제의 군사적 업적을 탐구하는 작업으로 옮겨갔다. 그런데 1925년 이후 그는 아나키즘

애국의 계보학

을 전폭적으로 수용한다. 초기 저술에서 용맹한 군사 영웅 및 군사 국가가 민족주의적 탐구의 주제였다면, 1920년 이후에는 투쟁하는 민중의 영웅주의가 그의 민족주의적 관심의 대상이 되었다. 이미 1923년에 신채호는 계급투쟁 및 민중해방이라는 개념을 도입하고 이를 달성하기 위한 무장 혁명을 주장했다.[8] 1910년 전후로는 사회진화론을 수용하여 민족주의의 '자연적'인 표출(적자생존)로서 전쟁을 정당화했다면, 1925년에 이르러서는 이 동일한 투쟁이 국민국가의 한계를 넘어 억압받던 사람들이 전 지구적 '해방'을 쟁취하기 위해 벌인 초국가적 투쟁을 포함하는 데까지 **확장**되었다.

일부 학자들은 신채호의 아나키즘을 그의 민족주의 활동에 대한 변칙적 결론으로 보기도 한다. 하지만 나중에 그가 인류 전체의 문제에 대한 해결책으로 주장한 '총체적 폭력'은 사실 민족주의를 만들어낸 것과 **동일한** 담론적 조건, 즉 초국가적 제국주의에 뿌리를 두고 있다(Duara 1997). 영토국가의 경계를 넘어 확장된 여러 서사들 중에서, 제국주의, 범아시아주의와 같은 초국가

---

8 '민족'이라는 용어는 메이지 시대 일본 지식인들이 처음 고안해낸 신조어이다. 슈미드가 지적했듯이, 이 용어는 한국, 일본, 중국의 학자들이 국가를 재인식하고 역사적 과거를 다시 쓸 때 강력한 개념으로 사용되었다. 한국에서 이 용어는 여러 일간지의 사설에 처음으로 등장했지만, 신채호가 「독사신론」을 발표하기 전까지는 널리 활용되지 않고 있었다. 이 글은 전통적인 유교사관에 대한 근본적 비판을 제공했으며, "이 신조어의 범위를 설정함으로써, 민족을 역사적으로 규정된 종족적 실체로 보는 관점을 확립하기에 이르렀다"(Schmid 1997: 31). 반면 '민중'이라는 용어는 억압되고 착취당하는 대중이라는 광범위한 정치집단을 일컫는다. 헨리 임이 밝힌 바와 같이, 신채호의 민중 개념은 마르크스의 '프롤레타리아'에 비해 불확실하며 한민족과 동의어도 아니었다(Em 1999: 360).

적 이데올로기와 아나키즘, 공산주의와 같은 급진적 유토피아 이데올로기는 초국가적 관념으로 칭송받는 보다 상위의 소명(혹은 문명화)에 의해 정당화되었다. 따라서 신채호의 아나키즘은 그가 자신의 민족주의 사상에서 일탈한 결과가 아니라 사실상 한국 민족주의를 만들어낸 진화적 패러다임이 논리적으로 전개된 결과이다.

영토국가는 완벽하게 하나의 동질적 공동체(신채호의 경우엔 부여족)여야 한다는 자급자족적 민족주의 관념은 언제나 영토국가의 한계를 초월하고자 하는 민족 주체(군인 영웅, 혁명적 민중)의 초국가적 욕망과 공존해왔다. 이러한 초국가적 상상은 만주에서 상실한 '제국적' 한국, 즉 을지문덕의 고구려라는 위대한 과거를 되살리고자 하는 회복적 민족주의를 공격적 군국주의와 연결시킨다(Schmid 1997). 신채호의 민족주의와 아나키즘은 보편적 진보의 '주체'와 진보를 이루기 위한 그들의 투쟁에 관해 서로 비슷한 초남성적 이상을 제시했다.

국가적 이데올로기와 초국가적 이데올로기

신채호의 초기 연구가 영웅 중심적 민족사관을 기반으로 한다고 볼 때, 을지문덕이나 이순신 같은 매우 강력한 군사적 인물상과 연결되는 남성적 이상은 곧 진정한 '무사' 국가라는 신채호의 이상과 통합된다. 그는 1908년에 발표한 「독사신론讀史新論」에서 처음으로 민족의 과거에 대한 급진적 해석을 확립한다. 1910년에 망명을 하고서는 한국 고대사를 조사·집필하여 오늘날까지 널리 알려진 『조선상고사朝鮮上古史』를 써내려간다. 이러한 신채호의 연구는 1930년대에 비로소 발표되는데, 상당수의 한국 학자들은 훨씬 이전인 1915년에서 1925년 사이에 집필되었으리라 보고 있다.

따라서 신채호 사상의 진화는 세 단계로 정리할 수 있다. (1) 영웅 중심적 민족사관, (2) 영토국가/민족의 탐구, (3) 아나키즘의 수용과 함께 이뤄진, '국가 없는' 민중에 대한 초국가적 탐색.

신채호의 사상이 발전해가는 과정에서 이 단계들은 뚜렷이 구분되지만, 그러면서도 그가 역사 연구 전반에 걸쳐 전쟁과 진보, 군국주의와 민족주의, 폭력과 해방을 연결시켜온 작업 속에서 연속체를 이루고 있다. 이러한 틀에 따르면 국가의 쇠퇴는 조선이 자국의 '진정한' 군국주의 정신을 부인한 것뿐만 아니라, 신채호가 고구려의 위대한 군사 업적과 연관시켰던 제국주의 정신을 국가가 상실한 데서도 기인한다. 그렇다면 신채호가 말년에 주장한 아나키즘은 고유한 초국가적이자 제국주의적인 이상을 되찾으려는 시도일 것이다. 또한 그는 아나키즘을 한민족이 정복했으나 상실해버린 만주 땅에서 찾는 것이 아니라 민중의 혁명적 잠재성과 그가 궁극적으로 건설하고자 했던 초국가적 유토피아 사회에서 찾으려 했다고 볼 수 있다.

그리하여 신채호는 한국의 역사를 회고적인 쇠퇴의 서사로 시작한다. 이는 조국이 고대 영토를 상실했던 것과 연결된다. 그러나 이 역사의 마지막에서 그는, 새로운 전 지구적 혁명 사회(그러나 여전히 한국이 중심에 놓이는 사회)의 선구자인 민중의 잠재성을 통해 한국 고유의 제국주의 정신을 '되살리는' 방법을 제안한다. 따라서 이 순환적 서사는 (고대) 제국주의적 정복자이자 (미래) 혁명의 행위자인 한국의 빛나는 이미지에서 시작되고 끝난다.

신채호의 사상 중 앞선 두 단계에만 초점을 맞춰보면, 이 역사는 고구려와 발해를 통해 부여족의 군사 업적을 기록하는 데서 시작된다. 그러나 신채호에 따르면 이 군사 정신은 668년에 신라가 고구려를 멸망시키고 한반도의 통일을 완수함으로써 만주의 고대 영토를 상실하게 된 이래 꾸준히 약화되었다. 공식적인 유교사관은 삼국을 통일한 신라의 역할을 칭송했지만, 신채호는 신라가 고구려와 백제를 정복하기 위해 당나라의 원조에 의존했기에 신라의 위업을 민족에 대한 '배신'이라 보았다.

신채호는 한반도가 통일될 때 한민족의 발상지인 만주가 포함되지 않았기 때문에 "통일이 그저 반쪽만 달성되었을 뿐"이라고 주장했다. 이렇게 되다 만, 혹은 "반쪼가리 통일"은 민족적 자긍심의 원천은커녕, 사실상 집단적 수치심의 원인이 되었다.

> 발해가 이미 멸망하매 압록강 서쪽의 토지는 드디어 거란·몽고 등의 다른 민족에게 넘겨주어, 우리 단군조선의 옛 영토의

애국의 계보학

반은 지금까지 구백여 년 동안 잃어버렸으니 (……) 하필 김춘
추 이후에야 비로소 통일이 되었다 하겠으며, 만일 전체적 통일
을 찾는다면 단군 이후에 다시 보이지 아니한 것이니, 어찌 김
춘추를 통일한 자라 하겠는가. (신채호 1995: 55)

　신채호가 보기에 신라가 이룬 "반쪼가리 통일"은 공격적·군국
주의적·제국주의적 국가가 내향적·소극적 반도 국가로 바뀌며
나라가 쇠망하기 시작했음을 알리는 신호였다. 그러나 그가 가장
크게 한탄한 부분은 926년에 발해가 멸망한 뒤 만주를 물리적으
로 상실했다는 점이 아니라, 한국의 정식 역사에서 만주에 대한
기억이 전부 삭제되었다는 점이었다. 격한 분노를 터뜨리며, 신
채호는 유학자 김부식을 "조국과 영웅에 대한 존경심이라곤 전
혀 없는 비굴한 사대주의자"라고 비난했다. 위대한 만주의 과거
가 한국사에서 비극적으로 말소된 것은 바로 김부식의 『삼국사
기』(1146)부터였다. 『삼국사기』는 한국의 위대한 제국주의적 과
거와 무사 정신에 대한 모든 기억을 지워버렸다. 그에 따라 한국
은 갈수록 나약해졌고, 결국 국가의 주권을 완전히 상실하기에
이르렀다.
　만일 영토의 크기로 조국의 옛 영광을 가늠한다면, 지도자들이
통치한 땅이 넓을수록 그 국가는 위대했을 것이다. 따라서 신채
호의 민족주의는 언제나 자급자족적 영토국가의 관념 너머까지
확장되었다. 예컨대 「을지문덕」에서 신채호는 그저 용맹했다는

이유만으로 고구려의 장군을 찬양하지 않는다. 그는 을지문덕이 품은 제국주의적 비전을 극찬한다. 후손을 위해 한국의 찬란한 과거를 회복하려면 무엇이 필요할까? 그는 "을지문덕주의"라고 답한다. 그렇다면 을지문덕주의란 무엇일까. 그는 이렇게 말한다. "그것은 제국주의이다."

국가 영토의 상실과 밀접하게 맞물린 국가 쇠퇴의 문제는 민족의 문제와도 연결된다. 민족(혈통이 같은 국민)이라는 용어의 확장적 용법은 신채호의 「독사신론」에 처음 등장했지만, 한국 고유의 민족(고대의 부여족까지 거슬러 올라간다)에 대한 신채호의 관점이 그의 전기에 등장하는 영웅에게서 나타나는 남성적 특성을 상당수 공유하고 있다는 점은 분명하다. 한국사의 흥망성쇠가 엄격한 사회진화론의 용어("역사란 아와 피아의 투쟁의 기록이다")로 서술된다면, 민족 투쟁의 새로운 주체는 이제 전쟁 영웅 개개인이 아니라 한국 고유의 호전적 민족이 되었다. 부여족이 한족, 선비족, 말갈족, 여진족을 비롯한 여러 부족들과 투쟁해온 과정을 자세히 묘사하면서, 신채호는 **민족**이 생존을 위한 투쟁에서 거둔 승리(와 좌절)를 기록한다.

「독사신론」은 공격적이고 호전적인 어떤 종족이 시간이 지날수록 점차 나약해지는 모습을 그려낸다. 한때 부여족은 사납고 전투적인 정신으로 널리 알려져 있었으나, 문학과 예술에 심취한 상류층이 중국에 군사 원조를 요청한 이래로 그 정신은 차츰 "부패"해갔다. 지금까지 살펴봤듯, 이러한 부패는 신라가 당에 의지하여 고구려를 물리치고 한반도의 "되다 만 통일"을 이루면서 한국의 고대 영토를 상실했을 때 처음으로 나타났다. 따라서 새로운 역사가는 반드시 잃어버린 만주의 기억을 되살릴 뿐 아니라, 잃어버린 무사 정신(후에 신채호는 이를 혁명적 **민중**에 연결시키며 그가 수용한 아나키즘을 드러냈다)을 재발견해야 했다. **민족**의 "노예 정신"을 없애기 위해서는 이 진정한 민족정신을 부활시켜야만 했다. 5장에서 살펴보겠지만, 이와 같은 군사(그리고 이후의 군사화된 민중)에 대한 재평가는 박정희의 민족주의 이데올로기에 깊은 영향을 미쳤다. 박정희는 한국의 "거세된" 과거에 대한 신채호의 견해를 바탕으로 강하고 자주적인 국가에 대한 자신의 관점을 구축했다.

남자다운 구원

1916년에 신채호는 그가 쓴 두 편의 소설 중 하나인 「꿈하늘」을 세상에 내보냈다. 이 소설은 그의 다른 역사서들과 마찬가지로 투쟁, 역사, 국가라는 주제와 연관시켜 민족적·국가적 주체를 형상화한다. 그러나 다른 저서들과 달리, 한국의 '실패한' 남성을 '성공한' 애국자로 바꿔놓는 수단으로써 애국적 구원이라는 개념을 도입한다.

이야기는 "심지어 깨어 있는 동안에도 꿈을 꾸는" 한놈(말 그대로 '한 남자'라는 뜻의 이름)이 무궁화나무 아래에 앉아 있는 모습에서 시작된다. 어디선가 세 가지 목소리가 그에게 말을 걸어온다. 첫 번째는 천상의 '님나라'(거칠게 설명하자면 '사랑하는 사람의 나라'라는 의미이다. 신채호에 따르면 훌륭한 애국자들이 모여 사는 곳이라고 한다)에서 한놈을 찾아온 천관의 목소리이다. 두 번째는 한국의 국화인 '무궁화'의 목소리이다. 세 번째는 고구려의 장수 을지문덕의 목소리이다. 각각은 번갈아가며 한놈에게 칼을 들고 싸우기를 촉구한다.

> [천관] "인간에게는 싸움뿐이니라. 싸움에 이기면 살고 지면 죽나니 신의 명령이 이러하다." (……)
>
> [무궁화] "한놈아, 눈을 떠라! 네 이다지 약하냐? 이것이 우주의 본래 모습이니라. 네가 안 왔으면 하릴없지만 이미 온 바에는 싸움에 참가하여야 하나니, 그렇지 않으면 도리어 너의 책임만 방기하느니라. 한놈아, 눈을 빨리 떠라." (……)
>
> [을지문덕] "영계는 육계의 그림자이니 육계에 싸움이 그치지 않는 날에는 영계의 싸움도 그치지 않느니라. (……) 육계의 상전은 영계에 가서도 상전이요, 육계의 종은 영계에 가서도 종이니" (……) (신채호 1990: 11~15)

을지문덕의 이 말이 그치자마자, 하늘에 붉은 구름이 일어나 스스로 다음과 같은 글씨를 쓴다.

애국의 계보학

옳다, 옳다, 을지문덕의 말이 참 옳다. 육계나 영계나 모두 승리자의 판이니 천당이란 것은 오직 주먹 큰 자가 차지하는 집이요, 주먹이 약하면 지옥으로 쫓기어 가느니라. (신채호 1990: 16)

꿈같은 혼미함 속에서 동요하다가 "다시 깨어난" 한놈은 행동에 돌입한다. 이제 '님'('하느님'이라는 뜻도 있지만, 단군을 지칭하기도 한다)의 편으로 참전할 것을 결심한 한놈은 그의 위험한 여정을 위해 무궁화가 보내준 여섯 남자와 합류한다. "투쟁 정신"으로 충만한 일곱 남자는 다 함께 전장으로 향한다.

그러나 이 투쟁 정신은 한놈의 동료들이 하나둘 그를 버리면서 오래가지 못한다. 어떤 남자는 적에게 항복하는가 하면, 또 다른 남자는 부귀영화의 유혹에 넘어간다. 다섯 번째 동지는 "청산백운 간에 사슴의 친구나 찾아간다"고 선언하며 현실 세계를 도피한다. 이런 식으로 여섯 친구를 잃고 난 뒤 한놈은 홀로 적진에 도달한다. 그러나 적을 칼로 베려던 찰나, 그는 한 미인에게 잠시 정신을 빼앗긴다. 돌연 그는 반역자의 땅인 지옥으로 떨어진다.

왜 지옥에 오게 되었는지 알 수 없었던 한놈은 순옥사자를 만나 자신이 무엇을 잘못했는지 깨닫고 애국적 구원의 길로 나설 수 있도록 도움을 받는다. 순옥사자는 한놈에게 이렇게 말한다.

한놈아, 네 아무리 성력誠力이 깊지만 한갓 성력으로는 공을 이루기 어려우리니 그리 말고 님[단군]이 설치한 '도령군'[원뜻은

'결혼하지 않은 남성의 부대'이지만, '전사들의 형제애'라는 의미도 담고 있다]을 가서 구경하여라. (신채호 1990: 44)

　그런 뒤 순옥사자는 '도령군'이라는 개념에서 드러나는 '핵심적' 무사 정신의 기원에 대해 한놈에게 길게 설명한다. 삼국시대에 창건한 이 부대는 고구려, 신라, 백제에서 각기 다른 이름으로 불렸지만 본질적인 신념과 윤리를 공유하고 있었다. 민족정신이 가장 뚜렷하게 드러난 것은 이 용맹하고 충성스러운 무사 집단이 승리의 무공을 쌓아가던 시기이다. 이 영웅적인 선조 무사들을 떠올리도록 한놈을 압박하면서, 순옥사자는 칼을 들고 조선 시대 내내 비극적으로 억눌렸던 민족의 본래적 무사 정신을 되살려야 한다고 촉구한다. 그리하여 한놈은 자신이 걸어왔던 길을 완전히 회개하고 마침내 한국 무사 정신의 진정한 의미를 깨달은 뒤 하늘로 올라간다. 거기서 그는 민족의 위대한 애국 영웅들을 만난다. 삼국시대의 복식을 차려입은 천국의 주민들은 찬란한 과거의 영원한 충만함 속에 살고 있다.

　　집집마다 고구려의 짐승 털 요를 깔았으며, 입은 것은 부여의 무늬 비단과 진한의 합사로 짠 비단이며, 두른 것은 발해의 명주와 신라의 용무늬 비단이며, 들리는 것은 변한의 가야금이며, 신라의 만만파 쉬는 피리며, 백제의 공후도 있고 고려의 국악도 있더라. 한놈이 기쁨을 이기지 못하여 "이제는 내가 님나라에

다다랐구나" 하고 기꺼워 나서니, 남나라의 모든 물건도 한놈을 보고 반기는 듯하더라. (신채호 1990: 38)

그러나 과거는 반역자들의 부패한 행위로 인해 훼손되었다. 그래서 하늘은 푸른빛을 잃은 채 뽀얗게 변했고, 해와 달은 네모지고 새까맸다. 하늘의 모든 주민들이 푸른 하늘에서 흰 먼지를 쓸어내고 있는 이유를 한놈이 묻자 '반역자' 김부식 때문이라는 답이 돌아온다. 이는 김부식이 1136년에 묘청의 난을 진압한 직후에 벌어진 일이었다.[9] 신채호는 바로 이것이 중국이 한국을 지배하기 시작한 시점이며, 이때부터 민족의 투쟁 정신이 억눌리게 되었다고 보았다. 그리하여 한 남자이자 모든 남자인 한놈은 빗자루를 들고 민족의 위대한 영웅들과 함께 비질을 하기 시작한다.

물론 이때의 비질은 역사적 기억을 되살리고 이를 추모하려는 것이기도 하다. 민족이 자신의 진정한 과거를 재발견하기 위해서는 거짓 과거, 즉 유교적 역사 기술의 뽀얀 먼지를 쓸어버려야 한다. 그렇기에 신채호가 보기에 무사와 역사가는 상호 보완적 역할을 맡고 있다. 무사가 밖에서 외적에 맞서 민족을 지키기 위해 전쟁에 나섰다면, 역사가는 안에서 민족 내부의 '적들'에 맞서 무공의 기억을 보존하기 위해 싸웠다.

---

9 [편집자] 신채호는 『조선사연구초』(1929)에서 묘청의 서경천도운동을 "조선 역사상 일천 년래 제일 대사건"이라고 평한다. 그는 묘청을 '낭가', '국풍파', '독립' 세력으로, 김부식을 '유가', '한학파', '사대' 세력으로 보면서 묘청의 난이 진압된 것을 후자의 승리라고 진단했다.

감정의 탐구: 이광수

한국 근대문학은 민족사와 마찬가지로 20세기 초에 새로이 등장했으며, 국민성을 '회복'하는 데 중요한 역할을 했다. 자국어 문학의 대중적 형식은 이전부터 등장했지만, 작가들이 국가 정체성, 근대적 자국어, 문학의 위상에 주목하기 시작한 것은 20세기 초였다. 이광수는 근대문학 실천과 국가 건설의 관계에 관심을 기울인 첫 번째 엘리트 지식인 세대이며, 문학의 근대적 지식 생산 측면에서도 선구적 입지가 널리 인정되고 있다. 특히 그가 1916년에 발표한 「문학이란 하何오」는 한국 최초로 근대문학 이론을 확립한 글로 평가받는다.

당시에 이뤄진 중국에 대한 문화적 타자화와 더불어, 이광수는 새로운 매체를 통해 국가를 자기규정하게 될 새롭고 '특수한' 한국문화 개념을 주장했다. 동시에 문화적·국가적 고유성을 확보하기 위해 새롭게 보편화된 근대성의 어휘 목록(국가, 진보, 계몽, 문명 등)을 받아들여야 했다. 이는 서구의 용어를 '번역'한 일본어를 차용하는 방식으로 이루어졌다. 초국가적 관념 및 자원은 다중적으로 '번역'되었고, 이는 전 세계적인 흐름이었다. 이를 통해 우리는 서구를 중심으로 하는 새로운 보편적 '문명'을 수용해야 하는 상황이 국가적 고유성을 확보하는 데 어떤 영향을 미쳤는지 알 수 있다.

이러한 관찰은 이 장에서 상세히 탐구할 두 가지 핵심 주제를 조명한다는 점에서 중요하다. 첫 번째 주제는 번역 행위와 국가 정체성 회복 간의 관계이다. 이광수의 작업은 다중 번역의 산물(이 점은 3장에서 자세히 살펴볼 것이다)이며, 그의 초기작 대부분은 정情의 각성이라는 국가적 자기 발견의 과정을, 동시에 자기 발견의 여정과도 상통하는 변형의 경험으로 묘사한다(Hwang 1999). 그의 초기 소설은 '번역'의 장면으로 가득 차 있다. 도시 간 여행, 해외 여행, 기차 여행, 병과 회복 등의 '번역' 장면 중 상당수는 개인의 감정적 (그리고 국가적) 각성의 순간과 일치한다. 나는 이러한 '번역' 사이의 상호 관계를 분석하는 데 주목했다. 이는 세계적 담론(한국인이 국가적 주체성을 구성하면서 근대성의 어휘 목록을 사용할 때, 그 방향을 제시한 한국, 일본, 서구 사이의 초국가적 관념의 흐름)인 동시에 특수한 경험(자기 발견 및 애국적 '각성' 과정으로서의 '번역')으로 분석될 수 있다.

두 번째 주제는 번역(과 여행)을 집과 세계 사이를 오가는 이동으로 인식하게 만드는 관계의 차등 구조를 검토하는 것이다. 여행이라는 은유에는 집과 세계, 여성과 남성의 경계를 규정하는 일련의 젠더적 편향이 내포되어 있다. 나는 이광수의 초기 '여행' 서사에서 (남성적) 떠남과 (아내와 가족이 있는 곳으로의) 귀향이 어떤 기능을 담당하는지 밝히고자 한다. 특히 이광수의 작품에 반복적으로 등장하는 귀향이라는 비유는, 감정적 자기 인식, 부부의 사랑, 국가의 회복이라는 문제와 연결되면서 향후 한국 민족주의의 발전에 중요한 함의를 가지고 있었다.[1]

번역으로서의 문학

한국 근대문학은 번역된 문학으로부터 출발했다. 이는 한국 근대 초기 지식인 및 작가 중 상당수가 일본 작품을 번안하거나 자신의 첫 문학작품을 한국어가 아닌 일본어로 집필하며 활동을 시작했다는 점을 통해 입증된다.[2] 예를 들어 1905년부터 일본에 머

---

1 여성 계몽과 부부애라는 주제는 이광수가 일제강점기 초반에 집필한 거의 모든 민족주의 및 문학 저술에 두드러지게 나타난다. 여성 교육의 증진, 전통적 결혼 관행에 대한 개혁 요구, 여성의 사회적 지위 향상은 당시에 정치적 논쟁의 중심에 있었다. 김윤식(1986), Robinson(1986), Wells(1990), 김태준(1994)을 참조하라.

2 마이클 로빈슨은 조선 말기에 성년이 된 한국의 작가 및 지식인 중 상당수가 일본에서 공부했다는 사실을 지적한다. 와세다대학만 보더라도 "이후에 식민 지성계를 선도하는 한국 졸업생을 다수 배출했다". 가령 최남선, 김성수, 이광수, 장덕수, 현상윤 등이 와세다 출신으로

물던 이광수는 메이지학원에서 중등교육을 받은 뒤 1910년에 한국으로 돌아왔다. 첫 소설인 「사랑인가愛か」(1909)는 일본어로 썼으며, 발표 당시 그의 나이는 겨우 17세였다. 황종연이 지적했듯, 이 시기 학문의 놀라운 측면 중 하나는 "정치체제에서부터 위생에 이르기까지 인간 삶의 모든 영역을 번역된 담론으로 재조직"하고자 했다는 점이다(Hwang 1999: 8).

이러한 관찰은 근대 한국어인 '문학文學'이 서구 문화를 일본에 도입하는 과정에서 만들어진 용어라는 사실로 인해 한층 더 중요해진다. '文學'(한국어로는 '문학', 일본어로는 '文学bungaku', 중국어로는 '文学wénxué')은 한국, 일본, 중국의 학자들 모두에게 친숙한 한자로 이루어진 단어이지만, 이제 이 단어는 전통적 의미와는 완전히 다른 무언가를 지칭하게 되었다(Hwang 1999). 중국 전통에서 문文은 이 용어를 근대적으로 재평가한 정의에 비해 훨씬 광범위한 개념으로, 문학적 활동은 물론 정부, 교육, 사회적 관계 등 다양한 정치적·문화적·사회적 실천까지 모두 아우른다(조동일 1969). 따라서 문학을 하나의 자율적 영역으로 기술하는 것은 근대성과 관련하여 새로 구성된 어휘 목록의 산물이다. 이 어휘 목

당대 언론계, 문학계, 학계의 주요 인물이었다(Robinson 1986: 56~57). 이광수가 문학 활동을 시작한 것은 일본에서 체류하던 끝 무렵으로, 이 시기에 「사랑인가」를 발표했다. 신소설 작가 중에는 일본 문학작품(서구 소설의 일본어 번역본 포함)을 번안하면서 경력을 시작한 경우도 있었다. 가령 이해조는 쥘 베른의『인도 왕비의 유산』(1879)의 일본어판을 번안해『철세계』(1908)를 출간했으며, 이상협은 알렉상드르 뒤마의『몬테크리스토 백작』(1845)의 일본어판을 번안한『해왕성』(1920)을, 최찬식은 오자키 고요의『금색야차』(1897)를 번안한『추월색』(1912)을 발표했다.

2장 | 감정의 탐구: 이광수

록은 중국에서 기원한 단어 및 어구에 일본에서 구성된 근대 담론이 전혀 다른 의미를 부여하여 특화시킨 수천 개의 단어 및 어구로 이루어져 있다. 한국 및 중국 지식인들은 근대 일본의 단어 '분가쿠文学'를 번역해 받아들였는데, 이는 새롭게 만들어진 초국가적 어휘로서 문화적 자원이 된다. 각국 작가들은 새로운 국가적 주체성을 구축하는 과정에서 이 어휘 목록을 적극 활용한다.[3]

한국의 근대 작가들은 '문학'이라는 단어를 광범위하게 정의된 학문 수련이 아닌 한층 특수한 담론으로 재평가하면서 구어 및 구어와 문文(중국의 전통적 글쓰기)의 관계에 대한 그들의 관점도 바꾸었다.[4] 김태준과 김윤식이 지적했듯, 근대의 단어인 '문학'은 문어(한문漢文)가 아닌 구어(말)와 관련된다.[5] 이런 식으로 문文의

---

3 황종연(1999)은 일본에서 대략 도쿄대학교 영문과가 개설된 시기에 '분가쿠'라는 개념어가 사용되었으며, 쓰보우치 쇼요의 『소설신수(小說神髓)』(1885) 출판과 더불어 근대문학 비평이 번성했다고 설명한다. 레이먼드 윌리엄스(1973)는 요한 고트프리트 폰 헤르더의 『새로운 독일 문학에 대하여Über die neuere deutsche Literatur』(1767)가 출간되면서 처음으로 독일에서 '민족문학(Nationalliteratur)'이라는 새로운 용어가 사용되고 이러한 장르가 발전하기 시작했다고 말한다. 이때 민족별 다양성이 강조되었으며, 문학은 민족정신(Volksgeist)을 미학적으로 표현하는 하나의 수단이 되었다.
'문학'을 가진 '민족'이라는 개념은 유럽뿐 아니라 동아시아에서도 정치·사회·문화의 결정적인 발전을 의미했다. '분가쿠'라는 번역어가 이러한 개념을 유포하는 데 일조하는데, 일본에서 이 용어의 역사와 용법이 어떠했는지를 검토하는 것은 내 논의에서 벗어나는 일이다. 다만 한국문학 이론가들이 근대문학을 연구하면서 자주 언급한 몇몇 일본 자료를 소개한다. 福地源一郎 外, 『明治文学全集』, 筑摩書房, 1966; 磯田光一, 『鹿鳴館の系譜』, 文藝春秋, 1983.

4 민족의 언어가 민족의 '본질'을 표현하는 수단이라는 이광수의 신념은 문어(국한문혼용)와 민족의 관계에 대한 새로운 사고의 발전과 일치한다. 그는 한민족 고유의 한글만을 사용하면(한글 전용) 사람들이 '한국적 자아'를 인식할 수 있게 되리라고 보았다.

5 신소설에 대한 논의는 김윤식(1986)을 참조하라. 그는 이인직과 김동인을 비롯한 여러 소설가에 대해 논하면서, 언문일치 운동의 발전에 대해서도 상당한 분량을 할애해 설명한다. 이

개념은 구어를 포함하며 확장되었다(김태준 1994). 이제 문학은 이를 곧 학문으로 보는 전통적 이해(이를 위해서는 반드시 한자에 통달해야 한다)에서 해방되었으며, 중국(한자) 문화권 바깥에 있는 한국인의 '특수한' 경험을 표현할 수 있는 자율적 장으로 인식되었다.[6]

언어 횡단에 들인 노력에 있어서 이광수의 선구적 입지는 널리 인정되고 있으며, 그가 쓴 「문학의 가치」(1910)와 「문학이란 하오」(1916)는 한국 근대문학사에서 근대문학의 이론적 기반을 마련한 글로 평가받고 있다. 우선 이광수는 '문학literature'이란 개념이 일본에서 '분가쿠'로 번역되었음을 지적한다. 그러면서 이 용어를 통해 전통적 유교 학문 및 학습을 위한 정전 연구를 중심으로 보는 전통적 이해가 변화했으며, 이와 관련한 다른 새로운 개념과 용어가 소개될 가능성이 열렸다고 보았다. 이광수가 도입한 새로운 개념 중 하나는 '정情'이었다. 그는 '느낌' 혹은 '감정'이라는 뜻의 이 용어를 근대적으로 사용하면서, '문학'은 사람들의 고유한 감정 혹은 '정'을 표현하는 것이자 "인간의 감정을 충족시키는 책"이라고 규정했다. 즉 그는 근대문학에 대한 자신의 이론적 토대로서 다른 인간의 활동보다 정을 가장 우선에 둔 것이다.

조동일(1978)과 김태준(1994)은 이광수의 '정'이라는 개념이 근

는 일본에서 일어났던 동일한 운동인 겐분잇치(言文一致) 운동에서 파생된 것이기도 하다.

6 이에 대한 논의는 Brooke and Schmid(2000)를 참조하라. 이 연구에서는 한국의 근대 작가들이 한자가 국가를 초월한다는 주장을 비판한 점을 지적했다. 수 세기 전 한자가 한국에 도입된 이래 처음으로 한자가 '외국의 것', '중국의 것'으로 부각된 것이다.

대의 발명이며, 서구의 새로운 심리학적 정의에 그 뿌리를 두고 있다고 지적했다. 이러한 정의는 중국 유교 정전에서 사용된 것과 같은 전통적 이해와는 거의 관련이 없다.[7] 실제로 대부분의 학자들이 이광수는 유교 고전에 과문했을 가능성이 크며, 따라서 '정'에 담겨 있던 과거의 의미에 대한 역사적 지식도 없었을 것이라고 보고 있다. 이광수가 주창한 근대문학 관행은 당시의 유교적 도덕 및 제도와는 **정반대**로 인식되었으며, 근대 어휘의 영향을 통해 '정'에도 매우 다른 의미가 담겼다. 가령 「문학이란 하오」에서 이광수는 유교적 도덕의 악영향을 비판하며, 그것이 한국인의 감각적·정신적 삶에 돌이킬 수 없는 피해를 입혔다고 주장한다.

> 이조李朝 후 오백여 년에 조선인의 사상감정은 편협한 도덕률의 속박한 바 되어 자유로 발표할 기회가 없었도다. 만일 이러한 속박과 방해가 없었던들 조선에는 과거 오백 년간에라도 찬란하게 문학의 꽃이 발하여서 조선인 풍요한 정신적 양식이 되며 고상한 쾌락의 재료가 되었을 것을……. (이광수 1979b: 549)

---

7 전통적인 유교에서 '정'이라는 개념은 맹자가 정립한 '성정론(性情論)'을 바탕으로 설명된다. 이에 따르면 "완전히 고요한 상태가 성이며, 작용을 받아 만물을 직접 관통하는 상태가 정이다"(Chan 1963: 62). 다시 말해 정은 '성이 일깨워질 때만' 존재하게 된다. 15~16세기에 한국에서는 이(理)와 기(氣)의 상호 관계에 대한 형이상학적 논의가 대두되는데, 이때 이는 성, 기는 정에 대응하는 개념이다. 이황과 기대승이 사단칠정론(四端七情論)을 두고 벌인 논쟁에 대해서는 Ching(1985)을 참조하라.

이광수는 유교적 도덕이 국민의 감정 표현을 억압한 결과 한국 문학이 "현대 문명 제국의 대문학"처럼 번성하지 못했다고 보았다. 문학의 최우선 목표가 인간의 감정을 충족시키는 것이라면, 작가의 최우선 과제는 유교적 도덕 및 제도라는 억압적인 구조로부터 '감정'을 해방시키는 것이 되어야 한다.

문학이 유교적 도덕으로부터 독립하여 자주성을 확보해야 한다는 이광수의 주장에는 그 나름의 이론적 근거가 있었다. 그는 18세기 후반 심리학에서 합리주의적 전환을 이뤄낸 크리스티안 볼프Christian Wolff의 사상에 기반하여 인간의 정신을 지(지성), 정(감정), 의(의지)라는 세 가지 범주로 나누었다. 황종연은 볼프의 이론이 이후에 칸트에 의해 수정되었고, 19세기 후반 일본의 계몽주의 사상가들에게 널리 받아들여졌다고 지적한다(Hwang 1999). 일본과 한국의 근대 초기 지식인들은 이 이론을 바탕으로 인간의 활동을 합리적 체계로 이해하고자 했으며, 이광수는 이를 자신의 '지정의론知情意論'에 적용했다.[8] 지정의론은 이광수의 미학적 이데올로기에서 상당히 중요한 이론이다. 인간의 활동을 세 가지 주요 기능으로 범주화하면서 다양한 인간의 활동(가령 과학, 예술, 윤리)을 인간 정신의 심리적 구획(지성, 감정, 의지)을 바탕으로 구분하는 방법을 마련했기 때문이다. 만일 과학을 '지'라고 본다면, 문학은 '정'에 해당한다. 문학이 어디에 해당하든, 이러한

---

8 이에 대해서는 이광수의 「문학이란 하오」에 자세히 설명되어 있다.

대중적 심리 삼분법을 통해 문학은 다른 항목들과 동등하면서도 구별되는 독립적이고 자주적인 활동으로 정당화된다.

이광수에 따르면, 서구에서는 충분히 연구할 가치가 있는 것으로 정에 특별한 지위를 부여해왔지만 중국의 유교적 지적 전통은 그렇지 않았다. 중국 문명이 오직 지적·도덕적 활동만을 신뢰한 반면, 유럽은 감정의 중요성을 인식하고 있었다. "약 오백 년 전 문예부흥이라는 인류 정신계의 대변동이 있은 이래로, 정에게 독립한 지위를 부여하여 지나 의와 평등한 대우를 하게 되었다"(1979b: 548). 이를 통해 유럽은 자신의 미학적·감정적·문화적 삶을 번성시킬 수 있었고, **특정한** 국가 정신 및 정체성도 표현할 수 있었다.

이광수는 유교적 도덕성이 한국의 문화적 정체성을 퇴보시켰다고 보았는데, 이러한 인식은 하나의 개별 분야로서 문학에 자율적 영역을 마련해줘야 한다는 주장의 중요한 동기가 된다. 그는 문학을 새롭게 정의하는 기반으로써 감정이라는 개념에 특권을 부여했는데, 이는 그가 한국의 전통적인 유교 문화에서 도덕적 전제주의라고 인식한 것에 대한 반응이었다. 중국의 저술 및 이데올로기의 권력에 압도되어 한국문학은 번성할 수 없었다.[9] 그 결과 한국인은 자국 문화의 특수성을 규정할 수 있는 창조력을 상실한 채 그저 "중국 문명의 노예"가 되어버렸다.

---

9 흥미롭게도 이광수는 한문으로 쓴 한국문학을 무시한 듯하다. 그는 자국어 장르인 시조와 가사를 한국 고유의 문학에 포함하지만, 시조, 가사, 판소리 중 「춘향전」과 「심청전」을 제외하면 한국문학은 "장래가 있을 뿐이요, 과거는 없다 함이 합당"하다고 말한다(1979b: 555).

[문학은] 한 민족의 정신적 문명이요 민족성의 근원이라. 그런데 이 귀중한 정신적 문명을 전하는 데 가장 유력한 것은 그 민족의 문학이니, 문학이 없는 민족은 혹은 습관으로, 혹은 구비로 약간을 전함에 불과하므로 아무리 누대를 내려오더라도 그 내용이 풍부해지지 아니하여 야만미개를 면치 못하느니라. 조선은 건국이 사천여 년이라 하고 기간에 신라, 백제, 고구려 등 찬연한 문명국이 있었은즉, 응당 타민족에 구하지 못할 조선 민족 특유의 정신문명이 있었을 것이어늘 당시 문학이 전혀 소실되어 우리는 우리 선조의 귀중한 유산을 받을 행복이 없었도다. 우리의 근대 조선이 게으르고 이룬 것이 없어 우리에게 물질적 재산이 남지 아니함을 통한하는 동시에 그들이 정신적으로까지 무능하고 이룬 것이 없어 정신적 재산이 남지 아니하였음을 원통해하노라. 그러나 이는 다만 우리 조선의 죄만이 아니라 **중국 사상의 침입이 실로 조선 사상을 절멸하였음이니, 이러한 중국 사상의 사나운 위세 아래 얼마간 금옥 같은 조선 사상이 고사하였는고. 무심무장無心無腸한 선조들은 어리석게도 중국 사상의 노예가 되어 자기 집의 문화를 절멸하였도다. 금일 조선인은 모두 중국 도덕과 중국 문화하에 생육한 자라. 고로 이름은 조선인이로되 기실 중국인의 하나의 모형에 불과하도다. 그러하거늘 아직도 한자 한문만 숭상하고 중국인의 사상을 벗어날 줄을 알지 못하니 어찌 안타깝지 아니하리오.** (이광수 1979b: 551, 강조는 필자)

「문학이란 하오」와 「문학의 가치」 곳곳에 이광수가 중국을 문화적 타자로서 비판적으로 재고한 내용이 두드러지게 보인다. 이러한 그의 논의는 문학을 국가적 자기규정의 수단으로 봐야 한다는 새롭고 특수한 이해의 결과였다. '문'이라는 전통적 이데올로기와 절연하고 문학에 대한 새로운 개념을 정립하면서, 이광수는 유교의 도덕성에서 벗어나 한국의 국가적 자아를 '부활'시키고자 했다. 전통적인 조선 엘리트가 중국 문명이라는 초국가적 문화 영역 안에서 역할을 수행해왔다면, 19세기 후반에 이르러 '문명'이 새롭게 정의되면서 한국의 지리적 중심은 중국에서 서구와 일본으로 옮겨갔다. 이러한 새로운 세계체제 안에서 한국의 정체성을 재구성하는 작업은 "중국의 재발명과 함께 이루어졌다". 이는 "중화 왕국의 탈중심화"와 서구에 초점을 맞춘 새로운 보편 질서의 수용을 수반하는 과정이었다(Brooke and Schmid 2000). 중국으로부터 분리되어 나가는 이 새로운 감각은 대부분 이광수가 번역을 통해 문학의 근대적 개념을 차용함으로써 만들어졌다.

그러나 「문학이란 하오」가 과거로부터의 완전한 단절을 제안한다고 단정할 순 없다. 황종연(1999)이 적절히 지적했듯, 문학에 대한 이광수의 새로운 이론은 "전통적 문학 실천을 부정한다는 의미가 아니라, 문학의 개념, 원칙, 지식 생산의 규칙을 바꾼다는 의미에서의 단절이다". 이러한 지적은 도덕에 대한 이광수의 관점을 고려할 때 특히 의미 있다. 그가 중국 유교 문화의 도덕적 전제주의로 인해 한국의 관능적 욕망이 억압당하고 미학적 발전이 저해되었다고 믿으며 유교적 도덕을 비판하긴 했지만, 그의 문학 이론이 감정을 내세우기 위해 도덕성과 도덕 원칙을 배제하지는 않는다(김윤식 1999). 다시 말해 도덕성을 부정해야 감정을 육성할 수 있는 것이 아니라, 오히려 도덕성이 감정을 키우는 **원천 그 자체**이다.

이광수는 정이 도덕 원칙의 자발적 표현이며, 이로 인해 사람들이 사회의 윤리적·도덕적 이상을 자발적으로 실현하게 된다고 믿었다. 도덕성과 도덕 원칙은 위로부터 강제되는 것이 아니라, 정을 키워낼 때 내면에서 자발적으로 발생하는 것이다. 더구나 문학의 개념을 감정의 상상적이고 허구적인 표현으로 특수화함으로써, 문학은 국가를 자기규정하는 수단일 뿐 아니라 도덕적 자기육성의 필수적 매개물이 된다.

> 도덕의 속박을 벗어나라 함은 결코 독자를 고독蠱毒[뱀, 지네 등의 독]할 만한 음담패설을 재료로 한 문학을 지으라 함이 아니요, 도덕률을 고려함이 없이 나의 눈 속에 비춰오는 인사현상人事現象을 여실하게 묘사하라 함이니, 즉 모종 특정한 도덕을 고취하기 위하여 또는 권선징악의 효과를 기다리기 위하여 문학을 짓지 말고, 일체의 도덕 규구준승規矩準繩[목수가 사용하는 일련의 도구]을 쓰지 말고 실재한 사상과 감정과 생활을 여실하게 만인의 눈앞에 재현케 하라 함이라. (이광수 1979b: 549)

이광수가 감정의 만족이라는 명목으로 요구한 국민의 심리적 발달은 당연하게도 1910년대에 뿌리내리기 시작한 문화민족주의의 주요 교의 중 하나였다.[10] 안창호와 윤치호를 비롯한 당대 문화민족주의자들과 마찬가지로, 이광수는 개개인의 자기수양이 국가의 자강을 이룩하는 데 기반이 된다고 주장했다. "한국을 구할 수 있는 것은 오직 힘이다. 힘은 젊은이들이 스스로를 도덕적·정신적으로 육성하고, 그 후에 교육과 산업의 영역에서 그것을 유지하는 데서 나온다"(Wells 1990: 95). 따라서 그는 감정의 육성이 개인의 관능적·정서적 삶을 넘어 정치적·사회적 의미를 지닌 도덕적 의무라고 보았다. 문학을 통해 얻을 수 있는 새로운 도덕적 자유가, 장차 국가의 정체성을 재구성할 '각성한 한국인'이라는 새로운 주체를 생산할 가능성을 열어주기 때문이다. 이처럼 문학은 주체가 사적 경험으로부터 관능적이고 정서적인 특수성을 키울 수 있는 수단이었으며, '한국인'으로 정체화한 이들의 공동체에 정치적 정체성을 정립하는 원천을 제공해주기도 했다.

지금까지 '문학'을 국가적·제국적 동아시아 근대 담론의 하나로서 번역의 실천으로 본 이광수의 문학 이론을 검토했다. 일본에서 구성된 근대 담론의 보편적 기준(개화 및 계몽)을 추구함으로써, 그는 한국인의 특수한 정체성을 주장할 수 있었다. 하지만

---

10 일반적으로 문화민족주의는 민족 해방을 이루기 위해 민족의 영적 갱생이 필요하다고 본다. 이광수를 비롯한 문화민족주의자들은 한국인에게 새롭고 근대적인 사상을 주입하며 그들의 영적 변화를 촉구했다. 국민의 도덕과 영을 갱생하지 않고서는 당연히 국가의 갱생도 이룰 수 없기에, 교육은 국가의 부활에 필수적이었다.

그러한 문학 이론이 문학 실천의 층위에서 어떻게 실현되는지는 더 탐구해볼 필요가 있기에, 이광수의 작품에 묘사된 미학적·정서적·국가적 각성의 장면이 '번역'의 과정으로 해석되는 방식을 살펴보고자 한다. 따라서 다음 절에서는 근대성을 향해 진화해가는 국가적 주체를 만들어야 하는 과제와 불가분의 관계를 맺고 있는 번역의 문제를 다룰 것이다.

여행과 번역

한국 근대문학의 초기작, 특히 이광수의 작품에서 두드러지게 나타나는 특징 중 하나는 여행에 대한 집착이다.[11] 기차와 배를 타고 고향으로 돌아오거나 해외로 떠나는 (대개 유학과 관련된) 장면은 1900년대의 신소설에 자주 나온다. 특히 기차 탑승은 이광수의 초기작에서 매우 중요한 장면이며, 관능적이고 정서적인 '각성' 장면과 곧잘 일치하곤 한다. 마이클 신에 따르면, 이러한 여행 장면은 이광수의 작품에서 반드시 해결해야 할 문제를 가진 장소나 사람이 물리적 혹은 심리적으로 변환되는 순간을 재현하는 데 가장 빈번히 활용된다는 의미에서 전형적인 '번역'의 역할을 수행한다. 이는 이광수의 초기작에서 '정을 추구하는 외로

---

11 여행과 유학은 이인직의 『혈의 누』와 『은세계』, 이해조의 『자유종』, 최찬식의 『추월색』 등 많은 한국 신소설에서 주요 소재로 쓰였다.

운 영웅' 모티브가 반복적으로 활용되면서 한층 강화된다(김윤식 1999; Shin 1999). 실제로 이광수는 자신의 작품에서 해결(번역)해 야 할 문제를 안고 끊임없이 이동하거나 탈구脫臼하는 유동적이 고 과도적인 풍경을 만들어낸다. 그의 서사는 집을 잃거나 떠나 는 경계 위반이 그 상실의 간극을 메우려는 움직임에 의해 해소 되는 특징을 보이며, 이 움직임은 대개 주인공의 '귀향', 즉 **번역된** 실천으로서 집, 주체성, 내면성, 자아성, 국가성을 '재발견'하는 순간을 구성한다.

물론 여행 은유는 서양 전통에서 매우 흔한 비유이며, 이를 이 광수가 전유한 것은 의심의 여지없이 근대적 항해에 대한 일본어 번역의 '재번역'이다.[12] 조르주 판 덴 아벨레George Van Den Abbeele가 지적했듯, "서구에서 가장 소중한 개념들은 거의 전부 항해 모티 브에 호소한다. 진보, 지식 탐색, 이동의 자유, 장기 여행을 통한 자기 인식, 예정된 길을 따라가면서 얻게 되는 구원 등등이 모두 그렇다"(1992: xv). 하지만 항해는 또 다른 가능성, 즉 여행의 교육 적 가치도 상정한다. 이 경우에 항해의 근본적 탈구는 여행자에

---

12 캐런 위건이 지적했듯, "여행과 기행문은 근대 초기 일본의 국가 통합에 기여했다"(1999: 1195). 일본의 여러 학자들은 기행문이 중세 초기부터 (시와 산문 모두에서) 이어져온 유 서 깊은 문학 장르이며, 근대에도 인기를 유지했다고 말한다. 그러나 가라타니 고진은 기행 문 장르가 메이지 시대까지 활발히 유지되었음에도 그 초점이 변했다고 주장한다. 야나기 타 구니오의 『기행문집』을 인용하며 이 변화를 "기행문의 문학으로부터의 해방"(야나기타 는 이를 "시와 산문의 연결"이라고 했다)이라고 말한다(1993: 52). 이때 가라타니는 "풍경 의 발견"이라는 설명을 덧붙인다. 이는 근대 일본 문학에서 일어나고 있던 언문일치 운동과 궤를 같이하는 발전이었다. 이 주장에 대한 훌륭한 논의는 Karatani(1993), Vaporis(1994), Fogel(1996), Wigen(1999)을 참조하라.

게 자신이 두고 떠났던 모든 것에 대해 새로운 의견을 형성할 수 있는 '비판적 거리'를 제공한다. 다시 말해 여행자는 여행을 통해 새로운 풍경을 발견할 뿐 아니라, 과거의 풍경을 '재발견'할 수 있게 된다. 이와 같은 여행의 성격은 이광수의 초기작에서 중요한 의미를 지닌다. 나는 탈구와 귀환의 순간들 속에서 자아성과 국가성을 '발견'하는 과정이 어떻게 묘사되는지에 주목하며 그의 작품들을 독해할 것이다.

정을 추구하는 여정

이광수의 초기작 중 하나인 「사랑인가」는 여행과 번역의 관계에 대해 중요한 질문을 제기하는데, 이는 여행 모티브에 대한 나의 논의에서 서문 역할을 할 것이다. 일본의 메이지학원에 다니던 작가가 17세에 일본어로 쓴 이 소설의 스토리는 여행과 '번역'의 가능성을 열어낸다. 대부분의 이광수 초기작과 마찬가지로 주인공은 외톨이이며, 잠시 사랑과 반려를 찾지만 그 대상이 갑자기 사라지면서 관계가 너무 일찍 끝나버린다. 이때 이광수의 초기작 전반에 등장하는 '정의 추구'라는 모티브가 일종의 서브 텍스트 역할을 하며, 이 모티브와 여행 모티브는 서로를 강화시킨다.

이야기는 걷는 장면으로 시작한다. 일본에서 유학 중인 한국인 문길은 동급생이자 친구인 일본인 마사오를 만나러 가는 길이다. 다음 날 한국으로 돌아갈 예정인 문길은 친구에게 작별 인사를 하려 한다. 그러나 마사오의 집에 도착할 무렵, 불안에 휩싸여 이런저런 걱정을 하기 시작한다. 마사오는 나를 반가워할까? 대문을 두드려야 하나, 말아야 하나? 용기도 없고 우유부단한 자신을 호되게 책망하며 문길은 문 앞에서 서성거린다. 얼마 후 집주인이 어두운 바깥에서 있던 문길을 발견하고 안으로 들어오게 한다. 마사오와의 만남을 간절히 고대하던 그는 집주인에게 따뜻한 감정을 표한다. 밖에서 안으로, 어둠에서 빛으로 향하는 이 이행의 움직임에 대한 묘사는 문길이 품고 있는 한순간의 희망을 보여준다.

그러나 마사오가 나타나지 않으면서, 이 희망은 빠르게 사그라진다. 부끄러운 나머지 집주인에게 자신이 찾아온 이유를 말하지 못했기에, 그는 친구가 자기 목소리를 듣고 나와주기를 바라며 큰소리로 말하기 시작한다. 그러나 시간이 지날수록 마사오가 방에 있음에도 나오지 않으리라는 것이 분명해지고, 문길은 상심한다.

혼란스러워하다 이내 완전히 좌절한 문길은 거절당했다는 비참함과 굴욕감을 느끼며 그 집을 떠난다. 집 밖의 어둠으로 돌아가면서 그는 마사오가 더 이상 자신을 사랑하지 않음을 깨닫게 되고, 이러한 분노와 고통을 느끼며 살 수는 없다며 자살을 결심한다. 철길의 건널목으로 서둘러 걸어간 뒤, 문길은 전차의 레일을 베고 눕는다. 별을 올려다보면서, 문길은 자신의 죽음에 대해 생각하며 울기 시작한다.

이 작품에서 정을 구하지 못한 것은 '해결'(번역)되지 못한 신체적·정서적 대체로 표현된다. 문길은 일본에서 유학하다 이제 집으로 돌아가야 하는 한국인 학생이지만, 그의 귀향은 자살로 인해 중단된다. 게다가 자기 발견 및 애국적 '각성', 즉 근대성을 추구하는 여정과 관련한 수많은 문제들과 연결되어 있는 대상인 기차[13]를 타는 대신, 문길은 그 기차로 죽기를 기다린다. 마찬가지로 마사오의 집으로 향하는 문길의 여정도 해결되지 않았다. 마사오에게 작별 인사를 한다는 여행의 목표는 무참히 중단되고, 문길은 빈손인 채 자신이 출발했던 어둠으로 돌아가야 했기 때문이다. 이런 의미에서 「사랑인가」는 달성되지 않은 여정, 중단된 항해, 완성되지 못한 '번역'에 대한 서사다.

「윤광호」(1918)에서도 동일한 여행 모티브가 반복된다. 이 소설 역시 정을 찾는 데 실패한 주인공이 자살하는 결말에 이른다. 「동경에서 경성까지」(1917)와 「방황」(1918)에서도 비슷한 탈구를 거치면서 주인공이 정을 추구해가는 여정이 묘사된다. 그러나 「소년의 비애」(1917)에 이르면, 이광수의 여행 모티브는 새로운 전환점을 맞이하여 보다 명시적으로 **귀환**의 모티브를 다룬다. 같은 시기에 집필한 이광수의 다른 단편소설과는 달리, 이 소설에서 주인공의 변화는 독자에게 자신의 '집'(전통 사회)에 대한 관점을 바꿔낼 수 있는 장을 마련해주며, 이야기가 끝날 때쯤 주인공

---

13 예를 들어 「무정」에서는 여성 주인공인 영채가 기차에서 신여성이자 애국적 주체로서 '각성' 한다(3장 참조).

은 집으로 돌아간다. 따라서 여행은 또 다른 종류의 가치, 즉 여행의 교육적 측면(질서의 '바깥'으로 이동하거나, '비판적 거리'를 유지하면서 기존 질서에 의문을 제기하는 하나의 방식으로서의 여행)을 상정한다. 이처럼 코드화된 시공간의 이동에는 귀향하는 (교육받은) 여행자와 주저앉아 있는 (교육받지 못한) 야만인을 견주는 것이 가능한 일종의 사회 비판이 들어 있다.

갈림길

「소년의 비애」도 실패한 사랑 이야기이지만, 이 소설에서 사랑의 실패는 전통적 한국 사회에 비판을 제기하는 방식으로 구조화되어 있다. 중심인물은 문호와 그의 사촌 여동생 난수다. 이들은 서로를 아끼고 사랑하지만, 사촌지간이기에 사랑을 이룰 수 없었다. 따라서 순수하게 지적이고 정신적인 관계를 유지했다. 가끔 손을 잡으며 육체적 친밀감을 나누기도 했지만, 이들의 관계는 대부분 세속적 열정을 초월해 있었다.

문호에게 곧 서울로 떠나 공부를 시작할 수 있다는 소식이 전해지자, 그는 은밀하게 난수와 자기 여동생을 데려가 같이 공부할 계획을 세운다. 그러나 난수가 다른 남자와 결혼하기로 했다는 사실을 알게 되면서 계획은 무산된다. 그녀의 부모는 딸을 지역 양반가 자제와 정략결혼시키겠다는 약조를 맺었다. 그러나 예비 남편이 심각한 지적장애를 앓고 있는 데다 명백하게 난수에게 걸맞지 않은 상대라는 것이 밝혀지자, 문호는 난수에게 부모의 뜻을 거역하고 자기와 함께 서울에서 공부하자고 간절히 설득한다. 난수가 좀처럼 가족에게 맞서기를 꺼리자, 문호는 직접 난수의 부친을 찾아가 결혼을 취소해달라고 애원한다.

> "그러나 양반의 체면은 잠시 일이지요. 난수의 일은 일생에 관한 것이 아니오니까. 일시의 체면을 위하여 한 사람의 일생을 희생한다는 것이 말이 됩니까" 하였으나 계부는 성을 내며, "인력으로 못하나니라" 하고는 다시 문호의 말을 듣지도 아니한다. 문호는 그 '양반의 체면'이란 것이 미웠다. 그리고 혼자 울었다. 그날 난수를 만나니 난수도 문호의 손을 잡고 운다.
> 문호는 난수를 얼마 위로하다가, "다 네가 약한 죄로다. 왜 내가 시키는 대로[같이 서울로 도망치는 것] 하지 아니하였느냐" 하고 왈칵 난수의 손을 뿌리치고 뛰어나왔다.(1979c: 62)

아름다운 난수와 동네 바보는 양가 부모의 축복 속에서 결혼한다. 문호는 그렇게 난수와 영원히 헤어지게 된 뒤 유학을 떠나고, 난수는 고향에 남아 자신의 비극적 운명을 견딘다.

이 소설의 기본 주제는 짝사랑, 우애결혼의 이상화, 전통적 결혼 관습에 대한 비판, 여성의 계몽 및 해방에 대한 요청으로, 이광수의 이후 작품인 「무정」(1917)의 주제와 거의 동일하다. 그러나 「무정」과 달리 문호의 이야기는 어떤 방식으로든 해결되지 않기에, 결말에 이르러서도 독자는 그저 '문호의 지나간 청춘'에 대해

2장 | 감정의 탐구: 이광수

깊은 생각에 잠기게 된다. 그런데 문호의 귀향은 독자가 '고향'에 대해 근본적으로 새로운 독해에 '도달'하게 되는 비판적 공간을 제공한다. 이는 승리가 아니고 심지어 행복한 일도 아니며 그저 심대한 슬픔과 상실의 감각으로 가득할 뿐이다. 그럼에도 그의 귀향은 전통적 한국 사회, 특히 중매결혼이라는 '야만적' 관습에 문제를 제기하는 역할을 한다. 이런 의미에서 비극의 플롯은 오직 교훈적 가치에 의해서만 해결에 이를 수 있다. 그 해결(번역/귀환)은 독자에게 난수가 결혼을 할 수밖에 없게 만든 전통의 해악을 되짚어봐야 한다고 요구하는 '교훈'의 형태로 나타난다.

이러한 비판은 사랑과 결혼에 대한 이광수의 근대적 주장을 지지할 수 있는 새로운 젠더 담론을 발명해야만 가능했다. 이 작품에서 남녀의 결합은 남성의 성적 착취가 아니라 남녀의 정신적 결합에 의한 것이어야 한다. 문호와 난수의 사랑은 순수한 영혼들의 완벽한 만남으로 이상화되며, 모든 육체적 욕망을 초월한다. 흥미롭게도 문호는 오직 '열정적'이자 '낭만적'이고 '따뜻한' 감정과 마음의 차원으로만 묘사되는 반면, 난수의 예비 남편은 눈이 길고 크며 헤벌린 큰 입에다가 침이 턱에서 떨어진다는 등 오직 육체적인 면만 묘사된다. 예비 남편의 정신장애는 그의 육체적 그로테스크함을 생생하고 자세히 묘사함으로써 선명히 드러난다. 정신의 구속을 받지 않는 난수의 예비 남편은 순전히 육체일 뿐이다. 그는 침과 콧물을 흘리며, 입은 언제든 헤벌린 상태다.

이 이미지의 그로테스크함은 정확하게도 독자에게 이 저주받

애국의 계보학

은 결혼이 얼마나 우스꽝스럽고 한심한지 경고한다. 난수와 그 바보의 결합이 (남성의) 성적 욕망의 충족 외에 어떤 의미가 있겠는가? 성적 파트너 간의 결합으로 타락한 결혼은 문호와 난수의 정신적 사랑과 대조될 뿐이다(또한 이 방정식에서 그 바보는 야만적·원시적 남성이고, 문호는 진보한 남성이다). 사랑하는 이가 감정에 의해 움직이는 남자가 아니라 육체적 충동에 지배받는 짐승과 결혼한다는 사실을 문호가 알게 되면서, 그 결혼은 한심한 거짓임이 비극적으로 밝혀진다. 이름도 없이 오직 육체뿐인 신랑은 온통 본능과 충동만 있을 뿐 이를 통제할 정신이라곤 없다.

> 신랑은 침을 질질 흘리며 헤 하고 웃는다. '그래도 어저께 자기를 맞던 사람을 기억하는구나' 하고 문호는 코웃음을 하였다. 곁에서 누가 문호를 신랑에게 소개한다.
> "이이가 신랑의 처종형妻從兄일세."
> 그러나 신랑은 여전히 침을 흘리며 다만 "처종형?" 하고 문호의 얼굴을 본다. 그 눈이 마치 죽은 소눈깔같이 보여 문호는 구역이 나서 고개를 돌렸다. 그러고는 속으로, '아아 저것이 내 난수의 배필!' 하였다. (1979c: 65)

'개화된' 남자와 '원시적' 남자 간 경쟁의 한가운데 놓이는 것은 놀랍게도 난수다. 난수의 순수한 영혼에 대해서는 전혀 의문이 제기되지 않으며, 그녀는 '표징'이 되어 '원시적'인 과거의 한국을 암묵적으로 비판한다. 따라서 그 전통이 난수에게 저지른 꼴사나운 짓은 또한 야만적 남성이 모든 여성에게 저지르는 꼴사나운 짓의 상징이 되기도 한다.

이처럼 여성을 명백히 선형적인 진보의 척도로 삼는 패러다임과 함께, 이광수는 성적 타락으로부터 성적 억제로, 원시적 육체성에서 문명의 정신성으로 향하는 진화를 하나의 **선택지**로 제시한다. 독자에게 '후진적' 결혼 관습의 해악에 대해 되짚어보기를 요청하면서, 그는 또한 그 해악의 대안을 만들어낸다. 여성의 자기 계몽이 전통에 대한 '치료법'으로 제시되는 것과 마찬가지로 우애결혼이 야만성에 대한 **치료책**으로 그려진다. 따라서 여성과 국가는 **서로 다른 두 길**이 만나는 교차점에서 합류한다. 하나는 사랑과 문명의 영역으로 올라가는 길이고, 또 하나는 원시적 충동과 사랑 없는 욕망의 저열한 세계로 내려가는 길이다.

이 항해는 번역하는 관계translation인 만큼이나 재구성하는 관계relation로 상정된다. 이는 한 장소와 다른 장소, 야만과 문명 사이에 형성되는 차등적 관계다. 그러나 이야기는 지와 정 사이의 또 다른 관계를 설정하기도 한다. 이광수는 이 허구 서사에 자신의 문학 이론을 적용하여 두 명의 상반된 인물을 그려낸다. 마이클 신(1999)의 분석에 따르면 이 두 인물은 "전혀 다른 문학 개념을 체현"한다. 문호의 반대편에는 그의 사촌이자 난수의 오빠인 문해가 있다. 문호는 따뜻하고 감정적인 데 반해 문해는 냉정하고 이지적이다. 따라서 문호가 "미적·정적 문학"을 사랑하는 데 반

애국의 계보학

해 문해는 "지적·선적善的 문학"을 사랑한다.

그런데 이광수가 폭로했듯, 난수가 바보와 결혼하는데도 문해는 전혀 연민을 느끼지 않는다. 이런 측면에서 본다면 문해는 다른 남자 친척들과 마찬가지로 '야만적'일 뿐이다. 결국 문해의 도덕성은 바보의 그로테스크한 육체성과 더불어 독자가 한국 결혼 관습의 '후진성'을 가늠하고, 정(문명)에 충만한 결혼을 향한 새로운 '경로'를 구상하는 데 **참조점**이 되어준다. 이에 대해 이광수는 '개화된 **길**'을 선택해야 하지 않겠느냐고 독자에게 제안한다. 이때 문해와 바보는 둘 다 장래 한국의 '문명'을 고려할 때 반드시 짚어봐야 할 참조점이다. 이 지형학적 구조를 통해 독자들은 정, 문명, 계몽을 달성하기 위해 나아가야 할 '항해'를 인식하게 된다.

'정의 충만'이라는 새로운 문명을 정의하고자 하는 명백한 시도, 즉 국가의 명령으로서 감정을 '해방'시키려는 시도는 이광수의 단편 「어린 벗에게」(1917)에서 가장 뚜렷하게 발전한다. 다시한번 '정의 추구' 모티브를 활용한 이 소설은 네 편의 편지로 구성되어 있다. 첫 번째 편지는 병에 걸린 장면으로 시작한다. 병상에 누운 주인공은 세상의 차가움과 한국 부부들의 사랑 없는 관계에 대해 깊이 생각한다.

대체 사회의 건조무미하기 우리나라 같은 데가 다시 어디 있사오리까. 그리고 품성의 비열하고 정의 추악함이 우리보다 더한

이가 어디 있사오리까. 그리고 이 원인은 교육의 불량, 사회제도의 불완전—여러 가지 있을지나 그중에 가장 중요한 원인은 남녀의 절연絕緣인가 하나이다. 생각하소서. 한 가정 내에서도 남녀의 친밀한 교제를 불허하며 심지어 부부간에도 육교肉交할 때 외에 접근치 못하는 수가 많으니, 자연히 남녀란 육교하기 위하여서만 접근하는 줄로 더럽게 생각하는 것이로다. (1979d: 73~74)

「소년의 비애」에서는 육체적 사랑과 정신적 사랑을 발전의 서사(야만에서 문명으로)라는 관점으로 구분했는데, 「어린 벗에게」에서 이는 '해방'의 문제로 상정된다. "우리 반도에는 사랑이 갇혔었나이다. 사랑이 갇히매 거기 따르는 모든 귀물貴物이 같이 갇혔었나이다. 우리는 큰소리로 급히 외쳐 갇혔던 사람을 해방하사이다. 눌리고 속박되었던 우리 정신을 봄풀과 같이 늘이고 봄꽃과 같이 피우게 하사이다." 다시 말해 정에 대한 추구는, 이제는 다른 나라의 것으로 간주되는 유교적 도덕성으로부터 '해방'되어 국가적 정통성을 추구해야 하는 임무와 유사하다. 이런 방식으로 이광수는 정의 추구(혹은 추구의 결여)를 개인이 아닌 국가적 문제로 설정한다.[14]

---

14 김윤식도 이 소설이 (개인의 문제가 아닌) 한국의 구체적이고 특정한 문제로서 정의 성취와 결여에 초점을 맞추고 있다고 보았으며, 여기에 담긴 민족주의적 함의에 대해 유사한 지적을 한다. 김윤식(1999: 255~256)을 참조하라.

애국의 계보학

나는 조선인이로소이다. [대부분의 남자들과 마찬가지로] 사랑
이란 말은 듣고, **맛은 못본 조선인이로소이다.** 조선에 어찌 남녀
가 없사오리까마는 조선남녀는 아직 사랑으로 만나본 일이 없
나이다. 조선인의 흉중에 어찌 애정이 없사오리까마는 조선인
의 애정은 두 잎도 피기 전에 사회의 습관과 도덕이라는 바위
에 눌리어 그만 말라죽고 말았나이다. (1979d: 76, 강조는 필자)

두 번째 편지에서, 주인공은 후에 '구세주'라고 부르게 되는 어
떤 여자의 존재로 인해 철학적 사색에서 깨어난다. 나중에 그는
그 여자가 6년 전 와세다 대학에서 유학할 때 절친하게 지내던
친구의 여동생인 김일련임을 알게 된다. 그리고 그들이 처음 만
나던 때를 회상하는 장면이 이어진다. 그는 기혼임에도 김일련에
게 사랑을 고백했다가 거절당한다. 그 뒤에 김일련이 그에게 용
서를 구하는 메모를 보내며 공원에서 만나자고 청하는데, 알고
보니 이는 꿈이었다. 세 번째 편지는 또 다른 탈구의 경험으로 시
작한다. 러시아 배를 타고 미국으로 떠나던 주인공이 배가 사고
를 당해 침몰하기 시작하는 순간 다시 김일련과 조우한다. 두 사
람은 '코리아호'라는 배에 구조되어 목숨을 건지고, 이야기는 기
차에서 이들이 재회하는 장면으로 끝난다.

이광수의 이전 작품에 널리 등장하는 여행 모티브와 마찬가지
로, 고향을 잃거나 떠나는 횡단은 정을 성취하여 상실의 간극을
채우려는 움직임이다. 따라서 감정적이고 진정하며 정신적인 (국

2장 | 감정의 탐구: 이광수

가적) 자아의 발견은 (국가적) 자기 회복의 과정으로 구성된다. 즉 '귀향'의 순간이 상실의 소용돌이를 멈추는 것이다.

서간문이라는 형식은 독자(편지의 수신인)에게 돌아가 관계를 재구성하는re-lated 항해이기도 한 이 소설의 시공간적 탈구를 강화한다. 그런 의미에서 「어린 벗에게」는 주인공이 사랑을 찾고 정을 얻기 위해 반드시 떠나야만 했던 과정을 그린 일종의 여행기이기도 하다. 텍스트 속의 구성적 움직임(절망에서 행복으로, 고독에서 재회로, 무정에서 정으로)은 비슷한 과도기적 움직임(병에서 회복으로, 꿈에서 각성으로, 죽음에서 삶으로)을 묘사하는 장면에 의해 강화된다. 이 모두가 탈구를 겪지만 결국은 해결(번역)되며, 이 일련의 과정이 소설의 기본 구조를 탄탄하게 만들어준다.

그런데 이광수의 '여행' 서사를 점진적 이득(그 이득이 자기 인식이든 정의 획득이든 계몽이든 간에)만을 추구하는 것으로 규정하는 것은 옳지 않다. 오히려 여행 모티브의 점진적 선형성에도 불구하고, 이광수의 근대적 항해는 무언가를 얻기 위한 움직임인 만큼이나 잃어버린 것을 회복하기 위한 움직임이다. 이 회복은 중국과 연관된 유교적 '중세'를 거부하고 상실했던 진정한 한국의 과거와 다시 연결되기 위한 움직임을 상정한다. 다시 말해 정의 추구는 집을 떠나는 것인 만큼이나 집으로 돌아오는 일이다.

한국에서 매우 널리 알려진 사랑 이야기인 「춘향전」에 대한 이광수의 독해를 살펴보자. 그가 보기에 춘향과 몽룡의 사랑은, 유교적 도덕성의 엄격한 규범이 '강제'되면서 비극적으로 억압된

애국의 계보학

한국의 본래적 정(혹은 정신)을 가장 진실하게 되살린 표현이었다. 이때 정의 추구는 근대국가의 미래에 대한 '계획을 그려보기'위한 전제 조건이자, 진실하고 이상화된 과거/감정의 회복이었다. 이광수는 다음과 같이 쓴다.

> 세상 사람들이 입으로 말은 아니하지마는 속으로 밤낮 구하는 것은 이러한 [춘향과 몽룡의] 사랑이다. 그러나 이러한 사랑은 마치 금과 같고 옥과 같아서 천에 한 사람, 십 년 백 년에 한 사람도 있을 듯 말 듯하다.
>
> 그래서 여자는 춘향을 부러워하고 남자는 이 도령을 부러워한다. 자기네가 실지로 그러한 사랑을 맛보지 못하매, 소설이나 연극이나 시에서 그것을 보고 좋아서 웃고 울고 한다.
>
> 조선서는 천지개벽 이래로 오직 춘향, 이 도령의 사랑이 있었을 뿐이다. 저마다 춘향이 되려 하고, 이 도령이 되려 하건마는 (……) **조선의 흉악한 혼인 제도는 수백 년래 사랑의 가슴속에 하늘에서 받아 가지고 온 사랑의 씨를 다 말려죽이고 말았다. 우선도 그 희생자의 하나이다.** (1994: 313, 강조는 필자)

이광수의 독해는 부녀의 덕을 '고양'시킬 뿐 아니라 유교 도덕적 행동을 강화하는 「춘향전」의 교훈적 측면을 무시한다. 그럼에도 그가 이 작품을 진정으로 '한국적인 것'과 연결시키며, 국가적 정의 진실한 표현으로 읽어낸다는 점은 흥미롭다. 정의 추구가

2장 | 감정의 탐구: 이광수

집을 떠나는 것일 수도 있고 집으로 돌아오는 것일 수도 있지만, 정의 부재는 항해를 시작하는 지점인 동시에 종국에 다시 돌아오는 지점의 역할을 한다. 그런 의미에서 자기 발견은 재발견의 움직임이며, 정은 그 항해의 절대적 기원(한국적 정체성의 진정한 표현)이자 절대적 목적지(한국의 잃어버린 진정성의 '회복')라는 기능을 담당한다.

항해에 대한 이 두 가지 평가(무언가의 점진적 획득, 상실한 것의 회복)는 모두 출발점과 도착점, 그리고 그 사이의 공간적 관계라는 한계에 갇혀 있다. 이광수에게 출발점 혹은 '집'은 '회복'(정의 성취 및 애국적 각성)의 장면이 거의 예외 없이 원환적圓環的 여정(어떤 움직임에서든 '집'이 절대적 기원이며 절대적 종착점인 여정)으로 그려진다는 점에서 그의 서사를 조직하는 초월적 참조점이다. 그렇기에 집은 (가정의 행복과 부부간의 사랑 같은 문제를 포함하여) 정신적 결속 및 국가적 각성과 매우 밀접하게 묶여 있다. 실제로 이광수가 정을 규정할 때 매우 중시한 측면 중 하나는 육체적·성적 측면이 궁극적으로 결여된 부부간의 **정신적** 결합이다.[15] 정신적 결속에 의해 집에서 구축된 문명의 기반은 계몽(과 정)을 추구하는 주인공의 출발점 및 도착점 모두를 구성한다. 그렇게 정의 추

---

15 이승희(1991), 이진경(2000) 등 「무정」을 연구한 일부 학자들은 남자 주인공인 형식이 평양에서의 짧은 성적 만남을 통해 '각성했다'고 주장하지만, 나는 육체적·성적 경계를 벗어나서는 여성과 관계 맺지 못하기에 형식을 '실패한 인물'로 보는 김동인(1956)의 주장에 훨씬 더 동의한다(3장 참조). 실제로 서술자 자신이 "형식은 과연 무정하였다"(1994: 300)고 지적했듯이, 형식의 이러한 특징은 작품 전반에 걸쳐 드러난다.

애국의 계보학

구는 '발견'인 동시에 '회복'으로 여겨진다. 사랑의 정신적 충만
은 **예부터 지금까지 늘 존재했음에도,** 오랜 세월 유교적 도덕과 사회
규범에 의해 억압되어왔을 뿐이다. 따라서 정서적 각성, 정신적
사랑, 계몽, 진보, 개화 등의 사안이 이어져 있는 거점이기도 한
집은 이광수의 '여행' 서사의 출발점이자 도착점이다.

　이광수의 문학 이론은 단순한 추상적 원칙을 넘어 그 자신을
해명하는 것이기도 했다. 이광수가 스물일곱의 나이에 도쿄에서
허영숙을 만났을 때, 그는 이미 아들을 하나 둔 유부남이었다. 그
리고 허영숙은 조선에서 진명여학교를 졸업한 뒤 도쿄여자의학
전문학교에 다니는 스물두 살 학생이었다. 이들의 사랑은 이광
수의 초기 문학 창작에 영감을 제공했다.[16]

　이광수는 첫 번째 부인과의 결혼 실패를 매우 비통해했고, 부
인을 떠난 일을 회상하며 그녀가 순량한 사람이었지만 "내 변명
이 아니라 그저 싫었다"고 쓸 뿐이었다.

　「어린 벗에게」에서 병들어 죽어가는 주인공처럼, 이광수는 본
인이 결핵을 앓다 새 부인의 간호를 받아 기적적으로 회생하는

---

16 상당 부분이 자전적 작품인 「어린 벗에게」에서 기혼인 주인공은 연인에게 이렇게 편지를 쓴
　다. 이는 명백하게 이광수 자신의 고민을 반영하고 있다.
　"이것이 죄가 아닐까. 나는 벌써 혼인한 몸이라 다른 여자를 사랑함이 죄가 아닐까. 내 심중
　에서는 혹은 죄라 하고 혹은 죄가 아니라 자연이라 하나이다. 내가 혼인한 것은 내가 함이
　아니요, 나는 남녀가 무엇이며 혼인이 무엇인지를 알기도 전에 부모가 임의로 계약을 맺고
　사회가 그를 승인하였을 뿐이니, 그 결혼 행위에는 내 자유 의사는 조금도 들지 아니한 것이
　오. 다만 나의 유약함을 이용하여 제삼자가 강제로 행하게 한 것이니, 법률상으로 보든지 윤
　리상으로 보든지, 내가 이 행위에 대하여 아무 책임이 없을 것이라."(1979d: 77)

경험을 했다. 어린 시절 친모를 잃은 이광수에게 허영숙은 이제껏 부재했던 일종의 어머니가 되어주었다. 이렇게 그의 '부활'을 이끌어내면서 허영숙은 그의 어머니(개화의 인도자)이자 부인(반려자) 역할을 동시에 맡게 된다. 허영숙의 도덕적 아름다움은 이광수의 기원적·원시적 '악행'으로부터 그를 고양시켜주었다. 한때 이광수에게 (원시적) 결혼이란 (남성적) 육욕을 발산하기 위해 사회적으로 신성화된 결합이었다면, 이제 (개화된) 결혼은 같은 생각을 가진 영혼들 간의 이상적인 결합이다.

> 이러한 혼인[중매결혼]은 오직 두 가지 의의가 있다 하나이다. 하나는 부모가 그 아들과 며느리를 노리개감으로 앞에 놓고 구경하는 것과, 하나는 돼지 장사가 하는 모양으로 새끼를 받으려 함이로소이다. 이에 우리 조선남녀는 그 부모의 완구玩具와 생식하는 기계가 되고 마는 것이로소이다. 이러므로 지아비가 그 지어미를 생각할 때에는 곧 육욕의 만족과 자녀의 생산만 연상하고 남녀가 여자를 대할 때에도 **곧 열등한 수욕獸慾의 만족만 생각하게 되는 것이로소이다. 남녀 관계의 마지막은 물론 육적 교접과** 생식이로소이다. (……)
> 남녀 관계도 육교를 하여야 비로소 만족을 얻음은 야인의 일이요, **그 용모 거지와 심정의 우미優美를 탄복하며 그를 정신적으로 사랑하기를 더할 나위 없는 만족으로 알기는 문명한 수양 많은 군자라야 능히 할 것이로소이다.** (1979d, 71~72, 강조는 필자)

문명과 계몽을 향한 길이 집에서 시작하기에, 집의 전통적 수호자인 여성은 개화, 진보, 자기 인식, 국가성에 관한 모든 '항해'가 시작하고 끝나는 정신적 기반이 된다. 「무정」에서 매우 감동적인 순간은 형식이 예비 신부 선형에게 자신에 대한 사랑을 언약해주기를 청하는 장면이다. 이에 대해 선형은 매우 당혹스러워하는데, 사실 형식이 원한 것은 선형의 실제적이면서도 여전히 불분명한 감정으로서의 사랑이 아니라, 말을 통한 분명한 확인으로서의 사랑이었다. 따라서 이때 형식이 요구한 사랑의 언약은 감각적 부부애의 경험이라기보다, 근대적 인간이라는 형식의 자기 이미지와 연결된 부부애의 해방적 가능성에 더 가깝다. 이러한 '부부애'의 이상은 진보와 국가성을 추구하는 주인공의 여정(형식이 꿈꾸는 미국 유학과 '승리'의 귀향)을 시작하는 출발점으로 간주된다. 비록 형식은 사랑의 진정한 의미를 알지 못하지만, 자신의 해외 여행을 시작하기 **위해서는** 반드시 사랑이 존재해야 한다는 점은 이해하고 있다.

귀향: 국가, 정, 여성

항해라는 은유는 비판적 비유로서 한국 민족주의의 발전에 중요한 함의를 지닌다. 이광수가 이상화한 가정의 행복이라는 관념은, 강간당하고 폭행당한 여성의 재현을 일본 식민지배(집 및 고향의 상실)의 상징으로 활용하는 것에서부터 조국의 분단과 통일의 표현으로서 헤어졌다 재회하는 연인/부부 서사를 창작하는 데 이르기까지 다양한 국가적 맥락에 전유되었다.[17] 다음 두 장에서 자세히 밝히겠지만, 집과 세계, 상실과 회복 사이의 본질적 긴장은 한국 민족주의의 독특한 특성 중 하나다. 한국 민족주의에서 상실(식민주의, 분단)의 '회복'(혹은 번역)은 여성으로 상징되는 일종의 '귀향'(정, 해방, 통일)과 담론적으로 연결된다. 이 회복이 여성의 역량 강화의 형태로 나타나기도 하고 낭만적 재회의 형태로 등장하기도 하는데, 이러한 이미지는 '문학'이라는 번역된 개념이 처음으로 일구어낸 담론적 가능성을 통해 상징적 의미를 획득했다.

17 4장에서는 1980년대 후반 민족주의 학생운동 담론에 적용된 이별했다 재회하는 연인의 비유를 탐구할 것이다. 이 비유는 그저 학생들에게만 국한된 것이 아니라 매스미디어가 국가 분단에 대한 인식을 구성하는 데도 사용되었다. 블록버스터 영화 〈쉬리〉(1999)의 경이로운 성공이 보여주듯, 이별했다 재회하는 연인의 비유는 남북 분단에 대한 한국인의 반응과 관련해 심오한 정치적 함의를 품고 있다.

애국의 계보학

— 2부 —

여성

국가에 대한 사랑의 기호

> 자신과 타자를 독해할 때의 '의미'는 모델 서사를 통해 부여된다. 우리는 오이디푸스와 아담 서사의 다양한 변주와 그에 대한 비판, 그것의 대체물을 다루는 데 익숙하다. 그렇다면 다른 전통의 주체라는 기표를 생산하는 것은 어떤 서사인가? _가야트리 스피박[1]

> 조선에서는 여자는 견마犬馬나 다름없었소. 그네는 교육을 받을 권리가 없었고, 자기의 인격은 주장한다든가 독립한 생활을 영위함은 몽상도 못하였소. 같이 회당에 출석하여 같이 찬송을 부르게 되매, 상제上帝의 앞에 평등한 자녀라는 사상을 얻게 됨은 야소교의 덕이외다. _이광수(1918)[2]

일제강점기 초반에 이광수는 기독교가 한국 여성의 지위와 '개화'에 미친 긍정적 영향에 대한 글을 썼다. 이즈음 발표한 그의 신작에서는 여성을 독보적으로 중요한 위치에 두었는데, 이는 식민지 문학이 젠더와 여성성의 전통적 관념을 식민지 근대성의 맥락에서 재코드화하는 방식에 대한 흥미로운 질문들을 불러온다.

이 장에서는 '여성'이 20세기 초 한국 민족주의 담론의 기호 및

---

1 Spivak(1989: 227).
2 이광수(1979e: 10)

주체가 되는 방식을 비판적으로 검토하고자 한다. 나는 한국의 초기 근대문학이 여성을 남성과 구분되는 '자연적'이고 존재론적인 범주로 간주하는 서구의 종교적·과학적 관념을 전유함으로써, 가정생활을 하는 여성의 전통적 유교 이미지를 식민 억압의 정치적 '기호'로 변형하는 방식에 초점을 맞출 것이다. '성차'를 젠더로 코드화하는 새로운 방식이 다른 정치적 대립의 장소(사회/국가, 과거/현재, 전통/근대성 등)와 어떻게 연결되었는지도 탐구한다. 나는 젠더로 코드화하는 새로운 방식을 전유한 결과, 공적 영역과 사적 영역이 병합되었다고 본다. 즉 여성을 통해 정치적 담론이 사랑, 결혼, 정절이라는 사적 맥락으로 번역된 것이다. 여성의 개인적 행복(가장 중요하게는 가정생활에서의 행복)이 갑자기 국가적 문제의 결과가 되면서, 여성의 사생활 역시 국가적 욕망을 정치화하는 무대가 되었다.

여성을 하나의 기호로 '전유'하는 것이 헤게모니화 과정에서 일방적으로 진행된 것은 아니었다. 근대 초기의 한국 작가들이 정치적 담론에서 여성의 새로운 범주를 활용하는 방식은 대부분 한국의 대표적인 문학작품에 등장하는 여성에 대한 전통적 서사 구성을 따르는 경향을 보였다. 전통적 여주인공은 남편에 대한 고결한 절개로 존경받았지만, 이제 그 절개는 식민지가 된 국가와 민족을 향한 것으로 옮겨갔다. 한국에서 국가라는 개념이 제기될 때, 한국의 가부장적 친족 내에서 여성이 담당하던 전통적 역할을 포함한 공동체적 상상은 거의 배제(혹은 억압)되지 않

애국의 계보학

았다. 새로운 문명을 수용하고 과거와 투쟁하는 과정에서도 결코 전통적 절개를 완전히 버리지 않았으며, 오히려 그 절개를 새로운 애정의 대상(국가)을 향해 고스란히 전환하여 적용했다.

이렇게 문제적인 젠더와 민족의 구축, 이를 적용한 소설 창작을 검토하기 위해, 나는 한국 최초의 근대 장편소설로 널리 알려진 이광수의 「무정」을 집중적으로 분석할 것이다.[3] 1917년에 발표된 뒤 한국 근대문학의 고전이 된 「무정」은 일제강점 이후 한국인의 트라우마적 경험을 받아들이는 하나의 방식으로 '여성 문제'를 다루고 있다. 이 작품에서 이광수는 '전통'을 거부하면서 '근대성'을 주장하기 위한 그의 투쟁에 또 다른 전선을 구축한다. 전통적 유교 문화는 한국을 식민지 신세로 몰락하게 만든 근본 원인으로 이미 널리 인식되고 있었다. 일제의 압력과 국내 정치의 위기 가운데서 근대적 사회질서를 만들어내려 했던 이광수는 근대적 서사 양식인 문학의 힘을 활용해 전통을 변형하는 것이 매우 적절하다는 신념을 가지고 있었다.[4]

---

3 이광수가 민족주의와 맺는 양가적 관계 때문에 한국 근대문학에서 그의 '정전적' 지위는 논쟁적이었다. 나는 이광수의 애국자로서의 지위를 드높이기 위해 그의 작품을 해석하는 것이 아니다. 여기서 나의 관심은 이 작품이 집필된 특정한 역사적·문화적 배경 속에서 「무정」을 읽어내는 것이다.

4 20세기에 접어들면서 자칭 '계몽운동'이라는 새로운 사회운동이 발흥했다. 다수가 기독교 개종자였던 계몽운동가들은 서구 교육을 받은 뒤 그 사상, 기호, 담론의 전유를 독점한, 작지만 영향력 있는 지식인 분파였다. 특히 그들은 (국가의) 영적 쇄신을 통해 사회를 개혁하고자 했다. 이광수는 이 변화의 철학에다가 예수의 '말씀'을 중시하는 개신교의 가르침, 그리고 그 가르침에 함축된 문해력과 자기 발전 사이의 필연적 관계를 수용한다. 초기 기독교 민족주의자들은 굳은 신념을 가지고 한국인에게 읽는 법을 가르치기 위해 부단히 노력했다. 그

이를 위해 「무정」은 과거에 담론적으로 개입한다. 이 소설이 의식적으로 극복하고자 했던 유교적 정전 텍스트와의 자의식적 차이, 이와 함께 제시한 이상적 젠더 모델을 염두에 두고 볼 때, 「무정」은 전통을 다시 쓴(혹은 다시 쓸 방향을 제시한) 모범적 예시라 할 만하다. 한국 고전문학의 정전을 다시 쓰는 작업은 여성성과 남성성에 대한 전통적 개념에 균열을 가하면서 여기에 새로운 (정치적) 가치를 부여했다. 이에 대한 이해는 민족주의에 내재된 문제를 탐색하는 데 중요한 길을 열어준다.

"여자의 문제"

20세기 초 전 세계의 식민지와 반半식민지 민족주의 운동이 여성을 비롯하여 가정 문제에 기대는 듯했던 것은 매우 호기심을 자극하는 지점이다. 예를 들어 리디아 류Lydia Liu(1994)는 중국의 여성 해방 이야기가 국가 건설의 문제와 밀접하게 묶여 있다고 지적한다. 마찬가지로 한국에서도 결혼과 가정생활에서 여성의 행복은 일제에 맞선 초기 민족주의 운동의 본질과 맞닿아 있었다. 당대에 역사를 재구성하는 과정에서는 여성을 보편적 정치 범

들은 문자 텍스트를 통해 개인을 내부에서부터 개조함으로써, 충분히 공적인 무장투쟁과 동일한 정치적 목표를 달성할 수 있다고 주장했다. 다시 말해 문해력을 통해 해방에 이를 수 있다고 본 것이다.

주에 포함시키는 급진적인 재검토가 뒤따랐다. 조선 시대에 여성은 타고난 '존재'로서가 아니라 친족 내에서 '해야 할 일'의 구체적 사례를 바탕으로 한 틀에 의해 규정되었다. 여성의 성별을 표시하는 담론 또한 친족 구조 내에서 수행해야 한다고 기대되는 매우 구체적인 역할을 근거로 삼고 있었다. 유교 고전 문헌에는 "'성별'이 별도로 거론되진 않지만, 여성이 부모, 남편, 시댁과 맺는 각각의 관계를 의미하는 불평등하고 구성적인 이항의 쌍이 다수 등장한다"(Barlow 1994: 177). 가령 조선에서 종부宗婦(종가 맏며느리)는 시부모와 불평등한 관계였다. 같은 원리로 종부는 가족 내의 다른 며느리(둘째, 셋째 며느리 등)와 지위가 달랐고 몸가짐도 달리해야 했으며, 순차적으로 불평등한 관계를 맺었다. 현대의 인간관계에서 위계는 비교적 단순한 이분법으로 나뉘는 데 반해, "유교 철학에서 인간관계의 음양 논리는 어머니, 아버지, 남편, 부인, 며느리, 형, 동생 등 주체 위치의 역동적 세계를 생산한다"(Barlow 1994: 176).[5]

이광수는 과거에 여성을 규정했던 용어인 정숙한 아내, 순종적인 며느리 등을 교묘하게 변형하여 '신여성'의 이미지를 만들어

---

5 중국 유교 사상에서는 다수가 없이는 개인도 있을 수 없다. 송나라의 철학자 장재(張載)는 다음과 같이 썼다. "위대한 조화[太和]는 길이라고 부른다. 그것은 떠오르기도 가라앉기도 하고 오르기도 내리기도 하며, 움직이기도 하고 머물기도 하는 모든 반대되는 과정의 기저에 놓인 자연을 수용한다. 그것은 융합하고 융합되며 극복하고 극복되고 확장하고 수축하는 과정의 기원이다"(Chen 1969: 159). 그러므로 길은 미분화된 연속체가 아니라 비대칭적이지만 뚜렷한 구별로 가득 찬 통일체이다.

낸 뒤 유교 전통의 권위를 전복하는 데 이를 활용했다. 그는 사회적 관습을 단순히 폐기하지 않고, 이상적인 근대 여성성에 대한 일군의 새로운 정의 안에서 이를 재전유했다. 이렇게 재구성된 '신여성'은 반드시 과거를 충실하게 재현한 것만은 아닌, '전통'의 이름으로 반복되고 재배치되고 번역된 무언가가 되었다. 여성을 고정되어 있고 본질화된 개체가 아니라 지속적으로 수정되고 다시 써지며 재전유되는 문화적 구성물로 바라봄으로써, 우리는 여성의 문제를 단지 억압에 대한 총체적 이론의 일부가 아니라 민족주의 담론 속에서 그 자체의 맥락을 고려하여(양면성과 모순을 모두 포함하여) 다룰 수 있다.

번역된 근대성: 「무정」과 「춘향전」의 재해석

여성을 존재론적 범주로 보는 관념은 서양인, 주로 미국 선교사에 의해 아시아에 수입됐으며, 한국의 계몽주의자들은 이를 근대문학을 활성화하는 데 활용했다(Barlow 1994). 이후 민족적 상상 속 여성의 본질적 역할에 대한 논쟁을 거친 뒤, 젠더의 유교적 생산을 근본적으로 전복하는 새로운 유형의 여성이 등장했다. 19세기 중반의 중국과 매우 흡사하게, 여성이라는 보편적 기호에 대한 관심은 폭발적이었다. 여성의 교육, 조혼 금지, '개화된' 남녀 관계의 장려 등을 호소하는 친여성적 글쓰기는 민족주의를 바탕으로

애국의 계보학

여성 해방을 추구했다. 여성을 '국가'에 대한 탁월한 기호로 전유함으로써, 20세기 초 한국의 작가들은 일제 치하의 억압적 상황을 남성에게 억압받는 여성의 전통적 상황과 연관해 묘사했다.

여성을 이런 방식으로 전유하는 데 내재적 모순이 없었던 것은 아니다. 한국의 초기 근대소설, 특히 「무정」의 흥미로운 지점 중 하나는, 전통적인 고전 작품(그리고 올바른 유교적 젠더/가족의 관례에 따른 사회 규범 및 주체성)과 거리를 두고 있음에도 그 작품들의 서사적 관습을 종종 활용한다는 점이다. 예컨대 「무정」에서 이광수는 한국에서 널리 알려진 사랑 이야기인 「춘향전」을 다시 불러온 뒤 이를 완전히 변형시킨다. 이때 한국의 전통(과 전통적인 여성 주체성)을 공격하기는 하지만, 그 전통을 장려하는 서사 전략 및 플롯 구조는 결코 완전히 폐기하지 않았다. 형식이 바뀌었을지언정, 한국 근대문학에는 고전 작품에 등장하는 버려진 여성, 현숙한 부인, 부재한 남편에 관한 비슷한 이야기가 재등장했다. 즉 이광수와 같은 한국의 근대 작가들은 서구 여성의 자기 계몽적 언어를 빈번히 사용하면서도 여전히 과거 문학 전통의 주요 비유들을 많이 활용했다. 「무정」은 전혀 도전받지 않은 보편적 여성성의 관념을 서구로부터 수입해 보여준 작품이 아니다. 오히려 한국 서사 전통과 상호작용하는 '근대 한국 여성'이라는 주체에 대한 담론적 논쟁에 적극 개입하는 작품이었다.

나는 전통적 유교의 젠더 이데올로기가 한국이라는 국가적 상상의 맥락 속에서 동시에 형성되고 해체되는 방식에 초점을 맞추어 「무정」을 살펴보고자 한다. 나의 목표는 집과 세계(전통과 근대) 사이의 긴장이 문학 번역의 맥락, 즉 이광수의 「무정」과 「춘향전」의 '재관계화' 속에서 어떻게 작동하는지를 탐구하는 것이다. 두 텍스트를 오가는 움직임은 번역 용어인 '문학'이 어떻게 새로운 담론적 가능성을 열어가는지 보여준다. 1장에서 살펴본 이광수 초기작의 여행 모티브가 의미를 획득하는 방식은 이러한 움직임의 사례 중 하나일 것이다.

실패한 남성성

여러 한국문학과 마찬가지로, 「무정」은 이루어지지 못한 사랑에 대한 이야기이다.[6] 실제로 소설은 연인이 서로를 온전히 사랑

---

6 「무정」의 줄거리를 요약하면 다음과 같다. 학교 교사인 형식은 두 여성 사이에서 갈등한다. 첫 번째는 영채로, 과거 스승의 참한 딸인데 일찍이 정혼한 사이다. 그러나 집안이 몰락하여 가족을 부양하기 위해 기생이 되었고, 한동안 왕래가 끊겼다가 갑자기 형식 앞에 다시 나타난다. 두 번째 여성은 부유한 교회 장로의 어여쁜 딸인 선형으로, 형식은 그녀의 영어 가정교사이다. 선형의 부친은 형식을 사위 삼아 두 사람을 미국으로 유학 보내려는 계획으로 딸에게 영어 과외를 주선했다. 선형과 결혼하여 유학하고 싶은 열망으로, 형식은 과거에 맺은 영채와의 약혼을 파기할 생각을 하기 시작한다. 그러나 그가 결단하기도 전에 영채가 악독한 인물인 배 학감에게 강간을 당하고, 절망에 빠진 영채는 평양으로 가서 자살하기로 결심한다. 형식도 영채를 따라가지만 결국 선형과 결혼해야겠다고 결심하고 빈손으로 돌아온다. 평양으로 가는 길에 영채는 신여성 병욱을 만나게 되는데, 병욱이 영채의 벗이 되어 자살하지 말라고 그녀를 설득한다. 소설 말미에서 이 네 명이 우연히 기차에서 만난다. 그런데 폭우로 인해 선로가 파손되어 기차가 더 이상 나아가지 못한 채 멈춘다. 이들은 수해를 입은 지역 주민을 위해 자선음악회를 열기로 한다. 음악회가 끝난 후 조국의 발전을 위해 노력하기로 서로에게 약속하고, 각자 자신이 원하는 삶을 살아간다.

애국의 계보학

하지 못하는 상황에서 여성이 사랑을 완성하고자 끊임없이 몰두하는 과정에 초점을 맞추고 있다. 이는 한국의 고전적인 사랑 이야기에서 흔히 찾아볼 수 있는 플롯을 고스란히 반영한 것이다. 즉 사랑(혹은 사랑하는 사람)을 잃은 여성이 끝까지 절개를 지키며 남성이 돌아오기를 기다리는 방식으로 그 상실을 극복하기 위해 노력하는 이야기이다. 이러한 양상이 매우 잘 드러나는 고전문학 작품이 바로 「춘향전」이다.

「무정」의 여자 주인공 영채는 아름다운 춘향과 마찬가지로 절개 높은 기생이다. 그녀는 엄청난 고난에도 불구하고 약혼자에 대한 정절을 지킨다. 「무정」의 남자 주인공 형식은 젊은 청년 몽룡과 마찬가지로 결단력이 없고 나약하며 우유부단하다(몽룡은 "양반의 자식이 부친을 따라 지방에 내려와 기생집에서 첩을 얻어 데려간다는 말이 알려지면 조정에 들어 벼슬을 할 수도 없고, 어쩔 수 없이 이별할 수밖에 없다"는 모친의 말을 춘향에게 고스란히 전할 만큼 유약하다). 그러나 몽룡은 이야기 말미에 춘향에게 돌아와 상황을 만회하는 반면, 형식은 약혼자에게 돌아가지 않고 다른 여자와 결혼하기로 한다. 게다가 새로 획득한 '남성성'을 발휘하여 탐관오리를 벌하는(이후에는 행복한 결혼 생활 및 자애로운 권위의 회복으로 이어진다) 몽룡과 달리, 형식은 자신의 약혼자를 겁탈한 자들을 처벌하기는커녕 자신이 그들에게 처벌을 받는다. 이광수가 쓴 옛날이야기의 근대 버전에서 부재한 남성은 돌아오지 않고, 수절한 여성의 고난은 헛되이 끝난다. 오히려 수절한 여성은 또 다른 여

성 병욱에게 구원받는다. 영채를 구해주는 '개화된 신여성' 병욱
은 그렇게 귀향하는 (강력한/처벌하는) 남성이라는 특권적 위치를
찬탈한다. 이 두 서사의 플롯을 표로 정리하면 다음과 같다.

「춘향전」		
이몽룡	부재한 남성	귀향함
성춘향	고난을 겪는 여성	남성에 의해 구원받음
변학도	남성이 처벌함	자애로운 가부장 권력의 회복
「무정」		
이형식	부재한 남성	귀향하지 않음/다른 여성(선형)과 약혼
박영채	고난을 겪는 여성(정절을 잃음)	'신여성'(병욱)에게 구원받음
배 학감	남성을 처벌함	개화된 여성성에 의한 조국의 '해방'

　서사 패러다임에 나타나는 「무정」과 「춘향전」의 명백한 유사
성은 상당히 인상적이다. 그런데 훨씬 더 시사적인 지점은 이 '중
심 서사'가 집단적 고난의 역사(예컨대 식민지배와 조국 분단)에 대
한 한국인의 사고를 현저히 젠더화된 방식으로 이끌어간다는 것
이다. 이광수가 부재한 남성을 나약하고 무력한 남성이라는 근대
적 이미지로 재창조한 것은, 분명 조국이 일본의 식민지가 되는
과정을 목격한 독자들의 마음을 사로잡았을 것이다. 더구나 형식
의 불능에 대해 국가적 주체/독자가 느끼는 좌절감이 깊어질수
록 영채가 근대적 여성성/민족성을 '각성'할 수 있는 상황이 마
련된다.

지금까지 한국 고전문학에서 발견되는 부재한 남성/신실한 여성의 비유가 「무정」에서 어떻게 수정되어 나타나는지 탐구해보았다. 이를 통해 우리는 이광수가 어떻게 한국의 남성성이라는 전통적 관습을 내세우는 동시에 훼손했으며(1장에서 논의한 신채호의 경우와 매우 유사하다), 이를 통해 근대 여성의 등장을 위한 발판을 마련했는지 살펴볼 수 있다.

열녀, 효녀

상실로 인한 여성의 고통은 한국 고전문학의 주된 소재이다. 대부분의 경우, 남성 인물은 여성에게 고통을 겪게 하는 대상(이야기의 처음과 끝에만 등장하는 몽룡처럼)이거나 고통을 유발하는 대상(수절하는 춘향을 괴롭히는 탐관오리 변학도처럼)이다. 여성은 각각의 남성이 야기한 일의 결과로 고통을 받는다.

한국 고전문학의 남성 인물들은 부재한 남성의 원형을 보여주되, 비현실과 환상 속에 살고 있는 꿈 같은 모습으로 그려진다. 김만중의 『구운몽』은 이러한 유형의 남성 인물을 매우 잘 보여주는 작품이다. 남자 주인공은 가혹한 현실 세계를 거부한 채 유토피아적 부와 사랑이 펼쳐지는 꿈의 세계에서 위안을 찾는다. 또 다른 고전인 「심청전」에서도 여자 주인공이 아버지의 어리석은 바람을 위해 자신의 목숨을 희생하는 처지에 몰리는 동안, 눈이 보이지 않는 아버지는 장황한 꿈 이야기를 길게 늘어놓는다.

현실 세계의 남성적 불능에 대한 이러한 전통은 「무정」에서 서술자가 남성적 주체성을 구성하는 데 중요한 역할을 한다. 남자 주인공인 형식은 (이 소설의 거의 모든 남성 인물들과 마찬가지로) 행위를 하지 못한다는 점에서 불능이다.[7] 소설 전반에 걸쳐 그는 '주저하다', '멈칫거리다', '약하다', '무력하다' 등의 어휘로 묘사된다.

> 형식이가 큰 진리인 듯이 열심으로 하는 말도 듣는 사람에게는 별로 감동을 주는 바가 없었다. (……) 그의 지나간 사 년간 교사 생활은 실패의 생활이었다. 그는 학교에서 여러 가지 의견을 제출하였으나 별로 채용된 것이 없었고, 학생들에게도 여러 가지로 가르치고 시키는 바가 있었으나 별로 환영되지도 아니하였고, 무론 실행된 것은 별로 없었다. (이광수 1994: 203)

여성 인물이 고통을 겪고 성숙해지는 동안, 남성 인물은 여성

---

7 김동인은 「무정」을 통렬히 비판하면서 작가가 "이만치 약하고 줏대 없는" 인물을 주인공으로 만들었다는 점을 거세게 비난했다.
"적어도 형식은 이만치 약하고 줏대 없는 인물이다. 이러한 줏대 없는 인물을 가지고 작자(作者)가 자기의 연애관을 설명하려 하고 신(新) 인생관이며 신 도덕을 말하려 하니 여간 힘든 노릇이 아닐 것이다. 처음부터 끝까지 연달아 나오는 모순이 모두, 작자가 주인공의 성격을 잘못 선택한 데 있다. 이러한 줏대 없고 정견 없고 자기의 주장이 없는 인물에게 '대나무에 작대기'를 접한 것같이 초인적이며 거인적인 사상을 머금게 하였으니 어찌 모순이 생기지 않으랴?" (김동인 1956: 33)

애국의 계보학

인물이 자신의 정절과 덕을 증명하기 위해 통과하거나 벗어나야만 하는 다양한 플롯 공간이나 장애물로 표상된다. 「무정」에서 형식의 상징적 부재는 영채가 근대성을 '재각성'하는 기반이 되어준다. 열녀 춘향처럼, 영채도 (자신이 꿈꿔온) 약혼자와 재회하기를 고대한다. 그러나 형식은 그 어떤 현실적인 방식으로도 나타나지 않는다.

> 영채를 따라 평양까지 갔다가 죽고 산 것도 알아보지 아니하고, 뛰어와서 그 이튿날 새로 약혼을 하고, 그 뒤로는 영채는 잊어버리고 지내온 자기는 마치 큰 죄를 범한 것 같다. 형식은 과연 무정하였다. (이광수 1994: 300)

이 소설의 플롯은 영채의 사랑이 순전히 '허구'(형식은 영채에게 이렇게 말한다. "영채 씨는 지금까지 꿈을 꾸고 지내셨지요. 얼굴도 잘 모르고 마음도 모르는 사람에게 어떻게 마음을 허합니까. 영채 씨의 과거사는 꿈입니다.")임을 지속적으로 폭로함으로써 역설적인 방식으로 「춘향전」에 헌사를 보내고 있다. 형식을 향한 영채의 이상화된 사랑은 상상과 문학의 소재이다. 따라서 텍스트에서는 현실과 이상, 행동과 생각, 행위와 의도, 현실과 문학의 병치가 반복된다. 남녀 사이의 '진정한' 사랑을 위해서는 문학적 '부재'가 아니라 남성적 '현존'이 필요하다.

「춘향전」의 중심 서사를 전복하면서, 이광수는 연인의 이별과 재회라는 전통적 플롯을 남성의 배신과 여성의 역량 강화 이야기로 다시 풀어낸다. 자신의 부재를 만회하고 '악덕' 권력자를 처벌하며 사랑하는 사람을 되찾는 대신, 형식은 다른 여자와 약혼한다. 마찬가지로 배신당한 여성은 자신의 상실을 극복하고 '전통'에서 탈피하여, 국가의 이름으로 새로 발견한 근대적 여성성을 주장한다.

흥미롭게도 귀향하는 남성적 힘이라는 이상화된 이미지를 깎아내리는 전략은 실패한 가부장제를 남성적 자기 비하 및 수치심의 토론장으로 몰아넣는다. 소설 전체에 걸쳐 남성적 수치심은 남성적 불능과 빈번히 연관된다. 자신의 욕망(성적이든 아니든)을 충족하지 못한 형식은 영채의 몸을 차지할지도 모를 다른 남자에게 집착한다. 이는 영채가 진정한 혹은 상상된 '순결'을 지키기를 바라는 것과도 연결된다. 그러나 형식은 악랄한 학감의 음흉한 손으로부터 영채를 구하지 못한다. 형식이 분노할지라도 그 분노는 상징적인 남성의 불능일 뿐이다. 이에 더해 형식은 명백한 경멸은 물론 암시적 모욕에까지 예민해지면서 자신의 남성성에 잠재되어 있던 불안을 한층 더 뚜렷하게 인식하게 된다.

기생 월향(영채)과 부정한 관계를 맺고 있다는 거짓 소문을 접하고도 형식은 수동적 태도로 그저 도망쳤다. 예비 장인이 자신을 더 이상 훌륭한 사윗감으로 생각하지 않는다는 사실에 고통스러워하면서도 형식은 침묵을 지킬 뿐이다. 심지어 약혼자가 점점 무심하고 냉담한 태도를 보이는데도 그는 점점 적대적이고 차

애국의 계보학

가워지는 세상에 맞서 자신을 변호하거나 보호하지 못한다. 그가 가르치는 학생들은 그를 야단치고, 약혼자는 그를 의심하며, 예비 장인은 그를 존중하지 않고, 심지어 친구들마저도 그를 경멸한다. 대신 그는 한국 소설의 여러 남성 주인공이 그래왔듯 비현실적 '꿈의 세계'인 미국에서 펼쳐질 자신의 미래를 그리며 스스로를 위안한다.

특히 소설 말미에서 세 명의 여성 주인공이 힘을 모아 수재민을 위한 음악회를 열었을 때 형식의 존재가 극히 미미해보인다는 점은 주목할 만하다. 그리고 진보적인 여성 이미지(병욱)가 지닌 권위가 귀향하는 가부장 권력이라는 전통적인 지배 이미지를 대체한다. 공적 남성의 (무정한) 리더십으로 인해 국가가 식민지배와 절망에 빠지게 된 만큼, 이광수는 한국 고전문학에 등장하는 유교적 남성성이라는 전통적 관습을 이용하여 그들의 권위를 신랄하게 비판한다. 그렇게 그는 회복된 남성성의 이상을 다시 쓰는 동시에 훼손한다.

소설 말미에서 서술자는 홍수와 그로 인한 사람들의 혼란을 묘사하면서 영채의 눈물을 함께 언급한다. 영채가 남성적인 '현존'(이를 통해 근대의 낭만적 사랑에 대한 자신의 이상을 실현하는 것)을 갈망하는 것처럼, 국가도 민족의 해방을 실현해줄 남성적 리더십을 갈망한다. 따라서 근대적 로맨스라는 과제는 전통적 유교 가부장제에 대한 비판으로 나타난다. 결국 서구의 새로운 관념을 심어주면서 전통에서 '해방'시키고 근대적 사랑의 과제로 영채를 이끌어주는 사람은 병욱이다. 「춘향전」을 '전통'을 비판하기 위한 담론의 장으로 삼으면서, 병욱은 사랑하지도 않는 남자에게 영원히 정절을 지키려 하는 영채의 부조리를 지적한다.

말할 필요도 없이, 소설 전체에 걸쳐 반복적으로 등장하는 「춘향전」에 대한 암시는 이데올로기적 책략이다. 「무정」은 여성의 시련과 정절, 이별과 재회라는 전통적 플롯을 재활용하면서도 이 전통적 로맨스를 정치적 투쟁을 표현하는 데 활용한다. 이 서사 장치 속에서 공적 영역과 사적 영역은 병합된다. 영채는 형식에 대한 사적 정절을 포기했기 때문이 아니라, 그 정절을 새로운 공적 애정의 대상, 즉 국가로 성공적으로 옮길 수 있었기 때문에 구원받았다. 나아가 영채가 절개 있는 부인에서 절개 있는 애국자로 변이한 것은 가족에 관한 내용으로 채워진 주체성을 탈피한 뒤 대신 정치적 주체성을 구축했기에 가능한 것이었다.

정치적인 것 밑으로 사적인 것이 억눌리는 것은 '여성'이라는 일반적 범주를 전유하면서 나타난 여러 결과 중 하나이다. 「무정」에서 버림받은 여주인공의 이미지는 사적·가족적 시련이 아니라 일본의 식민지배라는 공적·국가적 굴욕을 환기시킨다. 소설 말미에서 영채의 '재탄생'은 국가의 구원 및 부활에 대한 정치적 신화와 뒤섞인다. 국가와 맺는 이상화된 관계의 통로를 통해 영채가 가정 및 사적 질서의 영역에서 해방되는 것이다. 이렇게 개화된 여성 이미지가 (해방된) 국가 이미지로 미묘하게 대체되면서 여성과 남성의 문제적 관계는 사라져버린다.

여성의 몸과 개화된 '신여성'

다른 여러 식민지 및 반식민지 국가와 마찬가지로 한국에서도 여성의 몸은 특히 근대성에 관한 논쟁적 의미를 지닌 중요한 공간이 되었다. 이후에 언급하겠지만, 현대 한국의 민족주의 담론에서 강간당하고 상처 입은 여성의 몸은 분단된 국가의 표상으로 널리 등장했다(5장 참조).

「무정」에서 영채의 몸 상태와 불투명한 순결성에 대한 형식(그리고 서술자)의 집착은 소설의 주된 초점일 뿐 아니라, 자신의 (그리고 국가의) 정체성을 찾기 위한 형식의 투쟁에서도 중심적 역할을 한다. 서술자는 여성의 몸에 가해진 곤경을 실제 혹은 상상의 신체적 오염과 연관시켜 거듭 강조하면서, 착취당한 여성의 몸에 빈곤, 무지, 가부장제, 유교 등 국가적 고난의 의미를 부여한다. 결국 영채는 (나약한/부재한) 아버지를 감옥에서 구하는 데 필요한 막대한 법적 비용을 대기 위해 기생이 된다. 기생이 되어 몸을 팔면서 영채가 감내하는 시련을 통해, 독자는 그녀의 몸에 가해지는 온갖 종류의 정치적·사회적 부정의를 깨닫게 된다.

그러나 이광수는 이야기를 근대적으로 재구성하기에, 영채의 육체적 희생은 인정되지 않고 오히려 그의 부친은 (전통 사회에서 그리했듯) 영채를 경멸한다. 처음엔 부친, 다음엔 형식에게 두 차례나 경멸을 당한 영채는 대신 여성들을 만나 위안을 얻는다. 형식은 여성을 육체와 분리해서 인식하지 못하는 반면(그런 면에서 선형의 '순결한 몸'에 대한 그의 끈질긴 집착도 마찬가지로 중요하다), 여성들은 순전히 정신적인 차원에서 서로 관계를 맺는다.

부친에게 버림받은 영채는 동료 기생인 월화에게 위안을 얻는다. 월화는 영채에게 책, 사상, 시적 성찰의 세계를 소개해준다. 이후에 영채에게 여성 교육 및 '계몽'(특히 결혼의 맥락에서)의 가치를 가르쳐주며 그의 상처 입은 몸을 치유해주는 인물은 형식이 아니라 '개화된' 병욱이다. 이와 관련하여 중요한 부분은 자신을 그저 '육체'로만 바라보던 영채가 '마음'을 가지고 있고 사고를 할 수 있으며 가장 중요하게는 사랑을 할 수 있는 사람으로 스스로를 바라보도록 인식이 바뀌었다는 점이다.[8] 강간당한 후 형식에게 보낸 이별 편지에서 영채는 자살을 결심했다는 내용을 순전히 육체와 관련한 어휘로 묘사한다. 즉 더럽혀진 여성의 몸을 '정화'하기 위해서는 그 몸을 파괴할 수밖에 없다는 것이다.

이 몸은 옛날 성인과 선친의 가르침을 지키어 선친께서 세상에

---

8 영채가 '각성'하는 순간은 '기생'이 창녀(형식은 영채를 이렇게 생각한다)라거나 단지 '육체'일 뿐 아니라 예술가이기도 하다는 점을 그녀가 인식하는 순간과 일치한다. 이 깨달음 덕분에 영채는 자살하려던 계획을 포기하고 병욱과 행복하게 살기로 한다.
"기생도 일종 예술가다. 다만 그 예술을 천하게 쓰는 것이다 하였다. 옛날 명기들은 다 예술가로다. 그네는 음악을 하고 무도를 하고 시와 노래를 짓고 그림을 그렸다. 그러므로 그네는 오늘날에 이르는바 예술가로구나 하였다. 그러니까 자기도 예술가다. 예술가가 되는 것이 내 천직인가 하였다. 자기도 병욱과 같이 음악을 배울까 하였다. 자기가 지금껏 원수로 알아오던 춤추기와 노래 부르기도 이제 와서는 뜻이 있구나 하였다. 이럭저럭 영채는 죽을 생각을 그치고 병욱과 같이 즐겁게 살아가도록 힘쓰리라 하게 되었다. 영채의 마음에는 기쁨이 생겼다." (이광수 1994: 264)

계실 때에 이 몸을 허하신 바 선생을 위하여 이 몸의 정절을 지
키어왔나이다. 이 몸이 이 몸의 정절을 위하여 몸에 지니던 것을
여기 동봉하였나이다.

그러나 이 몸은 이미 더러웠나이다. 아아, 선생이시여, 이 몸은
이미 더러웠나이다. (……) 이 몸은 가나이다. 십구 년의 짧은 인
생을 슬픈 눈물과 더러운 죄로 지내다가 이 몸은 가나이다. 그
러나 차마 이 더럽고 죄 많은 몸을 하루라도 세상에 두기 하늘
이 두렵고 금수와 초목이 부끄러워, 원도 많고 한도 많은 대동
강의 푸른 물결에 더러운 이 몸을 던져 탕탕한 물결로 하여금
더러운 이 몸을 씻게 하고, 무정한 어별魚鼈[물고기와 자라]로 하
여금 죄 많은 이 살을 뜯게 하려 하나이다. (이광수 1994: 147)

그러나 병욱과 대화를 나눈 직후, 영채는 몸에 대한 수동적이
고 성별화된 관점에서 벗어나 그 이상의 의미를 발견하게 된다.
그녀는 자기 몸에 가해진 제약을 극복하면서 새로 발견한 '여성
성'을 주장할 수 있게 되었다.[9] '더럽혀졌음'에도 불구하고, 영채
는 자신의 미래의 가능성에 대해 깊이 생각하기 시작한다.

---

9 유교 사상에서 신체는 개인의 소유물이 아니라 부모에게 물려받은 신성한 선물로서, 부모를
   염두에 두며 정성껏 돌보고 보존해야 한다고 보았다. 또한 자신의 신체를 돌보는 것은 효도
   의 징표로 여겨졌다. 뚜웨이밍(杜維明)은 다음과 같이 지적했다.
   "공자는 효자라면 부친이 격노했다 한들 오직 가벼운 체벌까지만 견뎌야 한다고 가르쳤다.
   이 주장에 따르면, 가혹한 매질로부터 도망치는 것은 부모로부터 물려받은 몸을 보호하기
   위해서일 뿐만 아니라, 분노로 인해 일시적으로 흐려졌을 수도 있는 부친의 부성(父性)을 존
   중하기 위해서이기도 하다."(Tu Wei-Ming 1985: 120)

3장 l 국가에 대한 사랑의 기호

"참생활이 열릴까요? 다시 살 수가 있을까요?" 하고 여학생을 보았다.

"참생활이 열리지요. 지금까지는 스스로 속아왔으니깐 인제부터 참생활이 열리지요. 영채 씨 앞에는 행복이 기다립니다. 앞에 기다리고 있는 행복을 버리고 왜 귀한 목숨을 끊어요" 하고, 이만하면 영채의 죽으려는 결심을 돌릴 수 있다 하는 생각으로 "그러니까 울기를 그치고 웃읍시오. 자, 웃읍시다" 하고 자기가 먼저 웃는다. (이광수 1994: 257)

바로 이 구절에서 웃어보자는 권유는 상당히 흥미롭다. 영채가 단순한 '몸'에서 '정신'을 가지고 있으며 사랑할 수 있고 웃을 수도 있는 사람으로 변모할 가능성이 드러난다. 그녀가 웃음의 대상(성별화된 몸)에서 웃음의 주체(탈성애화된 정신)로 바뀔 수 있는 것이다. 마찬가지로 소설 말미에서 영채, 병욱, 선형이 병들어 고통스러워하는 여성 환자(몸)를 구하기 위해 기차역에서 다함께 열성적으로 일할 때, 세 여성은 다 같이 웃음을 터뜨린다. 이 장면은 세 여성의 역량 강화를 매우 잘 드러내면서 동시에 근대적으로 '계몽된' 국가의 '재탄생'을 예견하게 한다. 소설 마지막에 이르러 서술자는 이를 다음과 같이 낙관적으로 묘사한다.

어둡던 세상이 평생 어두울 것이 아니요, 무정하던 세상이 평생 무정할 것이 아니다. **우리는 우리 힘으로 밝게 하고, 유정하게 하**

고, 즐겁게 하고, 가볍게 하고, 굳세게 할 것이로다.

기쁜 웃음과 만세의 부르짖음으로 지나간 세상을 조상弔喪**하는**

「무정」을 마치자. (이광수 1994: 356, 강조는 필자)

'무정'을 물리치고 이를 통해 여성에게 사랑과 웃음을 일깨워
주는 병욱의 역할은 매우 중요하다. 병욱은 한국의 전통적 로맨
스 서사에 등장하는 귀향/처벌하는 남성의 역할을 찬탈한 인물
이며, 영채를 구하는 것도 형식이 아니라 병욱이다. 더구나 부재
한 약혼자에게 바치던 영채의 충심을 새로운 국가로 향하게 하면
서 그녀가 자살하지 않도록 설득한 사람도 병욱이다. 남성적 권
위를 대체하는 과정에서 그녀는 국가의 정치적 신생아의 탄생을
책임지고 지켜보는 모성적 어른의 역할을 맡게 된다. 강인하고
인자한 어머니 같은 병욱은, 또한 영채(와 독자들)에게 더욱 힘을
주고 힘을 주고 힘을 줘서 강인한 자아를 이 세상에 내놓아야 한
다고 재촉하는 부성적 산파로서 발언한다. 이를 통해 병욱은 영
채의 '재탄생'을 목격한다.

이광수는 당대의 남성적 관습을 재검토하여, 남성다움과 여성
다움의 특징 모두를 병욱에게 통합한다. 병욱의 정체성은 명백히
남성적이지도 여성적이지도 않지만, 형식보다는 분명히 더 남성
적이다. 그러나 병욱은 영채의 구세주가 되어 형식의 남성적 지
위를 빼앗는 동시에, 확실히 어머니로서 말한다. 이와 관련하여
자신의 이름을 바꾸기로 한 병욱의 결정은 의미가 깊다.

3장 l 국가에 대한 사랑의 기호

여학생의 이름은 병욱이다. 자기 말을 듣건대 처음 이름은 병옥 이었으나 너무 부드럽고 너무 여성적이므로 병목이라고 고쳤 다가, 그것은 또 너무 억세고 남성적이므로 그 중간을 잡아 병 욱이라고 지은 것이라 하며 (……)

"나는 옛날 생각과 같이 여자는 그저 얌전하고 부드러워야 한다 는 것은 싫어요. 그러나 남자와 같이 억세고 뻑뻑한 것도 싫어 요. 그 중간이 정말 [여자에게] 합당한 줄 압니다." (이광수 1994: 261)

병욱이 국가의 '재탄생'을 끌어내기에 가장 적합한 이미지를 상기시키는 이유는 절반 남성/절반 여성('모성적' 남편이자 '남편다 운' 어머니)의 능력을 가지고 있기 때문이다. 병욱은 전통적인 가 부장제 질서를 효과적으로 비판하지만, 그 자신이 결코 성애화되 지는 않는다. 병욱은 피와 살이 있는 사람이 아니라 누구나 동일 시할 수 있는 보편적이고 정치적인 이름이기 때문에, 그녀의 모 호한 섹슈얼리티는 텅 빈 기표일 뿐이다. 그녀는 오직 여성에 국 한해서(한국에서는 민족주의적 용어를 통해서만 여성 해방을 요구할 수 있었다)가 아니라 '민중', 즉 국가에 속한 '우리'(아버지들, 남편 들, 어머니들, 부인들)를 대신하여 전통적 질서를 비판한다. 전통적 '가족' 맥락에서 벗어나 탈성애화된 기표이자 민족주의의 범주에 편입된 여성은 결코 침입하거나 흐트러뜨릴 수 없으며, 실제적이 고 성별화된 '몸'의 육체적 세계가 아니라 정치적 기호로 이루어

애국의 계보학

진 추상적 영역에 거주한다.

영채가 자살하는 대신 '국가를 위해' 살기로 결정한 것이 자신의 '더럽혀진' 몸에 부과되어 있던 모든 요구를 거부한 순간이었음을 떠올려보라. 영채의 '성별화된 몸'에 줄곧 관심을 기울이다가 그 몸을 지워버리면서 「무정」의 서술자가 부각시킨 영채의 억압받는 여성 이미지는 다시 억압받는 국가의 상징으로 변모한다. 각 경우에 정치적 코드는 성적 코드(로맨스와 젠더)를 완전히 대체하며, '여성'은 결국 식민지 억압 및 잠재적 해방의 기호가 된다. 여성을 전통적 가족 관계라는 사적 영역에서 꺼내어 정치적·공적·보편적 영역으로 옮겨놓으면서, 영채는 사랑, 정절, 가족애를 국가를 위한 것으로 정치화하는 민족주의의 대리인이 된다. 이런 방법을 통해 이제 모든 사적이고 가족적이거나 혹은 '육체적'인 가치가 증발해버린 정숙한 부인(혹은 고결한 어머니)의 이미지는 민족 해방의 보편적 신화와 연결된다.

사적 영역과 공적 영역의 통합, 그 결과 나타나는 정치의 에로티시즘은 민족주의가 설득력 있는 서사적 힘을 갖추는 데 핵심적 역할을 한다. 좋든 나쁘든, 전 세계적으로 국가에 대한 애착은 사랑의 형태로 인식되며, 그 사랑은 매우 지역적인 서사 전통 속에서 특별한 호소력을 얻는다. 한국의 경우에는 유교적 여성성(과 남성성)이라는 전통적 관념을 바탕으로 정절을 지키는 부인이 국가의 서사에 등장한다. 마찬가지로 사랑, 상실, 귀환의 가족 이야기는 가부장적(식민적) 억압과 민족 해방의 염원이라는 정치적 코드로 재작업된다. 어느 쪽이든, 국가는 여성, 젠더, 친족에 대한 고전적 유교 서사의 형식에 담긴 정치적 무의식 위에 구축된다. 여성이 '기호'로 변모하는 양상은 문화적 생산물에 따라 다양하다. 이광수는 국가의 이름으로 과거에 서사적으로 개입하면서, 한편으로는 근대성의 긴급성, 다른 한편으로는 전통에 대한 지역적 요구 사이에서 여성을 특권적 협상의 장소로 삼는다.

현모양처, 애국부인

1989년 6월 30일 오후 1시 30분경, 한 젊은 여성이 감정에 북받친 표정으로 소련 여객기의 위태로운 계단에서 내려왔다. 평양에 도착한 그녀 앞에는 인파가 가득했고, 이들의 머리 위에는 환영의 뜻으로 준비한 현수막이 나부끼고 있었다. 거기에는 굵은 형광색으로 시대착오적인 문구가 적혀 있었다. "전 세계 청년 학생들이여! 반제련대성反帝連帶性, 평화와 친선의 깃발 아래 굳게 단결하자."

여성은 눈물을 닦으며 잠시 멈춰 서서 눈앞의 광경을 지켜보았다. 북한 땅을 밟기까지 거의 사흘이 걸렸다. 남한 정부가 제13차 세계청년학생축전에 학생들이 참가하는 것을 금지했음에도 불구하고, 전대협(전국대학생대표자협의회) 학생 지도부는 비밀리에 한국외국어대학교 불어과 4학년 임수경을 일본과 독일을 거쳐 축전에 파견할 계획을 세웠다. 이는 남한의 서슬 퍼런 국가보안법을 위반하는 행위로 무기징역, 경우에 따라서는 사형을 선고받을 수도 있었다.[1]

남한으로 돌아온 후 자신을 기다리고 있는 상황이 두려웠을지라도, 임수경은 결코 그런 내색을 하지 않았다. 쓸데없는 두려움으로 허비하기엔 너무나 중요한 순간이었다. 분단 조국이 반드시 통일되어야 함을 세계에 알리기 위해 전대협 학생지도부는 그녀를 선발해 평화 사절로 평양에 파견했다. 그토록 위대한 과업을 그토록 짧은 시간에 이뤄내야 하는데, 그런 사소한 문제에 신경 쓸 수 있었겠는가? 그러나 그녀의 눈물이 애국적 헌신이라는 자랑스러운 가면 뒤에서 다른 종류의 감정을 무심코 드러낸 것은 아닌지 의문을 품지 않을 수 없다. 그녀는 남한에서 자신을 걱정하고 있을 이들을 떠올리며 후회의 아픔을 느꼈을까?

가족 및 친구들과 완전히 떨어져서 고독하고 비통해지는 여성 인물은 한국에서 매우 폭넓게 발견된다. 이런 여성은 고려 시대를 비롯하여 조선 시대의 매우 유명한 사랑시와 교훈 문학에도 상당수 등장한다(McCarthy 1991; 김윤식 1974). 이 외롭고 고결한 여성 인물들은 18세기 후반에 공적 영역에서 널리 칭송되었다. 특히 「춘향전」은 엄청난 고난과 시련에도 불구하고 사랑하는 남

---

[1] 남한으로 돌아와서 감옥에 갇힌 임수경은 1992년 김영삼이 대통령으로 당선된 직후 가석방으로 풀려났다. 그리고 1999년에 한국외국어대학교를 졸업했다.

성과 가정에 굳건히 헌신하는 유교적 여성의 이상을 대중화하는 데 기여한다.

이 장에서는 이러한 여성 이미지와 그것이 현대의 반체제적 통일 정치에서 중점적으로 담당하게 된 상징적 역할을 탐구한다. 1980년대 이후 남한에서는 국가의 헤게모니적 주장에 도전하는 새로운 세대의 민족주의 역사가들이 등장했다. 나는 이들이 채택한 서사 전략이 여성의 미덕 및 정절에 대한 유교적 도덕성을 담은 전통적 고전 서사에 기대고 있음을 밝히고자 한다. 나의 목표는 현대 한국의 민족주의가 조국 분단에 반대하는 정치적 입장을 정초하는 과정에서 한국의 정체성 위기를 논하면서 여성 문제를 어떻게 다뤄냈는지를 밝히는 것이다.

이 반체제적 역사가들은 양극화된 세계 질서의 조건을 어느 정도 다뤄내면서 자신의 견해를 주장하기 위해 분단으로 약화된 한국 민족문화 고유의 영적 '핵심'을 유지·강화하고자 했고, 그 수단으로 이상화된 여성의 이미지를 적극 활용한다. 이때 분단은 서구가 사회체에 가한 부자연스러운 고통이라는 획일적 방식으로 재현되었으며, 한민족의 존립과 정체성에 대한 위협으로 인식되었다. 실제로 반체제적 통일 담론에는 개인주의, 소비주의, 쾌락주의로 다양하게 묘사되는 '서구적' 가치에 의해 한민족이 오염되고 있다는 위기의 수사학이 동반되었다. 앞으로 살펴보겠지만, 한국의 정체성에서 변치 않는 내적 '핵심'을 찾기 위해서는 서구와 대비되는 전통적 가치 및 관습을 강조해야 했으며, 이는 대부분 정절을 지키는 '고결한' 여성의 능력을 통해 이루어졌다.

여성적 미덕에 대한 이 민족주의적 집착과 특히 유교 전통의 부부 관계에서 나타나는 남녀 정체성의 양극화 및 고정화는 한국에서 사랑과 민족 정치가 맺고 있는 본질적 관계를 드러낸다. 분단을 반대하는 과정에서 반체제 인사들은 한민족 생존의 필수 조건으로 결혼과 통일을 다양하게 연결시켰다.

주체론의 로맨스: 새로운 민족주의적 역사 서술

분단 조국에 대한 '로맨스' 서사가 최초로 출현한 것은 1980년 5월 광주민주화항쟁이 잔혹하게 진압된 뒤였다. 극심한 국가 폭력이 이어지고 민주화 세력이 완전히 좌절하자, 젊은 학자들은 이 곤경의 기원을 탐색하기 시작했다. 이들은 해방기 이후 나타난 권위주의 체제가 그때까지 이어졌던 원인을 설명하고자 했고, 이러한 문제의식을 바탕으로 한국 근현대사를 다시 써내려 갔다.

넓은 의미에서 이 새로운 민족주의 역사 서술(혹은 주체론)은 주체의 문제를 부활시켰고, 남한의 공식적 역사 서술은 미국 '제국주의'와 긴밀히 연관되어 있었기에 한국인의 정신에 예속적 사고를 침투시켰다고 보았다.[2] 헨리 임이 지적한 바와 같이, 일제강점기 이후 한국사를 기술할 때 주체성과 사대주의의 논쟁적 대립은 주된 딜레마 중 하나였다(Em 1993: 450~485). 실제로 사대주의는 중국을 깊이 숭상한 조선왕조의 공식 정책이기도 했다. 이러한 대립의 맥락 속에서 남한 역사가들은 미국과의 의존적 관계를 검토했고, 남한의 주체성(혹은 그 결핍) 문제를 다루었다.

주체론은 남한과 미국의 사대주의적 관계를 강조하면서 한국전쟁의 본질을 한국이라는 전략적 위치를 둘러싼 외부의 갈등으로 규정한다. 그러면서 소련의 팽창주의 정책의 꼭두각시였던 북한 노동당이 전쟁을 도발했다는 남한의 공식적 주장에 도전한다. 그렇게 본다면 한국전쟁이라는 민족적 비극의 진정한 주범은 미국 '제국주의'였다. 해방 직후에 미국은 한국민주당을 지원하여 남한에 작은 친미 거점을 구축했다. 주체론에 따르면 당시 한국민주당은 대중적 지지나 정당성을 거의 얻지 못하고 있었다. 이

---

2 '주체'는 '자율' 혹은 '자립'을, '론'은 '주의'나 '이론'을 뜻한다. 마이클 로빈슨(1984: 124)은 김일성의 주체사상에서 가장 중요한 교의인 '주체'라는 개념의 기원을 찾아 신채호까지 거슬러 올라간 뒤 이들의 역사적 연관성을 다룬다. 명확히 증명하기는 어렵지만, 신채호가 '주체'라는 개념을 사용하는 방식은 분명 김일성의 주체사상이 매우 민족주의적 경향으로 발전하는 데 중요한 선례가 되었다. 신채호가 정의한 '주체' 개념은 정치, 경제, 국방, 이념 차원의 '자주' 혹은 '독립'을 의미한다. 또한 이는 하나의 개념일 뿐 아니라 '한국적 존재 방식'이기도 한데, 일본의 '고쿠타이(国体)'와 매우 유사한 뜻이다. 즉 '주체'는 한국인이 삶을 영위할 때 지켜야 할 '주된' 혹은 '중심'의 윤리나 원칙 같은 것이다. 사대주의에 반대하던 신채호와 그의 뜻을 잇고자 했던 김일성은, 한국인 전체가 정치, 경제, 문화 측면에서 완전히 독립해야 한다고 주장했다. 더불어 '종족적 본질'과 '혈통'이라는 관념도 이 민족주의 철학에서 중요한 역할을 담당했다. 신채호와 김일성 모두, 대를 이어 내려온 불변의 종족적 핵심이 한민족을 규정하는 핵심적 특징이라고 보았다. 민족주의는 "이 자율적인 종족적 감정을 드러내고 그 것을 스스로 의식하게 만드는 정체성의 창조"였으며(Robinson 1984: 133~134), 남한의 '주체론'은 이 모든 관념을 통합하여 새로운 민족주의 사관을 발전시켰다.

작은 지지 기반을 바탕으로 미국은 남한에 별개의 행정, 치안, 사법, 군사 기관을 설치했고, 이는 궁극적으로 별개의 국가가 세워지고 한반도가 영구히 분단되는 결과로 이어졌다. 이 결정적인 시기에 보수주의자들이 미국의 지원을 받지 않았더라면, 몇 달 안에 공산주의-민족주의 연합이 한반도 전체를 장악했을 터였다(Cumings 1981; 박세길 1988).[3]

주체론은 국내 정치에서 미국의 역할을 비판적으로 바라보면서 해방기 역사를 다시 써내려갔고, 해방 이후부터 한국전쟁 전까지 전간기戰間期의(또한 한국전쟁 도중과 이후에도) 중심 모순이 한국의 민족주의 혁명 주체와 미국 '제국주의' 사이에서 발생한다고 주장했다. 또한 남한의 지배계급이 미국과 맺은 역사적으로 '음흉한' 관계를 강조하면서 그들이 국가를 분단시킨 사건들에 연루되어 있다고 보았다.

1980년대 중반에 학생들이 김일성의 주체사상을 접한 뒤 반미 감정의 함양과 표현이 주류 학생운동의 필수 조건이 되면서, 주

---

3 한국민주당에 대한 대중의 의구심은 이 정당에 가담한 이들이 과거에 일본 식민 정권과 맺었던 관계에서 비롯되었다. 한국민주당이 일찌감치 미군과 연합하자 이들에 대한 의구심이 주둔 기간 내내 이어졌고, 권력의 정당성에 대해서도 의문이 제기되었다. 이러한 분위기는 한국전쟁 이후로도 이어져, 남한 지도자들은 자신의 '더럽혀진' 과거를 지워야 한다는 압박을 강하게 받았다. 그런데 남한의 초대 대통령인 이승만은 본인이 항일 애국자라고 항변했음에도 불구하고, 일본이 수립했던 관료 및 군사 구조를 거의 그대로 활용했다. 1960~1961년에 짧게 대통령직을 맡았던 장면 역시 마찬가지였다(그는 일제강점기 후반에 일본식 이름을 사용하기도 했다). 일본 관동군 장교로 외세와 손잡았던 박정희의 오점은 해방 이후 새로운 시대의 한국인들에게 전해졌으며, 그럼에도 그는 일본 관료제를 남한 사회에 고스란히 남겨두었다. 이에 대한 논의는 Cumings(1981, 1983)를 참조하라.

애국의 계보학

체론은 반체제적 지적 사상에 심대한 영향을 미쳤다.[4] 실제로 이 시기에 주체론은 전국 학생 조직인 전대협의 주요 지도 이념이 되었다. 반체제 지식인에게 주체론은 두 가지 선명한 방식으로 영향을 미쳤다.

첫째, 주체론은 북한을 남한의 주적으로 묘사하는 수십 년간의 냉전 수사에 도전하면서 이를 전복했다. 북한을 악마화한 관제 역사서에서 민족주의 수사의 일부로 공인되어온 우방국과 적국의 관계가 주체론에서는 반대로 뒤집혔다. 이때 민중[5]의 진정한 적은 북한이 아니라 미국이었다. 주체론은 미국이 한반도를 분할 점령하고 남한에 군정을 수립하기로 한 것은 미국의 제국주의적 야욕이 직접적으로 표출된 결과라고 보았다. 북한을 절대적 타자로 구성하는 남한 정부의 헤게모니적 담론에 도전하기 위해, 주체론은 전간기를 재검토하면서 대안적 민족주의 전통을 구축해 나간다. 헨리 임의 지적한 바와 같이, "그것(주체론)은 남한 국가의 다소 모욕적인 기원을 드러냈을 뿐만 아니라, 1948년 유엔 결

---

4 1970년대까지 운동권 학생들은 마르크스와 레닌은 물론, 프랑크푸르트학파 지식인과 사미르 아민과 같은 제3세계 이론가의 책까지 폭넓게 섭렵해야 했다. 그러나 광주민주화항쟁 이후, 필독서 목록이 축소되고 김일성의 주체사상에 대한 서적이 학생운동계에 유행한다. 더욱이 마르크스나 레닌에게선 드러나지 않는 관점인, 살아 있는 주체가 역사의 능동적 추동자로서 중심이 되어야 한다는 김일성의 이데올로기적 강조로 인해 반체제운동은 과감하게 민족주의적 입장을 취할 수 있었다. 이와 관련해서는 Henry Em(1993)을 참조하라.

5 '민중'은 기존 권력 구조로 인해 주변화된 사람들을 광범위하게 지칭하는 정치적 용어이다. 자본주의 생산관계 내에서 민중은 도시 빈민, 농민, 중하위층 노동자계급으로 구성된다. 또한 한반도의 분단 및 미국에 대한 남한의 '종속적' 관계로부터 부정적 영향을 받는 이들이기도 하다.

4장 | 현모양처, 애국부인

의에 힘입어 남한 단독 정부에 법적 근거를 마련해준 총선거에 저항한 것을 민족주의적 활동으로 평가하면서 남한의 민족주의 담론을 재편했다"(Em 1993: 462).

게다가 관제 역사는 북한의 위협을 오직 정치 및 이데올로기 차원(즉 북한 공산주의)으로만 인식한 반면, 주체론은 훨씬 더 급진적이고 근본적인 위협을 가하는 '새로운' 적이 있다고 주장했다. 그것은 바로 미국 자본주의 문화로, 대부분의 반체제 지식인과 학생들은 그것이 한민족 정체성의 핵심을 훼손할 위험이 있는 침략적인 문화적 힘을 대표한다고 판단했다. 이 저항 세력들은 서구의 퇴폐적 개인주의를 소비주의, 성적 문란 및 범죄와 연관시켰고, 이 절대적 타자이자 외부적 위협에 맞서 싸우기 위한 민족주의 전략을 반드시 확립해야 한다고 보았다.

둘째, 주체론은 북한을 적으로 규정하는 관제 역사관을 거부하면서 새로운 '낭만적' 서사 전략을 만들어냈다. 분단된 조국이라는 새로운 이야기에서, 한국인은 한국 역사가 마땅히 달성해야 했던 비전을 이룩하기 위해 미국 '제국주의'에 저항하는 영웅적 낭만주의자로 묘사된다. 이때 조국 통일을 향한 갈망은 흡사 떠난 남편과 재회하기를 고대하는 부인처럼 한 사람, 한 가족이 되어 함께하기를 바라는 낭만적 충동과 동일시된다. 실제로 남한과 북한을 분단을 극복하기 위해 안간힘을 쓰는 연인처럼 바라보는 관점은 수십 년간 공산주의 북한을 남한의 외적으로 묘사해온 냉전 수사에 문제를 제기했다. 자신들을 갈라놓으려 하는 '사악한'

도판 1. 《말》지 1988년 3월호에 실린 삽화

세력에 저항하면서 분단을 극복하기 위해 분투하는 새로운 유형의 애국자-연인은 이 낭만적 이야기에 혁명적 호소력을 부여하는 '핵심 코드'였다.

따라서 남한의 저항문학에서는 분단을 '사악한' 외부 세력에 의해 갈라진 뒤 좀처럼 재회하지 못하는 부부 관계에 비유하곤 했다. 예컨대 문병란은 분단된 남북을 천제天帝의 가혹한 명령으로 은하수 양 끝에 갈라져서 살게 된 연인으로 널리 알려진 견우와 직녀에 비유한다(1979: 32~33). 이와 유사하게, 서로의 품에 안기는 연인의 이미지나 휴전선을 의기양양하게 넘어가는 행복한 커플의 이미지는 부부 간의 유대와 통일된 조국 사이에 밀접한 연관성이 있음을 드러낸다(도판 1). 민정기의 그림 〈포옹〉

도판 2. 민정기, 〈포옹〉, 1981

도판 3. 서총련 학생들이 펴낸 유인물 표지, 1988년 4월

에서는 이러한 주제 의식이 분단을 극복하는 사랑의 힘, 그리고 열정적으로 끌어안으며 재회하는 남녀의 모습으로 나타난다(도판 2).

　로맨스와 애국심 사이의 환유적 연관성이 상호 강화되는 이러한 비유적 관계를 통해, 각각의 서사적 사건은 이중적으로 해석할 수 있게 된다. 즉 조국 통일의 약속이 다시 부부/연인 상봉을 바라는 희망의 표현이 되는 것이다(도판 3). 따라서 모종의 낭만적 화해를 위해 로맨스와 애국심을 연결하려는 시도는 한국 민족주의자들의 통일 프로젝트 이면에 담긴 은밀한 주제가 된다.

　새로운 적을 만들어내려고(그리고 과거의 적을 복권하려고) 할 뿐아니라 그 이상을 추구하기도 하는 이 낭만적 서사 전략은 한민족을 역사의 수동적 피해자가 아닌 능동적인 구원자로 바라보는 시각에서 비롯된 것이기에 더욱 중요하다. '민중'의 힘으로 남북화해를 이뤄낼 수 있다는 가능성을 강조하는 것은 주체론의 혁명적 호소력 중에서도 본질적인 지점이다. 한국 근현대사가 노정한 실패, 가령 역사에서 이룩해야 했건만 한국의 혁명 주체가 달성하지 못한 것 등에 대한 관념을 제한하면서, 주체론은 잠재적 성공의 비전을 역설한다. 이는 곧 사랑에 의한 조국 통일의 가능성을 주장하는 것이기도 하다.

　다음 절에서 나는 이 국가적 분투와 구원의 낭만적 이야기에서 여성이 담당하는 중요한 사회상징적 역할을 살펴볼 것이다. 앞으로 살펴보겠지만, 통일의 날을 기다리는 고결한 여인의 이미지는 한국의 전통적 문학 정전에 나타나는 이별과 재회, 고통과 구원의 과정을 유사하게 거친다. 각 경우에 여성은 저항의 상징으로 등장한다. 상실이 닥쳤을 때 절개 높은 부인은 사악한 관리를 꺾고 승리를 얻어내며, 정숙한 과부는 음탕한 (외국의) 구애자들을 꿋꿋하게 거부한다.[6] 실제로 남한의 통일 담론이 구축해낸 저항과 로맨스의 드라마에서도 언제나 주인공 역할을 담당하는 외롭고 고결한 여성이 매우 유용한 방식으로 결합한다.

6 1392년 이성계가 왕좌에 오른 것을 축하하기 위해 창작된 「용비어천가」에는 반역자들의 반란으로 인해 국가가 겪은 해악과 혼란이 제의적으로 묘사되어 있다. 또 다른 유교 한국의 초기 역사서에서 국가는 선과 악의 세력 사이에서 분열된 것으로 묘사되며, 최종적으로는 조선왕조의 시조인 이성계에 의해 선이 회복된다는 결론에 이른다. 나아가 여성은 선을 회복하는 결정적 도구로 등장한다. 한결같은 충성심, 현명함, 용기, 효심을 충실히 추구함으로써 이 여성들은 새로운 왕조를 건설하는 데 필수적인 인물로 묘사되었다.

예를 들어 「용비어천가」 108장과 109장에는 이방원의 아내 민씨의 덕을 칭송하는 일화가 나온다. 그녀는 새 왕조의 건립을 가로막으려 했던 사악한 관리를 함정에 빠뜨리는 계획을 세워 국가적 위기의 순간을 타개한다. 이때 민씨의 영웅적 행위는 고려왕조의 시조인 왕건의 아내가 행한 유사한 영웅적 행위와 비교된다. 자기 아내의 설득력 있는 주장과 격려 덕분에 왕건이 자신의 폭압적 주군을 거역하고 자신의 왕국을 건설하겠다는 결단을 내리게 되는 것이다. 정절과 지혜의 화신으로서 이 여성들은 그들의 변치 않는 애정뿐만 아니라 행동으로 드러나는 충성심에 대해서도 칭송받았다. 그리고 충절과 상실은 조선 시대의 문학 장르인 시조와 가사, 특히 유배된 관리들이 창작한 작품의 주제로도 자주 활용되었다. 예컨대 16세기의 가사 작품 중 정철의 「사미인곡」은 그가 당파 싸움의 와중에 조정에서 쫓겨나 몇 년간 유배 생활을 하던 시기에 창작되었다. 이 작품은 임금에 대한 작가의 충성심을 멀리 떨어져 있는 부인이 남편을 그리워하며 기다리는 정절에 비유한다. 떠난 남편에 대한 헌신의 맹세는 1920~1930년대 시에서도 일반적 주제였다. 한용운, 이광수, 김소월, 이상화 등의 작품에서 '상실한 사랑'과 '상실한 조국'을 연결하는 비유는 식민통치의 경험을 환기시키는 데 사용되었다. 따라서 분단 상황에서 충성심이라는 관념은, 혹독한 식민통치로부터 나라를 해방하기 위해 이러한 시인들이 보인 애국적 헌신과 연결되면서 새로운 정치적 의미를 갖게 되었다.

애국의 계보학

로맨스의 정치

서구의 사랑 이야기에서 결혼은 대개 어떤 난관을 극복한 데 대한 보상이다. 이때 남자 주인공은 자신이 여자에게 합당한 존재임을 증명하면서 그녀의 마음을 사로잡기 위해 엄청난 노력을 해야 한다. 마찬가지로 가난한 여자 주인공이 덜 고귀한 여자를 제치고 부유한 남자를 차지하기 위해서는 흔들리지 않는 선함과 변치 않는 신실함의 미덕을 증명해야 한다. 그러나 한국의 사랑 이야기에서는 사랑의 난관(이렇게 불러도 된다면)이 결혼만으로 마무리되지 않는다. 오히려 난관은 혼인 서약이 이루어진 후에 시작된다.[7]

일부다처의 결혼 관습이 있는 나라에서 여성은 가정 내 질투나 사소한 경쟁을 피해야만 했다. 게다가 설령 남편이 죽는다 해도 그를 위해 계속 정절을 지키라는 관습에 따라야 했다. 따라서 한국 로맨스의 플롯은 대부분 **이미** 혼인의 의무에 묶인 여성의 고난과 좌절을 중심으로 전개되었다. 김윤식(1974)이 관찰한 것처

7　조선 시대에는 신부가 남편 집에 들어가면 각 여성이 속하는 남성에 의해 지위와 권위가 결정되는 여성의 세계에 기거해야만 했다. 특히 시어머니와 며느리의 관계는 엄청난 갈등의 원인이었다. 기혼 형제들이 함께 사는 경우에는 동서들 간의 긴장이 있었고, 첩은 여성 영역 내의 인간관계를 한층 복잡하게 하는 존재였다. 이러한 잠재적 가내 갈등 때문에 어린 신부는 괴롭고 때때로 불행할 수밖에 없었다. 아내가 시어머니를 비롯한 손위 여성에게 괴롭힘을 당한다 한들, 남편의 공감이나 연민은 거의 기대할 수 없었다. 남편에게는 아내와의 관계보다 부모와의 관계가 우선이었기 때문에, 어린 신부는 시가의 괴롭힘을 막아달라고 남편에게 요청할 수 없는 경우가 많았다. 이에 대한 논의는 Mattielli(1977)와 Deuchler(1992)를 참조하라.

럼, 한국의 유교 문학 정전에서 대부분의 이미지와 주제는 여성의 고통, 특히 임을 상실하거나 임과 강제로 헤어져 있는 동안 겪는 고통으로 거듭 회귀한다. 그리움은 '한', '애수', '이별', '체념' 등 전통적으로 여성의 시련과 관련한 맥락을 만들어내는 정서이다. 한국의 연애소설 가운데 위대한 작품은 대부분 고난을 겪고 있음에도 혼인의 의무에 충실한 여성에 대한 이야기이다. 이들은 끝까지 남편이 돌아오길 기다리는 굳은 절개에 대한 보상을 받으며, 이는 충만한 결혼 생활이라는 새로운 삶의 발판이 된다.

2, 3장에서도 잠시 분석했던, 한국에서 매우 유명한 사랑 이야기 「춘향전」을 다시 한번 살펴보자.[8] 이광수는 '정情'이라는 로맨틱하고도 민족주의적인 개념을 기저로 삼아 이 이야기를 '다시 쓴' 바 있다. 사실 원전에서는 춘향이 탐관오리 변학도의 수청을 끝끝내 거부한 것이 그녀의 주체적 욕망을 표현한 것으로 인식되지 않았다. 오히려 춘향은 신실하고 절개 높은 여성으로서 자신에게 부여된 역할을 철저히 수행한 인물로 그려졌고, 그러한 이

---

8 정절, 상실, 재회의 주제는 「옥낭자전」에서도 잘 드러난다. 조선 후기에 쓰인 작자 미상의 소설 「옥낭자전」은 옥랑이라는 젊은 여성의 이야기로, 약혼자가 살인 누명을 쓰고 감옥에 갇히자 옥랑은 약혼자의 학교 친구로 변장하고 그를 찾아간다. 자신이 대신 감옥에 들어가 있을 테니 도망치라고 약혼자를 설득한 후, 옥랑은 거의 확실히 목숨을 잃게 되는 상황에 처한다. 그럼에도 그녀는 사랑하는 약혼자에게 이렇게 말한다. "옛글에서 이르기를 여필종부(女必從夫)라 하오니, 군자를 따라 죽기도 하는데 하물며 군자를 위해 대신 목숨을 바치는 것은 당연하오. 이는 만고의 떳떳한 의리라 당연히 군자는 용납해야 할 것인바 (……) 천첩이 어리석은 사람이라 능히 의를 행하지 못할 것이라 하여 돌아가라 하시니 일편단심이 어찌 아깝지 아니하리까." 결국 약혼자는 옥랑의 모범적인 행실 덕분에 죄를 사면받게 되고, 두 사람은 행복하게 재회한다. 「옥낭자전」의 충실한 번역은 Baker(1976)를 참조하라.

애국의 계보학

유로 한국에서 매우 사랑받는 조선 시대의 여주인공이 되었다.

유교 이데올로기는 여성에게 "특정한 행동을 수행해야 하는 역할('정숙한 아내', '순종적 며느리', '수절하는 과부')을 부여했고, 여성들은 이를 완벽하게 구현하거나 이에 저항한 것으로 기억되었다"(Deuchler 1992: 280~281). 그렇기에 춘향의 수절은 사랑과 결별에 대한 낭만적 이야기가 아니라 선과 악에 대한 교훈적 이야기로 구성된다. 매질을 당하는 동안에도 춘향은 연인에게 버림받은 자신의 운명을 한탄하지 않는다. 대신 그녀는 인간관계에 대한 유교적 도덕 규율인 오륜伍倫을 암송한다.

> 삼강오륜 엄연한데
> 오륜 중의 부부유별夫婦有別 맺은 연분
> 올올이 찢어낸들
> 오매불망 우리 낭군 온전히 생각나네. (Lee 1981: 262)[9]

또한 춘향은 변학도에 대한 감정 때문이 아니라, 다음 인용과 같이 자신이 지키고자 하는 원칙에 어긋나기에 그를 거부한다.

> 충신불사이군忠臣不事二君이요 열녀불경이부烈女不更二夫라. 절개를 본받고자 하옵는데 계속 이렇게 분부하시니, 사는 것이 죽

---

9 [옮긴이] 필자는 이정용이 영어로 옮긴 「춘향전」을 인용했으며(Lee 1981), 한국어판에서는 송성욱이 풀어 옮긴 『춘향전』(민음사, 2004)을 참조해 인용했다.

는 것만 못하옵고 열녀불경이부오니 처분대로 하옵소서. (Lee 1981: 259)

그러나 이 이야기의 기저에 깔린 정치적 메시지를 찾아내면 한층 깊은 의미를 더욱 분명하게 발견할 수 있다. 춘향은 정치적 권위에 결연히 저항하면서 몽룡에 대한 신의를 지킨다. 변학도의 요구에 굴복하지 않고 부재중인 몽룡을 일편단심으로 기다린 것이다. 「춘향전」에는 이러한 대결과 저항의 구조적 대립이 내재되어 있다. 절개 높은 춘향과 탐관오리 변학도의 대립은 매우 명백하다. 또한 어머니와 딸의 대립도 있다. 춘향의 모친이자 퇴기인 월매는 변학도의 제안을 받아들이면 몽룡과의 언약에서 벗어나 모녀가 안락하게 살 수 있다고 딸을 설득한다. 마지막으로 백성과 탐관오리 간의 대결이 있다. 따라서 이 모든 상황에 내포된 춘향의 저항은 부당한 권력에 맞서는 민중의 투쟁에 대한 정치적 이야기로 해석될 수 있다. 태형을 당하는 동안 그녀는 이렇게 외친다. "사대부 사또님은 백성들은 살피잖고 위력에만 힘을 쓰니 사십팔방四十八坊 남원 백성 원망함을 모르시오"(Lee 1981: 262).

이렇게 낭만적 드라마 속에서도 작가는 정치적 투쟁을 성적 갈등으로 표현하면서 정치적 사안을 도덕적 권위의 붕괴로 인해 초래된 성적 스캔들로 효과적으로 번역한다. 따라서 이 이야기는 두 가지 별개의 관점으로 읽을 수 있다. 한편으로는 음탕한 충동을 지닌 침입자 남성이 신성한 혼약을 위협하는 이야기이고, 다

애국의 계보학

른 한편으로는 타락한 관리가 (국가) 공동체의 사회구조를 위협하는 이야기이다. 각 관점에서 춘향의 고결한 저항은 몽룡의 귀환과 자애로운 리더십의 회복을 통해 보상된다.

한편 학생운동 세력은 이 지배적 서사 전략을 자기 나름의 말로 '번역'해내는데, 과거의 이광수처럼 기존의 상징을 활용하면서 (분단된) 국가의 **새로운** 이야기에 맞춰 그 상징을 통합했다. 이 과정에서 (여성의 정절, 미덕, 정, 사랑에 대한) '본연의' 의미가 (재)전유되고 확산되어 국가와 역사의 대안적 재현을 구축하는 방식을 볼 수 있다. 이광수와 학생운동 세력의 버전 모두에서 사랑은 이별을 극복하고, 고통은 가정/국가의 번영으로 보상받는다. 잃어버린 (통일) 국가를 위한 애국적 투쟁은 상실을 회복시키는 신의와 충절을 다룬 낭만적 이야기에서 파생된 하나의 **변주**가 된다. 따라서 부부애와 애국심의 연결 고리는 암시적인 우연 이상이다. 각각은 서로에게 직접적으로 기여한다.[10]

이들은 한데 어우러지면서 바람직한 여성의 행동이 무엇으로 구성되는지에 대한 맥락을 만들어낸다. 탐관오리(그리고 외국의 제국주의자)에 대한 여성의 '고결한' 저항을 통해 얻어낸 부부

---

10 1999년에 개봉한 블록버스터 영화 〈쉬리〉도 로맨스를 매개로 삼아 남북 갈등을 묘사한다. 주인공은 북한의 여성 스파이와 남한의 남성 정부요원이다. 곧 열릴 남북한의 친선 축구 경기를 방해하려는 임무를 받고 남한으로 파견된 여성 스파이는 자신의 정체를 모르는 남한 정부요원에게 접근한다. 결국 북한 스파이와 남한 정부요원은 서로 사랑하게 된다. 영화의 클라이맥스는 두 인물이 축구 경기장에서 대치하게 되는 장면이다. 이들은 서로를 간절히 사랑함에도 불구하고 북한 스파이가 남한 정부요원의 손에 목숨을 잃으며 이들의 열정은 비극으로 끝난다.

의 재결합은 애국적 목표를 두드러지게 하며, 이 목표는 또한 국가성의 소유주적 표현이 되기도 한다. 이런 식으로 주체론, 더 일반적으로는 반체제적 통일 담론의 서사 전략에 남성에 대한 여성의 저항 및 바람직한 여성의 행실과 관련된 주제가 내재된다. 부부의 재결합, 나아가 국가의 통합은 여성이 유교적 덕의 원칙, 즉 부재하는 남편의 귀환을 신실하게 기다리며 다른 (서구) 남성의 성적 접근을 거부한다는 원칙을 엄수하는 경우에만 달성될 수 있었다. 다음 절에서 살펴보겠지만, 분단에 대한 저항과 거기에 함축되어 있는 통일을 향한 고결한 투쟁은 외국 남성에 대한 저항이라는 비유적 형태로 나타난다.

성의 정치학

낭만적 재결합과 국가의 통일 사이의 비유적 관계는 남편에 대한 부인의 바람직한 태도('정숙한 아내', '수절하는 과부')를 규정하는 특정한 사회적 행동 규범을 여성이 굳게 지킨다는 전제하에 성립한다. 가정의 성장과 번영을 위해 여성은 반드시 이 규범을 지켜야 한다. 부계와 부권을 재생산하고 생명력을 유지하려면 임신, 출산 등과 관련한 여성의 섹슈얼리티를 남성 지배적 위계 구조 안에 성공적으로 밀어넣고 훈육해야 했던 것이다. 유교 사회에서 부계 원칙은 혈통 집단 내에서 부계 의식을 활성화함으로써 구현된다. 이는 현대 한국 사회의 공적·사적 영역 모두에서 여전히 조상 숭배가 중요한 역할을 하는 이유이기도 하다. 부계의 의례적 위계질서에서 남성의 위치는 "혈통 집단 내에서 남성 개개인의 권리와 의무를 결정하는 동시에 정치적 영역에서도 그에 상응하는 자리를 부여받는다"(Deuchler 1992: 129).

그러하기에 여성이 성과 관련한 행동 규범을 엄격하게 준수하는 것은 지극히 중요하다. 조선 초기의 유교 도덕주의자들은 남녀의 무분별한 교제가 사회구조의 온전성을 위협한다고 믿었다. (남성은 결혼했다 해도 구속받지 않지만) 여성이 정해진 관습에서 일탈하면 부계 및 부권뿐 아니라 국가 기반마저 무너지리라고 본 것이다. 따라서 부정한 성관계를 맺거나 이를 강요당한 여성은 가정의 안정은 물론 한국 가부장제의 연속성 전체에 위협이 되었다. 여성의 정절과 미덕은 단지 부부 간의 사적 문제가 아니라 국가의 안녕과 관련한 공적 문제였다.

젠더적 차이, 특히 여성에 대한 전통적 이상이 갖는 의미는 분단된 한반도에서 훼손된 한국 여성의 이미지가 매우 빈번히 등장했다는 점을 고려할 때 분명해진다. 실제로 부부 관계의 붕괴는 전쟁 중인 국가를 상징적으로 나타냈다. 반체제 지식인들은 조국 분단이라는 망가진 세계를 나타내는 상징으로 강간과 성폭력과 같은 은유를 반복적으로 제시했다. 「춘향전」의 장르 전통에 따라, 국가적 육체로서의 여성은 외부에서 침입하여 정절을 빼앗으려는 '악당'에 의해 자신의 육체가 굴욕적으로 침해당하는 모습과 그럼에도 상실한 애인/남편을 위해 절개를 지키는 모습으로 재현된다. 이때 한반도의 분단은 여성-국가-육체에 대한 폭력, 즉 신성한 부부 관계에 대한 불온한 침입이자 (외국) 남성이 (선주민) 여성을 지배하는 음탕한 행동으로 해석된다.

일제강점기에는 지식인들이 식민지배의 경험을, 현대에 들어서는 반체제 인사들이 분단의 표현을 강간의 이미지를 통해 드러내고 이를 널리 활용한 것은 놀라운 일이 아니다. 현대 한국에서 여성성을 강조하며 저항의 언어를 구사하는 방식은 일제강점기와 매우 비슷했다. 더러움에 반하는 순결함, 오염에 반하는 정숙함의 가치를 내세웠고, 분단을 강간에 빗대며 성적 함의를 노골적으로 환기시킨 것이다. 예를 들어 김남주의 시 「불감증」에서 성매매와 폭력은 분단을 표현하는 데 있어 상호 연관된 주제이다.

> 내 큰누이는
> 해방된 조국의 밤골 처녀
> 고은高銀식 독설을 빌리자면
> 미8군 군화 밑에서 짝짝 벌어진 밤송이 보지
> 내 작은누이는 근대화된 조국 신식 여성
> 뽀이식 표현을 빌리자면
> 쪽발이 엔화 밑에서 활짝 벌어진 관광 보지
> 썩어 문드러져 얼마저 빠져버렸나
> 흔들어 흔들어도 깨어나지 않고

꼬집어 꼬집어도 감각이 없는

아, 반 토막 내 조국

허리 꺾여 36년 언제 눈뜨리

치욕의 이 긴긴 잠에서 (1987: 77)

여성이 임신이나 성병에 대한 죄책감 또는 두려움으로 인해 성
적 불능 상태에 이른 것을 '불감증'이라 하는데, 이러한 제목은
한반도의 분단과 여성의 생식력 상실 사이의 연관성을 한층 강
조한다. 한편 강간은 부부의 인연에 위협이 될 뿐 아니라 모성 및
(사회적) 재생산의 위기를 초래한다. 서구, 특히 미국의 문화적 오
염이라는 위험은 강간, 불감증, 여성의 재생산 능력 상실에 관한
주제로 공식화되며, 이는 다시 한국의 국가 정체성 존속에 대한
서구의 잠재적 위협으로 인식되는 여러 문제와 연관된다. 한국
문화의 우월한 내적 본질을 서구로부터 되찾기 위해서는 여성들
이 함께 뭉쳐 음탕한 외국 남성의 접근에 저항해야 한다.

미군이 남한에 주둔하는 현실은 이렇게 인식된 위기를 한층 악
화시킬 뿐이었다. 외국 군인이 야기하는 이민족 결합의 위험은
한국의 정체성 가운데 가장 근본이 되는 부분, 즉 변질되지 않는
순수한 민족으로서 수 세기에 걸쳐 단단하게 지켜온 종족적 온
전성을 위협한다. 1장에서 살펴봤듯이, 종족과 민족을 처음 이런
식으로 연결한 사람은 역사가 신채호였다. 새로운 역사를 만들어
강인한 국가 정체성을 구축하기 위해, 신채호는 종족이라는 근대

적 개념을 (한국 특유의 개념인) 족보로 '번역'했다. 이것이 한국인의 근원이라고 해석되어 받아들여지면서 이제 순수한 혈통은 허구의 생물학적 결집으로 연결된다. 국가의 주권은 외세에 의해 거듭 침해되었을지언정, 5000여 년 전 단군이 고조선을 세운 이래로 인종적·정신적 '핵심'은 손상되지 않은 채 선명하게 보존되었다고 여기는 것이다. 신채호는 이것이 '한민족 국가'를 지켜온 선조의 힘이라고 주장한다. 한국 및 중국의 사대주의 지식인이 의도적으로 약화해온 국민-국가-선조의 '고유한' 힘을 되살려야만 새로운 주체성의 토대를 마련할 수 있다는 것이다.

현대의 반체제 세력은 자신들이 구상한 통일된 국가 공동체의 기반을 구축하기 위해 이와 같은 인종과 국가에 대한 관념을 차근차근 재전유했다. 실제로 신채호의 연구를 되살려 한국 현대사와 연결한 주체론의 관점에서 볼 때, 민족주의는 자주적 종족으로서의 감정을 밝혀내고 그에 대한 자의식을 마련해주는 정체성의 창조였다. 주체론은 한국인 정체성의 핵심을 변치 않는 고유한 종족적 **본질**에 배치하면서, 한국 문화 및 역사를 매끈한 연속성과 응집력을 지닌 서사로 이상화하여 독해했다. 따라서 한국인의 고유하고 변치 않는 핵심, 즉 민족적 기원에 대한 믿음은 심오한 심리적·정치적 함의가 담긴 시도였다. 한국인의 종족적 고유성을 확실히 보장하면서 낡지도 변치도 않는 과거가 구축되는 것이다. 이는 또한 지속적으로 투쟁해서 유지해야 하는 자주적 국가 정체성의 기반이 된다. 따라서 주체론은 역사가 아와 피아의 투쟁이라는 신채호의 역사 관념을 되살려낸다. 민족은 오직 투쟁을 통해서만 정체성과 자주성을 유지할 수 있었다. 신채호와 마찬가지로 주체론도 한국인의 역사 전체를 외세의 지배와 봉건적 압제를 극복하기 위한 장대한 투쟁으로 본다. 다시 말해 역사가의 임무에는 한국인이 자신의 '핵심적' 정체성을 지키기 위해 투쟁해온 경험과 유산을 고찰하는 일이 포함된다.

이렇게 극도로 인종주의적인 한국사 해석을 고려할 때, 현대 반체제 세력의 통일 담론에서 이민족 결합이 주요 쟁점이 된 것은 놀라운 일이 아니다. 이민족 결합은 한국의 핵심 정체성에 중대한 위협으로 인식되면서 사회적 신체의 방어, 즉 한국의 **본질**이라는 환상을 근거로 삼아 정체성의 우월한 '핵심'을 회복해야 한다는 수많은 주장과 연관되었다. 내부에 숨겨져 있어 침입할 수 없는 성스러운 장소인 한국 여성에게 외국 남성이 침투해서 부부로 결합할 수 있는 힘은 가정의 존립에 위협이 될 뿐 아니라 한국의 근본적 정체성 및 응집성을 훼손하는 행위로 인식되었다. 따라서 종족적 경계를 넘어 결혼하는 한국 여성은 대중적으로 매춘부, 술집 작부, 딴따라 등 도덕적으로 '안이한' 여성으로 낙인찍혔다.

사실 이들은 한국의 전통적 로맨스 서사에서 고결하게 이상화되어왔던 여성의 논쟁적 **전도상**顧倒像으로 재현된다. 서구에 몸을 넘긴 이 여성들은 서구 제국주의의 피해자인 동시에 지조 없이 미국 자본주의에 들러붙어 이득을 얻는 무뢰배로 인식된다. 그리하여 '창녀'는 동정과 경멸을 동시에 받으며 국가적 수치의 상징이 될 뿐 아니라 국가적 저항의 집결점이 되었다.[11]

이민족 결혼, 강간, 성매매에 대한 민족주의적 수사는 한국 (여성의) 정체성을 규정하는 불변의 내적 본질을 보존하는 것에 대한 관심을 한층 심화시켰다. 종족적·민족적 자주성에 초점을 맞추는 신채호의 민족주의를 차용하면서, 주체론은 국가 가부장제와 (여성의) 생식력 사이에 존재하는 불안한 관계를 드러낸다. 변치 않는 한국의 **본질**에 집착하는 민족주의를 근거로 이상화된 한국사는 되살아나는 부성 및 종족적 응집을 보여주는 이음매 없이 매끈한 서사가 되었으며, 한국 여성의 절개라는 미덕을 통해 세월이 흘러도 온전히 보존되었다.

대를 이어 남성을 복제하고 부성을 재생하려는 유교 한국의 오래된 관심(5~7장)은 서구에 의한 이민족 결합 및 문화적 '오염'에 대한 불안과 두려움에 직결되었다. 한국 가부장제의 재생적 생존을 보장하는 것은 여성의 역할이기에, 이후 한국 민족주의 담론에서는 여성에 대한 보호적 배려가 나타난다. 부계 재생의 유연한 통로로서, 여성은 뜻하지 않게 한국 종족의 (내적) '순수한' 상태를 지키기 위한 우려의 대상인 동시에 외국의 (외적) '오염'에

---

11 1992년 10월에 한국의 기지촌 성산업에 종사하던 여성 윤금이가 미군에 의해 살해된 사건은 이러한 지점을 잘 보여준다. 사건이 보도되자 전국적인 분노가 일었고, 각지에서 항의와 시위가 일어났다. 사건이 있은 후 두 달 가까이 택시 기사들은 미군의 승차를 거부했고, 많은 한국인들(상당수는 여성)은 서울 시내에 모여 일주일 이상 반미 구호를 외쳤다. *Stars and Stripes*(Pacific Edition), 1992년 11월 19일자를 참조하라.

적극적으로 저항하는 주체가 된다. 서구라는 '외부성'에 대한 저항의 상징으로 전유된 민족주의적 수사는 여성을 한국의 내면성을 담은 '고결한' 기표로 만들어냈다.

이 모든 것은 결국 민족주의와 섹슈얼리티가 서로를 강화하는 범주라는 점을 시사한다. 제국의 지배 형식에 대한 저항은 공적인 거리에서뿐 아니라 사적인 침실에서도 이루어지고 있었다. 따라서 섹스에 대한 한국인의 태도, 특히 '절제되지 않는' 여성의 섹슈얼리티가 지닌 위험한 리비도적 힘에 대한 태도는 그들의 정치관에 직접적인 영향을 미쳤다. 여성의 정조(나아가 결혼)에 대한 위협은 국가 그 자체의 온전성 및 '내적' (종족적) 연속성에 대한 위협으로 인식된다. 마찬가지 맥락에서, 부부 재결합의 약속은 국가 정통성 회복을 향한 희망의 상징이 된다. 이렇게 로맨틱한 동시에 정치적인 판타지의 이상적 결말을 추구하는 방식은 한편으로 통일에 대한 국가적 요구와 다른 한편으로 부부의 재결합에 대한 여성의 요구를 각기 뚜렷하게 드러내면서도 또한 상호 보완적인 성격의 서사를 구성한다.

4장 | 현모양처, 애국부인

— 3부 —

남성

5장

박정희와 농업의 역군들

우리나라 최근세사는 망국의 역사요 혼돈의 역사이며 실패의 기록이기도 했다. 이 피어린 역사를 엮어나가는 데 있어서 역사 창조의 주인공인 우리 민족의 자율성이 결여되고 사대주의와 외래 지배에 좌우된 타율성을 볼 수 있다. 일인日人 사학자는 '한국사의 타율성'을 말했는바 우리 민족의 과거를 피나게 반성해볼 때 그 말을 전적으로 부인할 도리가 없다.

한국사의 주인공은 잠자고 있었다. 신라 골품제하의 귀족이나 고려, 이조의 양반 관인층은 안이한 특권의 향수에 젖어 침체하고 새로운 민중적 지도 세력의 대두를 저해해왔음을 볼 수 있다. 역사의 창조자인 한국 민중(농민)은 집권적·관인적 토지 소유제하에서 '반농노적' 지위에 처해 있었고 봉건적 신분제의 장벽은 '민중의 해방'을 불가능케 해온 것이다. (······)

이러한 민중의 숙명관은 개척 정신도 개혁 의지도 육성치 못하고 자유를 자각하지 못한 굴종적 인간으로 전락시켰다. 문제는 이 민중의 얼어붙은 마음을 녹여 재건 의욕과 긍정적 인생관을 다시 찾게 하는 일이며 (······) _박정희(1962)[1]

지금 전국의 방방곡곡에서는 새마을운동이 요원의 불길처럼 타오르고 있습니다. (······) 우리가 좁은 농로를 확장 보수할 때에 우리 자신과 국가 민족의 탄탄한 앞길에 대한 불

1 Park(1970c: 118~121).

퇴전의 신념을 길러야 하겠습니다. 새마을운동은 안정의 그늘에서 싹트는 안일과 타성의 병폐를 배격하며, 성장의 이면에서 활개 치려는 낭비와 사치를 퇴치하는 정신 혁명 운동입니다. _박정희(1972)[2]

1999년 10월 26일, 3000여 명의 사람들이 서울 국립묘지에 모여 20년 전 중앙정보부장이자 절친한 친구였던 김재규의 총에 맞아 숨진 박정희 전 대통령을 추모했다. 전두환, 노태우, 최규하 전 대통령도 추도식에 참석했으며, 당시 대통령인 김대중은 조화를 보냈다. 이는 2000년대로 접어드는 시기에 남한 사회에서 박정희에 대한 기억이 점차 긍정적으로 바뀌었음을 상징하는 행사였다. 그 향수는 1998년 국회의원 재보궐 선거에서 박정희의 딸인 박근혜가 압도적 승리를 거두는 원동력이 되었으며, 그녀가 2007년 대통령 선거에 출마할 것이라며 여기저기서 들려오던 추측에 불을 붙였다.

일부는 박근혜의 부활이 1998년 IMF 구제금융 사태의 충격 때문이라고 분석했지만, 또 다른 사람들은 이를 그저 미화된 과거에 대한 갈망의 집단적 표현이라고 보았다. 이유가 무엇이든, 박근혜 부활의 가시적 결과는 박정희 대통령을 기리는 거대한 기념

---

2 박정희, 「5·16혁명 제11주년 및 제7회 5·16민족상 시상식 치사」(1972년 5월 16일), 『박정희대통령연설문집』 제9집, 대통령 비서실, 1973, 184쪽. 박정희의 연설문은 총 16권으로 출판된 『박정희대통령연설문집』의 1~2권, 4~16권(대통령 비서실, 1965~1979); 3권(동아출판사, 1967)을 참조했다.

애국의 계보학

관을 건립하는 데서 절정에 달했다. 1999년에 김대중 대통령이 처음 제안한 뒤 2002년에 착공한 이 사업은 때마침 한일 월드컵이 열리던 시기와도 일치한다.

이 두 사건이 한 시기에 나타난 것은 결코 우연이 아니었다. 월드컵이 과거의 식민 지배국과 피지배국이 대등한 산업국으로서 협력하여 진행하는 공동 작업을 상징한다면, 이러한 협력을 가능하게 한 것은 박정희 대통령이었다. 박정희를 그 누구보다 신랄하게 비판해온 한국학자 브루스 커밍스에 따르면, "[급격한 경제 발전] 이후 한국인들은 허리를 곧게 펴고 자신감 있게 걷게 되었다. (……) 앤드루 카네기, 헨리 포드, 이오시프 스탈린, 소니 사장 모리타 아키오 등 20세기의 산업 통치자를 망라할 때, 한국의 산업 수장도 거기 포함될 것이다"(Cumings 1997: 325).

이번 장에서는 한국의 근대화를 추구했던 이 '산업 수장'을 설명하는 개념적 어휘 및 서사의 일관성을 탐구해보려 한다. 여러 방식으로 새롭고 강건한 한국을 건설하려 했던 박정희의 비전은 20세기 초 한국 민족주의자들의 민족자강 이데올로기와 매우 유사하다. 1장과 3장에서 살펴봤듯이, 쇠락하고 나약해진 양반을 전통 한국이 품고 있는 모든 문제의 상징으로 다룬 민족주의자들의 입장은, 한국을 '계몽'되고 '문명화'된 국가로 개조하려는 박정희의 노력의 실제 기반이 되었다. 나는 쇠락한 남성성이라는 초기 민족주의 및 식민주의의 이미지가 어떻게 전후 한국의 국내 정치에서 부활했으며, 정권을 장악하려는 새로운 군사 엘리트를 정당화하는 주요 수단이 되었는지 탐색할 것이다. 또한 군대 및 군사적 남성성의 이상화된 이미지가 어떻게 진정한 한국 민족문화의 새로운 '주체'로 자리매김하게 되었으며, 과거 한국의 '후진성'에 대한 민족주의적·식민주의적 표현이 어떤 과정을 거쳐 이 수정주의적 작업에 채택되었는지를 검토한다.[3]

자주적이고 군사적인 남성성에 대한 담론은 박정희 대통령이 1970년 4월에 시작한 농촌 근대화 운동인 새마을운동에서 가장 뚜렷하게 드러난다.[4] 앞으로 살펴보겠지만, 실제로 한국의 '게으르고' 후진적인 농민들을 근면하고 근대적이며 진취적인 애국자로 정신 개조하는 것이 이 운동의 주요 목표였다. 새마을운동은 박정희가 군사적 민족주의를 고취하기 위해 초기 민족주의 및 식민주의 담론을 전유하는 방식에 담긴 성격과 기능을 매우 선명히 드러내는 사례이다.

3 1장에서 살펴봤듯, 신채호도 비슷한 작업을 시도했다. 리디아 류(1995)는 현대 동서 문화비평에서 흔히 가정되는 주체와 객체의 관계가 한국·중국·일본의 복잡한 역학을 해명하는 데 별반 유용하지 않다는 주장을 설득력 있게 펼쳤다. 이에 대한 근거로, 20세기 초 일본이 한국에서 제국주의적 야욕을 정당화했던 담론이 이후 한국 내부에서 민족성을 논할 때도 적용되었다는 점을 들 수 있다. 물론 한국의 민족주의 지도자들이 일본의 제국주의적 재현을 단순히 재생산한 것은 아니었다. 그러나 이는 한국의 유교적 과거에 대한 전면적 재평가를 포함하여 중국과의 새로운 관계를 정당화하는 데 활용되었고, 북한에서는 새로운 군사 엘리트가 부상하는 길을 닦아주었다. 이런 식으로 일본 제국주의 담론은 '의도치 않게' 다양한 방식으로 활용되었고, 에드워드 사이드가 다루었던 '오리엔탈리즘의 문제'와는 다른 일련의 문제를 드러냈다(Liu 1994: 60).

4 1998년 실시된 여론조사에서 조사 대상의 3분의 2 이상이 한국의 가장 위대한 대통령은 박정희라고 답했다. 같은 여론조사에서 지난 50년간 국가가 이룬 가장 위대한 성과로 1988년 서울올림픽 개최와 경부고속도로 건설에 이어 새마을운동이 선정되기도 했다. 《조선일보》, 1998년 7월 15일자를 참조하라.

애국의 계보학

국가의 새로운 역사를 쓰다

박정희가 '5·16혁명'이라고 명명한 군사 쿠데타는 남한의 경제 발전을 향한 비범한 여정의 출발점이었다. 1961년 군사 쿠데타에서부터 1979년 암살될 때까지 18년간 남한을 통치한 박정희는 정치적 탄압의 상징이라기보다는 조국의 급속한 경제발전을 이룬 아버지로 기억되었다(Oberdorfer 1997: 33). 『국가와 혁명과 나』에서 그는 5·16혁명을 논하면서 국가의 '부끄러운' 과거를 만회하고 한국사의 새로운 장을 열었다는 깊은 성취감을 드러내 보였다.

> 이것[5·16혁명]은 위에 논급한 바와 같이 단순한 정권 교체가 아니고, 멀리는 분방分邦과 상잔의 고·중세대, 가까이는 이조 500년간의 침체와 왜제 36년간의 피 맺힌 학정, 해방 이후 이질적인 구조 위에 배태된 갖가지 고질을 총결산하여 다시는 가난하지 아니하고, 약하지 아니하고, 못나지 아니한 예지와 용기와 자신을 가진 신생 민족의 우렁찬 신등정新登頂임을 뜻한다. 그러므로 이 혁명은 그 계기 자체가 한국 근대사 전환의 기점이며, 해방 전후 다음가는 제3의 출발이자 민족 중흥창업의 마지막 기회인 것이다. (1963: 26~27)

박정희는 '민족중흥'의 기반을 마련하면서 진정한 경제발전을 이루기 위해서는 한국인의 정신과 인성을 개조하는 운동이 필요하다고 보았다. 그가 쿠데타 직후 추진한 재건국민운동은 거의 호응을 얻지 못했지만, 경제 건설의 토대를 마련하기 위해 '정신 혁명'을 이뤄야 한다는 고집을 꺾지 않았다. 제1차 경제개발5개년계획을 성공적으로 수행한 후, 박정희는 '제2경제운동'을 알리는 연설에서 다시 한번 자신의 생각을 피력했다. 1968년 1월 15일의 연두 기자회견에서 그는 다음과 같이 말한다.

> 정신적인 어떤 면, 여기에 대한 개발과 건설이 같이 병행하고 뒤따라야만 되겠습니다. 이것이 있어야만 참다운 근대화가 되고 참다운 경제개발이 되는 것이고, 보람이 있고 의의가 있는 근대화요 건설이 될 것입니다. (1969: 37)

흥미롭게도 제2경제운동이라는 용어는 1969년 1월 이후에 돌연 사라지며, 이는 1970년 4월 22일부터 '새마을 가꾸기 운동'이라는 용어로 대체된다. 그리고 이듬해에 '가꾸기'라는 말이 빠진 '새마을운동'이 출범한다. 이 운동의 공식 목표는 급속히 향상되는 도시의 생활수준에 비해 현격히 뒤처진 농촌의 발전을 촉진하고 가속화하는 것이었다. 이에 '새로운 생활양식', '국민의 정신 혁명', '새로운 국가 역사의 시작'이 운동의 이념적 슬로건이 되었다.

새마을운동의 출범은 박정희의 위대한 업적 중 하나이자 한국의 급속한 경제성장에서 분수령이 되는 사건으로 평가받았다. 1960년대에 한국 경제는 급성장하여 도시가 빠르게 발전한 데 비

도판 4. 마을 길 넓히기 작업 중인 농민들

해 농촌은 상당히 뒤처져 있었다. 그런데 당시의 농촌 비중은 압도적이어서, 3000만여 명의 인구 중 70퍼센트가 작은 농촌 마을에 거주했다. 박정희는 농촌이 도시와 비슷한 수준으로 올라서지 못한다면 진정한 국가 발전을 이룰 수 없다고 보았다.

1971년 정부는 전국의 농촌 마을에 광범위한 사업 예산을 집행하기 시작했다. 개인이 아닌 마을 사업에 쓴다는 조건을 내건 뒤 각 마을마다 약 300포대의 시멘트를 지급했다(도판 4). 첫해의 결과로 3만 5000개 중 1만 6000개의 마을이 긍정적인 반응을 보였다. 사업에 성공적으로 참여한 마을은 다음 해에 시멘트 500포대를 추가로 지급받았다.

그러나 정부 지원금은 공동 자금을 자체적으로 출자할 수 있는 마을에 조건부로 할당되었다. 게다가 농민들이 마을 사업을 위해 제공한 개인의 토지나 노동력에 대해서는 대가가 지급되지 않았다. 정부는 이런 조건을 지켜내야만 농민들이 정부 자금을 제대로 활용할 수 있을 뿐만 아니라 새마을운동의 정신인 근면, 자조, 협동의 가치를 배울 수 있다고 보았다. 박정희는 1972년 5월 18일에 열린 새마을 소득증대 촉진대회에서 다음과 같이 말한다.

> 이러한 자극을 받아서 우리 농민들이 오랜 침체에서 비로소 잠을 깼다, 눈을 떴다, 그렇게 해서 우리도 한번 분발을 해보자는 계기가 마련되지 않았겠는가 나는 이렇게 보고 있습니다. '우리도 하면 된다' 하는 이러한 자신감이 우리 농민들 마음속에 생겼던 것입니다. (……) 우리가 새로이 분발을 하고 근면하고 서로 협동을 하고 단결한다면 이 세상에 안 될 일이 없다는 자신을 가지게 되었습니다. (1973: 188, 190)

근면, 자조, 협동의 정신은, 통치하던 국가를 식민지 상태에 빠뜨리고 다스리던 백성들을 전쟁, 빈곤, 부패로 유린당하게 만들었던 과거 한국 관료들의 전형적 특징인 사대주의,[5] 안일, 당쟁

---

5 일제강점기에 발표된 한국의 민족주의 문헌에서 사대주의는 한국의 의존성, 나약함, 자주성 결여와 연관되었으며, 따라서 조국을 일제 식민지로 전락시키는 데 일조한 전통적 한국 사회의 모든 부정적 요소와 직접적으로 연결되었다.

등 '열등한' 문화적 가치와 반복적으로 대조되었다. 경기도 수원 새마을지도자연수원 원장 김준에 따르면, 새마을운동의 일차적 목표는 "우리 선조들의 순수한 전통을 되찾기 위해 정신적 병폐를 치유하는 것"이다. 이는 "부패, 주저, 분열을 청산하고 근면, 자조, 협동을 중시하는 새롭고 위대한 한국인의 이미지를 확립"하고자 하는 운동이다.[6] 따라서 국가의 진정한 정신을 되살리기 위해 비생산적이었던 '중세'의 특정 잔재를 제거하는 작업이 국가 회복의 문제와 연결되었다.

농촌은 유교 한국의 '부패한' 유산인 동시에 새로운 국가적·군사적 희망과 연관되는 국가 재건의 장소였다. 박정희는 1974년 1월 18일 연두 기자회견에서, 조선왕조에 의한 침체의 세월이 한국 농민에게 전수되어 "도무지 진취성이라든지 의욕이라든지 하는 것은 보이지 않고 그냥 침체해 있다는 것이 과거 우리 농촌의 모습"이었다고 말한다. 농민은 전반적으로 '게으르고' '허례허식에 집착'한다고 여겨졌다. "지난 수 세기 동안, 지난 몇 백 년 동안 전통적인 폐습에 젖어서 살아왔다고 봅니다. 흔히 우리 농촌을 표현하는, 즉 농촌의 대명사처럼 되어 있는 말이 침체입니다." "여름에는 나가서 열심히 일을 하지만 추수가 끝난 겨울에는 들어앉아서 노름을 하거나 술추렴이나 하는 것처럼 1년에 몇 달만 일하고 나머지는 거의 놀고 보내는 풍습이 있었습니다"(1975: 64).

6 《신아일보》, 1972년 3월 24일.

그러나 박정희와 새마을운동 지도자들은 새마을운동의 영향으로 이러한 '부패'한 인식이 마침내 바뀌기 시작했다고 믿었다. 농민들이 "우리가 한번 일어서서 잘 살아보자 하는 의욕이나 기백이 거의 없었"던 반면, 새마을운동을 통해 "이러한 전통 관념[무기력]에서 우리 농촌이 지금 서서히 탈피해"가게 되었다고 본 것이다(1975: 64~65). 박정희는 "진정한 우리나라 '선비'상은 문약에 흐르지 않고 일단 국가가 위기에 빠지면 싸움터에 나서는 애국적 전사"라고 했다(1962: 105). 다시 말해 한국의 '각성'된 민족성은 자주적 남성성을 '재각성'하는 과정으로 해석되었다. 따라서 박정희 자신의 정의에 따르면, 낙후되고 게으르고 의존적이며 수동적인 마을에 자립의 가치를 심어주는 능력은 새마을운동을 비롯하여 사실상 박정희의 근대화 정책 전체의 주안점이 되었다.

신라 때부터 전승된 꿋꿋한 호국 민족정신인 국선 '화랑도'의 지행합일의 지도자상을 무너뜨리고 문약에 빠져 광개토왕의 웅대한 고구려적 웅위는 사라지고 계속되는 외적의 침입을 받은 것이 이조이다. 이렇듯 자취를 감추었던 민족정신인 화랑도는 이조에 와서도 국란이 있을 때마다 지배층은 속수무책일 때 오히려 민중 속에서 우뚝 솟아 나오곤 했다. 그 화랑도의 이조적 중흥이 이 충무공의 찬란한 호국 행적이다. 충무공과 동시대의 학자로 이름 높은 이수광은 임진왜란을 몸소 겪어본 체험에서 이 왜란 속에 화랑도의 재현을 본 것이다. (……) 임진왜란

애국의 계보학

때 호국청년 단체인 '향도香徒'의 국선國仙이 충무공의 정신을 떠받들어 화랑의 전설을 다시 살린 것이라 할 수 있다. (박정희 1962: 104)

박정희 체제 전반에 스며 있는 이순신 장군에 대한 암시는 한국의 전통적 농촌에 대한 부정적인 재현이 흥미로운 결론에 도달하는 모습을 보여준다. 박정희는 농촌에 팽배해 있는 한국 전통문화를 지양하면서, 대신 이순신이라는 인물로 구현된 '개선된' 무신의 전통을 제시한다. 박정희는 1969년 4월 28일 충무공 탄신 제424주년 기념사에서 다음과 같이 발언했다.

무사안일한 태평세월 속에 거듭되는 당쟁과 분열로 혼란에 빠지고 민생이 도탄에 헤매던 날, 10년 앞을 미리 예견하여 부국강병에 의한 예방 전략을 주창하신 것은 오직 선견지명의 경세가[이순신]만이 볼 수 있는 구국의 길이었고 (……) (1970: 124)

새마을운동은 단순히 농촌의 경제발전을 위한 운동이 아니라, '부국강병'이라는 말로 요약되는 국가안보 문제까지 포괄하여 구상되었다.[7] 박정희는 "모든 농촌이 잘 사는 농촌이 되면 우리나라

---

7 '부국강병'이라는 구호는, 일본이 국가안보를 강화하기 위해 '서구를 따라잡아' 군수산업을 키워낸 노력을 요약하는 데 널리 쓰였다. 박정희도 일본군 사관생도로 만주군관학교에 다니던 시절에 이 구호를 익히 접했을 것이다. 관동군의 군사력과 근대화 활동 사이의 연관성을

5장 | 박정희와 농업의 역군들

가 튼튼해지는 것입니다. 그렇게 되면 이것은 곧 요즘 우리가 말하는 국가안보에도 직결되는 것입니다. 농촌이 살기 좋은 농촌이고, 부유한 농촌, 건전한 농촌, 이런 농촌일 때는 공산당이 우리 농촌에 와서 발붙일 자리가 없을 것입니다"라고 설명했다(1973: 164). 이처럼 북한의 공산주의로부터 나라를 지키겠다는 박정희의 결의는 16세기 말 일본의 침략에 맞서 싸우던 이순신의 분투가 보여주는 방어적 민족주의와 궤적을 함께한다. 외적에 맞서 군사력을 강화하여 국력을 키운 이순신과 마찬가지로, 박정희도 그와 같은 국방 정신으로 농촌을 굳건히 키우는 데 힘썼다. 1972년 5월 16일에 박정희는 "우리는 또한 조상들이 남겨놓은 위대한 의병의 전통을 이어받아 내 고장, 내 나라는 우리의 힘으로 지킨다는 결의를 굳게 다짐"했다고 연설했다(1973: 182).[8] 게다가 박정희에 대한 비판자들(이 경우엔 좌파 학생과 지식인)의 '박해'는 400년 전 이순신이 '후진적' 유학자들에게 당했던 박해와 겹쳐졌다.

이순신의 생애사는 화랑의 후예로서 박정희의 이미지를 강화하기 위해 전유되는 것 이상으로 활용된다. 이는 박정희 체제가

검토하는 것은 이 글의 범위를 넘어서지만, 박정희의 근대화 개혁 및 이데올로기가 만주군관학교의 경험으로부터 큰 영향을 받았으며, 그곳에서 박정희가 처음으로 거시적 차원에서 군사력과 근대화 개혁 간의 긴밀한 연관성을 목격했다는 점은 분명하다.

8 이 연설의 공식 영어판은 의병을 '시민군(militia)'으로 번역하고 있어, 박정희가 새마을 지도자를 임진왜란과 정유재란에서 왜적에 맞서 봉기했던 애국적 게릴라군과 연결시키며 전달하려 했던 역사적·계보적 관계를 제대로 보여주지 못하고 있다. 의병은 또한 1895년에 명성황후가 시해된 직후부터 일본군에 맞선 무장투쟁을 벌이기 시작하여 일제강점기 내내 투쟁을 이어갔다.

애국의 계보학

표상하는 영웅적 민족주의에서 더 광범위한 기저의 맥락이 되었다.[9] 새마을운동에서 이순신의 이야기는 자기 마을과 국가를 궁핍과 파멸로부터 지키기 위해 무능한 마을 지도자, 낙후된 전통, 게으른 이웃에 맞서 개인적 투쟁을 이어온 한국의 새로 계몽된 농민 영웅의 개인사와 공명했다.

새마을운동 지도자의 수련 과정을 살펴보면, 한국의 무사 전통 및 전쟁 영웅의 서사가 새마을운동 안에서 어떤 역할을 담당했는지 더 잘 파악할 수 있다. 생활 습관에서든 정신 상태에서든 한국의 후진성은 '진정한' 무사 정신의 부활 및 함양을 통해 극복해야 할 무언가로 지속적으로 환기되었다.

유교적 농민에서 영농 애국자로

유교적 농민들을 자기 마을은 물론 국가의 애국적 지도자로 훈련시키는 일은 간단치 않았다. 새마을운동을 시작할 때부터 박정희 정부는 농민들에게 자기 자신과 마을을 물질적으로 향상시

---

9 1961년 5월 군사 쿠데타를 일으킨 뒤에 박정희가 벌인 상징적 행위 중 하나가 충남 온양(지금의 아산시)에 위치한 이순신 장군의 생가인 현충사를 재건하는 사업이었다는 점은 반드시 짚고 넘어가야 한다. 박정희는 막대한 투자를 감행해 고대 유적을 국립 사찰로 재건했으며, 이곳을 방문한 수많은 학생들이 이순신의 애국정신을 함양할 수 있도록 과거를 상품화했다. 비슷한 시기에 이순신에 대한 또 다른 추모 사업으로 이순신 동상이 건립되기 시작했으며, 이는 여전히 서울 시내 한가운데에도 우뚝 서 있다.

키기를 독려했을 뿐 아니라, 엄선된 지방민들에게 일정 기간 '정신' 훈련을 받도록 장려했다. 1971년에 시작된 시멘트 보급 사업이 성공적으로 시행된 후, 다양한 기관에서 여러 단계의 마을 지도자 훈련이 시작되었다. 그중에서도 경기도 수원의 새마을지도 자연수원이 독자적인 프로그램과 훌륭한 효과로 잘 알려져 있었다.[10] 1972년 각 마을에서 한 명씩 선발된 농민 150명이 첫 연수생으로 연수원에 입소했다. 관청마다 시멘트 보급 사업에 충실히 참가한 농민들을 지도자로 추천했으며, 연수원 입소는 자발적으로 이뤄졌다.[11] 기간은 다양했지만, 대개는 2주간 연수원에서 교육을 받았다. 연수 내용 역시 일률적이지 않았으나 연수 방법은 남녀 모두에게 동일했다.[12]

---

10 다른 새마을 연수 기관에서도 많이들 수원 연수원의 커리큘럼을 따를 정도였다. 박정희는 이 커리큘럼에 아이디어를 제시한 뒤 직접 세심하게 검토했으며, 자주 이곳을 방문하기도 했다. 나는 수원 연수원의 프로그램에 대한 정보 중 상당수를 연수생들의 미출간 서신에서 얻었다. 내가 참조한 서신 기록, 사진 등 미출간 자료 대부분은 경기도 성남시에 있는 새마을역사관 아카이브에 보존되어 있다.

11 내가 조사한 수십 통의 서신 및 개인적 서술에 의하면, 수원 연수원에 입소한 농민 대다수는 자리를 비우면 가족에게 심각한 경제적 부담을 주는 경우가 적지 않았음에도 불구하고 자발적으로 참여한 것으로 보인다. 그 서신들이 검열을 거쳤는지 여부는 명확히 확인할 수 없었다. 하지만 중요한 것은 박정희와 새마을운동 지도자들이 이 연수가 완전히 자발적 지원으로 운영되는 것처럼 보이길 원했다는 점이다.

12 새마을운동에는 남녀 모두가 평등하게 참여했다. 새마을운동의 젠더적 함의를 살펴보는 것은 이 장의 범위를 넘어서는 일이지만, 원칙적으로 이 운동은 '성별을 따지지 않는 운동'으로 인식되었고 정부의 정책 지침 또한 남녀의 역할을 특정 사업의 기획자와 수혜자로 분리하지 않았다. 가령 1975년 내무부에서 발간한《새마을운동 길잡이》에는 다양한 유형의 사업과 수행 방법에 대한 상세한 정보가 수록되어 있지만 성별 분업에 대한 언급은 **전혀** 없다. 새마을 지도자 연수도 남녀가 함께 수행하지는 않았지만 여성도 참여했다. 체력 단련, 성공 사례 연구, 집단 토론 등 교육과정도 동일했다. 성역할에 따른 구분은 분명 있었지만, 다른 국가의

이 연수의 목적은 농민들에게 새롭고 현대적인 농업 기술 및 농기계를 소개하는 것 외에도 그들을 "바람직한 길로 이끌고, 그들의 행동 방식을 개선하여 사회적·조직적 목표의 측면에서 임무를 더 잘 달성할 수 있게 하는" 데 있었다(Cheong 1981: 555). 농민들이 사대주의에 젖어 있고 게으르며 의지나 의욕이 없다고 여겨졌던 만큼, 새마을운동은 '정신 혁명'을 일으키고자 했다. 다시 말해 사회의 근대적 지도자가 되기 위해서는 잔존하는 낡은 시대의 전통을 일소하기 위해 어떤 '진취적 습관'을 반드시 길러야만 했다. 연수원의 초대 원장인 김준은 다음과 같이 말했다.

> 이 운동의 대상은 사람입니다. 오직 사람이 다시 태어나야만 진정한 새마을을 세울 수 있고 새로운 역사를 창조할 수 있습니다. (……) 시대에 뒤처진 우리의 사고방식을 일신해야 합니다. 그러면 우리의 행동도 달라질 것입니다. (《코리안 뉴스 리뷰》, 1979년 9월 8일)

연수생들은 연수원에 들어올 때 그들이 입고 온 옷을 포함한

탈식민 민족주의 운동처럼 여성이 '전통의 전달자'로 인식되는 경우는 전혀 없었다. 이는 운동의 목적이 근면하고 의지가 강하며 진취적인 남녀 개인을 양성하는 것이자, 이를 가치 있게 여기는 (전사적) 전통을 '재창조'하는 것이었기 때문이다. 농촌 여성들은 실제로 논밭과 마을에서 언제나 일을 해왔기에, 새마을운동이 도입되었다고 해서 그들의 이미지와 역할이 크게 달라지지는 않았다. 박정희의 민족주의라는 남성적 담론이 여성의 삶에 어떤 영향을 미쳤는지, 여성이 새마을운동에 참여하면서 자신에 대한 인식뿐 아니라 '갱생'하고 '재남성화'된 남성에 대한 인식이 어떻게 바뀌었는지에 대해서는 앞으로 더 연구해봐야 할 것이다.

5장 | 박정희와 농업의 역군들

도판 5. 새마을 연수생들의 아침 체조 시간

개인 소지품을 모두 제출해야 했다. 연수생 간의 연령, 지위, 계급 차이는 강제로 지웠다. "모든 연수생은 똑같이 회색 연수복을 입었고, 똑같은 식탁에서 식사를 했으며, 똑같은 시설을 이용하고 서로를 완전히 똑같이 대우했다"(Cheong 1981: 560). 청소도 다 같이 했다. 자기 잠자리도 직접 정리해야 했다. 같은 방을 쓰는 사람들(약 18명)끼리 청소 업무를 분담하여 생활공간을 깔끔하게 유지했다. "연수원에서는 모든 일을 '자기 손으로 직접' 해야 했다. 연수생 중에는 50~60대도 있고 사회적 지위가 높은 사람도 있지만, 모두 직접 자신의 방과 화장실, 복도를 쓸고 닦는다."[13] 처음에는 나이가 많다는 이유로 다른 젊은 연수생들과 함께 빗자루와 걸레를 들고 청소하기를 꺼렸다는 50대 연수생에 대한 일

애국의 계보학

화도 있다. 며칠 후 새마을 정신으로 '계몽된' 그는 자신이 맡은 청소 업무에 열정적으로 임했을 뿐 아니라 자기가 먼저 나서서 화장실을 전부 청소하기까지 했다.

평등하고 균일한 환경을 조성하기 위해 시간도 정확하게 엄수되었다. "모든 수업이 정시에 시작해서 정시에 끝난다. 아무도 특별 대우를 받지 않고, 누구도 이를 기대하지 않는다"(Cheong 1981: 588). 연수생들은 매일 아침 5시 50분 새마을 노래가 울려 퍼질 때 기상하며, 잠시 후에 모든 연수생이 숙소 밖에 모여 매일 2킬로미터 달리기를 포함한 아침 운동을 했다(도판 5). 연수 프로그램의 일반적인 하루 일정은 다음과 같다.

활동	시간	활동	시간
기상	05:50	오후 수업(성공 사례 연구)	14:20~18:10
아침 점호 및 운동	06:00~06:30	석식	18:10~19:00
세면 및 청소	06:30~07:00	분임 토론	19:10~22:00
조식	07:00~08:00	저녁 점호	22:00~22:30
오전 수업(성공 사례 연구)	08:00~12:50	취침	22:30
중식	12:50~14:20		

이 빽빽한 일정은 규율 및 질서 의식을 강화하여 "연수생들이 제멋대로인 습관을 버리고, 자기가 하고 싶으면 아무 때나 먹고 자고 일어날 수 없다는 것을 자각하도록 훈련"시키기 위한 것이

13 《코리안 뉴스 리뷰》, 1979년 9월 8일.

5장 | 박정희와 농업의 역군들

었다.[14] 나아가 자주성 및 책임감을 기르기 위해 식사 예절도 적극적으로 엄수되었다. 모든 연수생은 카페테리아 같은 식당에서 '자율 배식' 형태로 자신이 먹을 음식을 직접 가져왔다. "여기서 연수생들은 식사 예절, 특히 단체 식사에 관한 예절을 배운다. 식사 후에는 자신의 식판을 정해진 장소로 직접 가져간 뒤 잔반을 깔끔히 처리해야 한다"(Cheong 1981: 561). 저녁 점호로 하루 일과가 끝나며, 취침 시간은 정확히 22시 30분이다.

연수 기간 내내 체력 단련도 매우 강조되었다. 매일 아침 운동에 더해, 모든 연수생은 1층에서 9층의 생활공간으로 이동할 때 반드시 계단으로 다녀야 했다. 일과의 긴장을 풀기 위해 안락함을 추구하는 것은 거의 허용되지 않았다.

연수원에서는 원칙상 연수생들에게 외부와의 연락이나 통신을 허용하지 않았다. (……) 각 연수생들은 아침 일찍 일어나 자신의 침상을 정리하고, 국기에 대한 경례를 하고, 애국가를 제창하며, 수 킬로미터를 달리고, 자신이 먹은 그릇을 스스로 나르고 씻는다. 이 고되고 규칙적인 생활을 통해 연수생들은 민족의 진정한 역사를 발견하고 타락한 민족정신을 씻어낸다. 사회의 최하층에서 배우지도 못하고 가난하게 지내온 살아 있는 영웅들을 포함한 성실한 강사들의 강의를 듣고, 고난과 치열한 투쟁

14 김태신의 미출간 편지, 1975.

애국의 계보학

을 벌이는 현장을 방문하고, **무엇보다 자신의 부패한 자아에 맞섬으로써** 공익을 위해 헌신적으로 노력하는 일꾼이 되어, 연수생들은 애국심의 진정한 의미를 배운다. (내무부 1975: 42, 강조는 필자)

투철한 자기반성과 자기수련의 환경 속에 마련된 이 교육과정을 통해, 연수생들은 강인하고 애국적인 근대 시민으로 거듭나야 했다. 더욱 진실하고 활기차며 보다 자주적인 자아를 '재발견'하여 정신적으로 재각성한 이 신진 지도자들은 마을과 농토로 돌아가 무기력하고 나태한 과거의 삶을 개선하고 조국의 발전적 미래를 적극적으로 건설해야 한다.

새마을 교육운동은 정신적 재각성을 통해 낙후된 농민들이 과거 자신들의 삶이 부패했음을 인식하고 마을의 애국적 지도자로 변모하게 만드는 것을 목표로 삼았다. 이때 연수생들은 다른 새마을 지도자들이 자기 마을에서 새마을사업을 추진하며 겪었던 어려움이 무엇이었으며 이를 어떻게 극복했는지에 대한 이야기를 주로 들었다. '성공 사례 연구'라고 불리는 이 활동은 커리큘럼에서 중요한 부분을 차지했다. 새마을운동에 대한 내무부 보고서는 이 독특한 특징을 다음과 같이 설명했다.

새마을운동을 성공적으로 진행한 농촌 지도자들의 경험담[성공 사례 연구]을 나누는 것은 다른 새마을 지도자와 사회 지도

자를 교육하는 매우 효과적이고 설득력 있는 방법이다. 가난
에 찌들고 교육도 제대로 받지 못한 농촌 여성이 열심히 일해
서 가난에서 벗어났으며 지금은 마을 사람들이 더 잘 살 수 있
도록 돕고 있다는 이야기는 특히 다른 사람들이 시행할 정책을
만드는 사회 지도자에게 오랜 인상을 남길 뿐 아니라, 어쩌면
그 농촌 여성이 자신보다 사회에 더 많은 기여를 하고 있을지
도 모른다고 느끼게 했다. 그런 이야기를 들으면 뛰어난 사람들
조차 자신의 지난 생활을 반성하고 농촌의 새마을 지도자들을
진심으로 존경하기 시작한다. (내무부 1980: 37~38)

실제 경험에 기반한 이야기들은 연수생들이 과거의 나태와 미
몽에서 '깨어나' 계몽된 애국 시민으로 거듭날 때까지 꾸준히 노
력하도록 영감을 주는 데 쓰였다. 농민들의 정신적 '재탄생'을 촉
진하기 위해 이런 이야기들을 들려주는 것이었다.

영화나 슬라이드 사진으로도 제시되는, 투쟁에서 구원으로 이
어지는 서사 구조는 다음과 같았다. 새마을 지도자가 마을을 발전
시키기 위해 애쓰던 중에 엄청난 어려움을 만난다. 대개 어르신과
동년배의 저항을 무릅쓰고 혼자서 고군분투한다. 결국 가까스로
어려움을 극복한다. 마침내 빛나는 성공을 거두고 마을을 발전시
키면, 마을 사람들도 이전과는 전혀 다른 존경하는 태도로 지도자
를 대한다. 새마을 지도자가 마을을 대표하여 벌인 애국적 분투를
통해 경제적 번영을 이룩하기에 그들은 마을의 영웅(경우에 따라

애국의 계보학

서는 국가의 영웅)이 된다. 이 '살아 있는 국가 영웅'을 치하하기 위해 박정희는 1973년에 새마을훈장을 신설하여 마을과 국가에 발군의 기여를 한 새마을 지도자에게 수여한 뒤 그 공을 기렸다.

이처럼 새마을운동은 이순신으로 대표되는 투쟁과 구원의 영웅의 친근한 이미지를 동원하여 국가 부흥을 추구하는 메시지를 제시했다. 새로운 영농 영웅은 적(이 경우에는 북한)으로부터 조국을 지키고 '유신 체제'[15]를 도입하기 위해 끈질긴 유교 전통(보수적인 지도자, 게으른 이웃, 마을 내의 분란 등)에 대항하며 각자의 역경을 이겨내야 한다. 유교적 과거가 잔존하는 벽지에 거주하는 농민 영웅은 국가의 진정한 무사적 '본령'을 복원하여 마치 이순신처럼 부패하고 비생산적인 시대의 '후진적' 잔재와 싸우고, 이를 통해 특정한 파괴와 멸망으로부터 조국을 지켜내야 한다. 새마을운동가들은 후진적 전통의 한계를 극복하기 위해 제시되는 이 투쟁의 과정을 접한 뒤, 자신의 개인 활동에 이를 고스란히 반영했다.

박정희 체제에서 남성적 애국심은 진정한 민족문화라는 이름으로 조국의 진보를 앞당기기 위해 '전통'을 공격하는 데 사용되었다. **대안적** 민족 전통을 재탄생시켜 찬양하고자 하는 목표 의식

---

15 1972년 10월 17일, 박정희는 비상조치를 선포하여 국회를 해산한 뒤 전국에 계엄령을 선포하고 대통령 선거를 간접선거로 바꾸기 위한 방안을 마련했다. 그는 자신의 새로운 체제를 '유신(維新)', 즉 개혁을 되살리는 체제라 명명했다. '유신'이 민족자강에 대한 박정희의 관점을 반영한 철학적 청사진이었다면, 새마을운동은 그것의 구체적인 실현이었다. 박정희, 『우리 민족의 나갈 길』(동아출판사, 1962)을 참조하라.

은 새마을운동을 이해하는 모든 층위에서 중심에 놓이지만, 보다 넓은 민족주의적 문제의식 속에서 논해볼 필요도 있다. 새마을운동이 한국의 특성과 한국인의 전통적 농경 생활 방식을 부정적으로 묘사한 데 대해서는 다양한 비판이 제기되었다. 비판론자들은 새마을운동이 농촌의 실상을 터무니없이 왜곡했다고 지적했다. 실제 한국의 농촌은 새마을운동 지도자들이 묘사하는 것처럼 게으르고 후진적인 모습과는 거리가 멀다는 것이다.[16] 반면 옹호론자들은 새마을운동이 화랑정신에 깃든 민족주의, 즉 더 깊고 근원적인 민족주의를 드러냈다고 주장했다. 민족 전통을 더욱 잘 보전하기 위해 문화적 전통의 모든 부정적 요소를 거부한 점을 높이 산 것이었다. 이러한 논리에 박정희는 농촌 출신이라는 점까지 더해져 조국에 복무하는 '농부의 아들' 이미지를 유지할 수 있었다(도판 6).[17]

여기서 중요한 점은 박정희가 '진정한' 전통을 되살리겠다면서 시민 권력에 **반대하는** 문화적 메시지를 만들어내기 위해 근대 초 민족주의 및 일본 식민주의가 사용하던 무력하고 무능한 양반의

---

16 이러한 이유와 함께 박정희가 일본군 장교로 복무한 반민족적 이력이 있다는 점을 들면서 반체제 농민 단체와 학생운동 단체에서 비판을 제기했지만, 이는 대부분 묵살되었다. 새마을운동에 대해 극도로 비판적인 기사를 실은 잡지로는《씨알의 소리》를 들 수 있다. 박정희 정권이 규정한 전통적 농촌 공동체의 특성에 대해 의문을 제기한 대표적인 글은 다음과 같다. 김경재,「동학혁명과 농민의 맥박」,《씨알의 소리》, 1979년 2월호, 26~35쪽; 박현채,「농민운동과 농민의 의식화」,《씨알의 소리》, 1979년 2월호, 45~54쪽.

17 대통령의 공식 사진 자료에서 박정희는 농부 복장으로 지역 농민들과 함께 식사하거나 일하는 모습으로 자주 등장했다. 또한 공식적으로 생애를 소개할 때도 언제나 그가 농촌에서 성장했다는 점을 강조했다.

도판 6. 벼 베기 행사에 참석한 박정희 대통령

이미지를 차용했다는 것이다. 그는 전통적인 시민 및 유교적 국
가 지배 이념의 '열등함'을 부각시키려는 전략의 일환으로써 '열
등한' 한국을 거론했다. 이런 관점으로 본다면, 식민주의의 담론
적 실천과 새마을운동의 담론적 실천 사이에 일종의 모순이 엿보
인다. 이 둘은 동일한 이데올로기적 기법과 전략을 상당수 공유
하고 있으며, 양쪽 모두 발전과 근대성에 관해 동일한 원칙을 근
거로 삼고 있다. 하지만 이들은 매우 다른 목적을 추구하고 있었
다. 일본 식민지배자들이 한국을 부정적으로 재현한 것은 아시아
를 지배하기 위해 사용한 전략의 일환인 반면, 동일한 재현이라
도 박정희 정권이 소환한 한국의 모습은 주로 자기 정당화의 정

치적 담론으로 사용되었다. 또한 박정희의 개념적 어휘는 신채호와 같은 민족주의 개혁가가 쓰던 어휘와도 비슷했다. 이들은 둘 다 개혁을 위한 민족주의적 자기비판의 수단으로 무능한 남성성의 표상을 사용했지만, 박정희가 묘사한 한국의 후진성은 주로 군부의 정권 장악을 정당화하기 위한 것일 뿐이었다.

　무능한 한국 남성성의 이미지는 현실을 반영하여 제시된 것이 아니다. 이는 군대 및 군사화된 대중이 이 사회의 새롭고 정당한 지도자가 되어야 한다고 수정한 한국사의 버전을 유지시키고, 민주화 세력의 정치 장악력을 약화시키기 위한 대항 담론으로 제시되었다.

6장

학생들, 그리고 역사의 구원[1]

서늘한 4월의 화창한 오후, 서울대학교 캠퍼스였다. 그리스 원형극장을 닮은 회색 콘크리트 광장으로 학생들이 모여들기 시작했다. 중앙도서관 바로 앞에 있는 이 넓은 광장의 이름은 아크로폴리스였다. 그날 이곳은 거대한 집회의 현장이 되었다. 의자가 비치되었고, 그 앞에는 학생 대표들이 편히 앉아 행사를 볼 수 있도록 커다란 검정 테이블도 놓여 있었다. 한 사람씩 차례대로 올라 발언하는 목제 연단은 흡사 자신의 '혁명적' 신도들 앞에서 설교하는 교회 본당을 연상시켰다.

그날은 1989년 4월 19일, 전국의 대학생들이 1960년의 4·19

---

[1] 김일성이 사망한 것은 이 장을 집필한 이후이다. 따라서 이 장은 김일성의 사망 전에 입수한 자료들을 바탕으로 하고 있다.

혁명을 기념하는 날이었다. 이 정례화된 행사는 한 해 동안 이어지는 일련의 대학생 시위의 시작이었다. 실제로 매 학기마다 중요한 애국 투쟁(3·1운동, 4·19혁명, 광주민주화항쟁 등)을 기념하는 집회가 차례로 열렸다. 모든 학생이 집회에 참여하진 않았지만, 대부분의 학생이 그 집회가 열린다는 것을 알고 있었다. 대학 캠퍼스 한가운데에서 집회가 열리면, 학생들은 둥둥 울리는 북소리, 반미 구호를 외치는 함성, 흥겹게 울려 퍼지는 노랫소리를 피할 수 없었다. 이 모든 소리의 정점에는 열정적인 정치 발언의 목소리가 있었다.

세세한 차이는 있겠지만 이는 대학 공동체에서 모두들 공유하는 공적 장면이었고, 오후 내내 이어지는 경우도 있었다. 이렇게 특별한 '축제' 기간 동안 학생들은 중요한 역사적 사건을 상당히 정교한 공연으로 재연하여 정례화된 기념행사를 치렀는데, 이는 그들이 국가 공동체의 구성원임을 표명하는 하나의 방식이었다. 따라서 이러한 시위는 명백한 저항운동이자 동시에 기억 및 집단적 재현에 대한 활동이기도 했다. 자신이 직접 선택한 비전에 따라 국가를 재구성하려는 노력의 일환으로, 학생들은 과거의 주요 사건을 재연하며 '혁명적' 미래의 이상을 향한 길을 안내하고자 했다. 앞으로 살펴보겠지만, 이 미래를 위해서는 분단의 고통을 겪고 있는 조국을 치유하여 온전한 통일 국가로 만들어야만 했다.

이 장에서는 이승만 정권을 무너뜨렸던 1960년 4·19혁명 이후 다소 잦아들었던 학생운동이 다시금 폭발한 1980년대 후반의 젠더, 역사, 저항 정치 간의 관계를 탐구한다. 나는 반체제 인사들이 들려주는 한국 근현대사 이야기가 가부장적 연속성 및 응집력을 지닌 매끈한 서사로 구성되었다고 본다. 따라서 한국 근현대사에서 매우 중요한 의미를 갖는 저항운동이 세대를 초월하여 전해내려온 부성에 대한 애국 서사를 어떻게 복제, 재생해왔는지 살펴볼 필요가 있다. 특히 현대의 반체제 세력이 (1장과 5장에서 자세히 논의했던) 남성성의 구원을 추구하는 민족주의적 선입관을 이어받고, 이를 근원 삼아 역사를 형상화했다는 점을 분석 전반에 걸쳐 강조할 것이다. 다만 앞서 지적했듯 신채호와 박정희는 각자의 민족주의적 역사에서 군사적 남성성을 숭배한 반면, 학생운동 세력은 늘 그런 것은 아니었지만 김일성이라는 인물로 의인화된 자애로운 부성의 '회복'에 몰두했다.

1980년대 이후, 남한의 민족주의 역사 연구에 새로운 세대가 등장했다. 이들은 민족주의 담론에 대한 국가의 헤게모니적 주장에 도전하는 글을 썼다. 나는 새로운 역사 비전에서 부계 계승 및 국가의 부성이라는 유교 이데올로기가 어떻게 표출되었는지, 또한 학생운동 세력이 통일을 위해 싸우는 과정에서 이러한 이데올로기가 어떻게 작동했는지를 분석하고자 한다. 한국의 '급진적' 학생들은 전통적 유교 관습 및 가치에 저항하기는커녕 이를 자신들의 '애국적' 저항 활동을 정당화해주는 규범으로 여기곤 했다.

신앙심과 애국심의 결합은 이 장의 두 번째 부분의 토대가 된다. 여기에서는 학생들의 서사 관습이 역사의 행위자를 만들어내는 데 어떤 역할을 했는지 탐색할 것이다.[2] 존 코마로프가 지적했듯, "역사의 행위자를 만드는 방식은 역사를 만드는 그/녀의 행동에 결정적 영향을 미친다. 전자를 고려하지 않는다면 후자를 온전히 이해할 수 없다"(Comaroff and Comaroff 1991: 661). 이러한 지적은 특히 북한의 전 지도자인 김일성에게 적용해볼 때 유효하다. 이에 학생들이 김일성을 애국적 지도자로 추앙하면서 어떻게 그와의 공통점을 도출했는지 살펴볼 것이다. 학생들은 자신들을 (이상적 남성성의 모범과 결부되며 이를 통해 완성되는) '애국적' 영웅으로 개념화했고, 특히 역사에서 자신들의 역할이 무엇인지 규명하는 과정에서 동원된 특성을 김일성에게서도 찾아내려 했다.

구원으로서의 역사

남성성, 역사, 국가는 한국 근현대사를 통해 결정적으로 연결되었다. 이 연관성은 1980년 5월 광주민주화항쟁의 탄압 직후부터 발표된 반체제 세력의 글로 인해 한층 더 선명하게 드러났다.

---

2 나는 학생들의 서사가 단순히 사회적 현실을 반영하는 데 그치지 않았다는 점을 규명할 것이다. 서사는 '현실'을 현실로 만드는 참고 및 자문 메커니즘의 일부분이다. 즉 서사란 외부에서 기원하여 이전까지는 관련 없는, 사실의 덩어리에 불과했던 무언가에 하나의 이야기를 부여하는 것이 아니다. 모든 서사, 특히 국가 건설과 관련한 서사는 우리가 정치 공동체에서 살아온 현실 속에서 시공간적 경험을 구성하는 행위이다. 이와 관련한 훌륭한 논의는 David Carr(1986), Robert Canary and Henry Kozicki, eds.(1978), Lionel Gossman(1990), Paul Ricoeur(1984)를 참조하라.

국가 폭력이 극심해지고 민주화 세력이 완전히 분쇄되는 것을 목도한 젊은 학자들은 이 고난의 기원을 찾으려 했다. 또한 해방기 이후에 등장한 권위주의 체제가 계속 이어지는 원인을 설명하고자 했다. 이 목표를 달성하기 위해 그들은 한국 근현대사를 다시 써내려갔다.

4장에서 논의했듯, 주체론이라는 새로운 민족주의적 역사관은 한국의 식민사관으로부터 주체(자주성)의 문제를 부활시켰고, 한국의 공식적 역사관이 미국 '제국주의'와 결탁하면서 한국인의 노예근성을 조장하는 데 일조하지 않았는지 의문을 제기했다. 또한 주체론은 한국전쟁이 동아시아의 요충지인 한국의 전략적 위치를 둘러싸고 벌어진 외적 갈등(이전에 한반도 주변에서 발발했던 청일전쟁 및 러일전쟁과 그다지 다르지 않은 갈등)이라는 한국의 공식적 입장에도 도전했다. 남북 분단을 지정학에 의해 정해진 운명이었다고 보는 국가의 헤게모니적 주장에 도전하면서, 주체론은 '공식적' 버전의 한국 근현대사를 두 가지 측면에서 공격한다.

첫째, 주체론은 한국전쟁과 그에 따른 사건들을 미국과 소련 사이에서 심화된 갈등의 산물로 취급함으로써 결과적으로 역사 속에서 한국인의 역할을 지워버렸다고 주장한다. 따라서 그것은 전간기를 거치며 한국 사회에 대두된 내부 정치의 균열을 강조한다. 한국인을 지정학적 경쟁의 수동적 피해자로 묘사하는 국가의 헤게모니적 관점과 달리, 주체론은 좌파와 우파 사이에 분명한 정치적 균열이 있었으며, 그 균열은 냉전의 국제적 압박보다는 국내의 민족주의적 의견들로 인해 한층 깊어졌다고 본다. 이처럼 해방 후 한국 정치의 주된 동력을 좌파와 우파 간의 갈등이라고 묘사한 뒤 그중 좌파의 당파적 입장을 취하면서, 전간기의 혁명적 투쟁이 미국과 소련의 지정학적 경쟁보다는 일본 식민지배의 퇴행적 결과를 극복하기 위한 한국인의 노력과 더 깊이 연관된다고 주장한다(Em 1993: 457). 브루스 커밍스는 "1945년에 미국인이 한국에 들어왔을 때 (……) 그들은 일본에 저항해온 카리스마적 기반을 바탕으로 지배할 권리를 주장하는 혁명가들과 전통을 근거로 정통성을 주장하는 보수주의자들을 발견했다. 이들은 각각 자신이 과거를 지배했으므로 지금도 지배해야 한다고 주장했다. 바꾸어 말하면, 미국인이 정통성을 가질 수 있다면 그들도 지배할 수 있는 셈이다"라고 지적했다(Cumings 1981: 100). 주체론은 일본의 식민통치가 남긴 폐해를 극복하기 위한 한국 좌파의 역할을 강조하면서, 한국전쟁이 본질적으로 내전이라고 주장한다. 또한 식민체제의 퇴행적 영향을 영속시키는 정치적 분쟁을 미국이 적극 지원했다면서 그들의 과오를 지적한다. 이 결정적인 시기에 미국이 보수주의자를 지원하지 않았다면, 공산주의와 민족주의의 연합이 몇 개월 안에 한반도 전체를 통제했으리라고 본 것이다.

둘째, 전간기를 비롯해 한국전쟁기와 그 이후까지의 주요 갈등을 미국과 소련의 대립이 아니라 한국의 혁명적 민족주의 운동과 미국 '제국주의'의 대립이라고 주장하면서, 주체론은 두 개의 정

애국의 계보학

부가 세워지고 결국 한반도가 분단되는 데 이르는 일련의 사건에 남한의 지배계급이 연루되어 있음을 시사한다. 또한 남한 지배계급이 미국과 맺어온 역사적으로 '음흉한' 관계(더불어 일본 식민 정부와 유지했던 친일 관계)를 강조하면서, 남한 정부가 한국이 아닌 외국의 이익에 복무해온 '꼭두각시' 체제일 뿐이라고 본다.

한국의 혁명적 주체와 미국 '제국주의'의 갈등을 비판적으로 바라보는 관점으로 해방기의 역사를 다시 쓰는 이 새로운 민족주의 역사관에서, 한국 민중은 역사의 수동적 피해자가 아니라 (비록 성공하지는 못했을지라도) 적극적으로 역사를 되살리는 주체로 등장한다. 설령 민중이 조국의 해방을 부정해왔다 하더라도, 이는 해방을 위해 투쟁할 의지가 없었기 때문이 아니다. 실제로 한국 근현대사의 모든 '혁명'(4·19혁명, 광주민주화항쟁, 6월항쟁 등)은 해방 이후에 벌어진 모든 문제를 바로잡으려는 민중의 의지를 보여주는 증거였다. 주체론은 과거를 바로잡아 더 나은 미래를 만들려는 민중의 영웅적 노력을 높이 평가했다. 이때 민중은 자신의 운명을 **아직** 이루지는 못했지만 역사 **속에서** 적극적으로 활동한 참여자였다.

따라서 주체론은 본질적으로 긍정적이다. 헨리 임이 지적했듯, 이 이론의 호소력은 한국사를 실패가 아니라 **잠재적** 승리로 보는 시각에서 나온다(Em 1993). 주체론은 역경에 맞서는 민중의 투쟁을 찬양하고 잠재적 성공의 비전을 주장하면서 한국 근현대사의 패배 의식(가령 해방기에 통일된 국민국가를 건설하는 데 실패한 것)

을 억제하고 제한한다. 그 잠재력은 국가 안의 사대주의 '독재'와 국가 밖의 미국 '제국주의' 양쪽 모두에 적극적으로 저항하면서 남북한의 통일을 이끌어낸다. 이러한 역사에 설득력을 부여하는 '핵심 열쇠'는 한국의 역사가 어떻게 되었어야 **마땅한가**에 대한 비전이다. 역사가 강만길은 이렇게 말한다. "오늘날의 역사학이 자기 시대로서의 분단 시대를 연구 및 서술의 대상으로 삼아야 할 가장 중요한 이유는 곧 그것이 분단 극복에 이바지해야 할 [도덕적] 책무를 가지는 데 있을 것이다"(강만길 1984: 3).

주체론은 분단의 한국 근현대사를 탐구하는 것과는 거리가 멀며, 실제로 그 역사를 비판적으로 검토하는 것이 아니라 회복시키는 역할을 한다. 또한 민중의 집단적 투쟁을 기리는 동시에 달성했어야 할 목표를 이루지 못한 민중의 실패를 부정한다. 자신의 운명을 실현하는 한국 혁명 주체의 긍정적 역할을 강조하면서, 한국의 역사적 실패가 실재한다는 점을 부정하는 것이다. 이러한 서사 전략의 논리적 허점은 한국사가 어떻게 되었어야 하는가를 그리는 주체론의 낭만적 시각에 의해 가려진다. 주체론은 역사적 과거를 탐구하는 것이 아니라 어떤 '혁명적' 미래를 통해 과거를 회복시켜 이를 찬양하는 데 관심이 있기 때문이다. 그런 의미에서 주체론의 역사관은 학생운동의 정례화된 집회와 마찬가지로 한국사의 상처를 치유하고자 할 뿐 비판적으로 검토하려 들지 않는다.

이렇게 '회복'을 추구하는 역사적 패러다임의 서사적 응집성은

신동엽의 유명한 시 「금강」에서 잘 드러난다.[3]

　　1894년 3월

　　우리는

　　우리의, 가슴 처음

　　만져보고, 그 힘에

　　놀라,

　　몸뚱이, 알맹이채 발라,

　　내던졌느니라.

　　많은 피 흘렸느니라.

　　1919년 3월

　　우리는

　　우리 가슴 성장하고 있음 증명하기 위하여

　　팔을 걷고, 얼굴

　　닦아보았느니라.

　　덜 많은 피 흘렸느니라.

　　1960년 4월

　　우리는

---

3 이 시는 1967년에 집필되었으나 이후의 학생운동 세력에게 매우 인기가 높았으며, 학생들이 발행한 소책자에 자주 인용되었다.

우리의 넘치는 가슴덩이 흔들어

우리의 역사밭

쟁취했느니라.

적은 피 보았느니라.

왜였을까, 그리고 놓쳤느니라.

그러나

이제 오리라 (……)

겨울 속에서

봄이 싹트듯

우리 마음속에서

연정이 잉태되듯

조국의 가슴마다에서,

혁명, 분수 뿜을 날은

오리라. (신동엽 1975: 301~302)

    계절의 순환을 암시하는 봄에 대한 언급에 주목해보자. 한국이
어두운 겨울 속에 있고 한민족이 꽃피는 봄을 맞이하기 위해 분
투하고 있다는 발상은 전후 한국의 대중적 서사에서 부활 및 국
가 재생의 이미지를 상기시키는 데 반복적으로 사용되었다. 이는
한국의 건국신화에 등장하는 단군이 탄생한 영험한 장소로 알려

진 백두산과 같은 국가적 상징과도 밀접하게 연관된다.

젊음과 애국의 의미를 담고 있는 이 모든 이미지는 분단 상황으로부터의 해방 및 통일 국가로의 재탄생을 상징하며, 학생운동 세력의 연설과 소책자에 빈번히 사용되었다. 1989년 4월 19일 서울대학교의 4·19혁명 제29주년 기념식 연설문을 살펴보자.[4] '해방'되고 통일된 한국을 열망하는 이 집회에서 '봄', '통일', '백두산'이라는 표현이 모두 등장한다.

> 청년이여! 새벽에 자유의 종을 힘차게 치고 성조기의 어두운 그림자를 피눈물로 박차고 나와 햇빛 찬란한 백두산을 그리워하는 당신은 이 땅의 독립과 통일을 위해 노력하라. 그래야만 봄이 기쁘게 찾아온다. 우리가 더 나은 세상에서 살 수 있도록 불완전한 혁명을 다 함께 끝장내자.

그런데 국가의 '재탄생'은 말 그대로 받아들여졌다. 그것은 국가라는 장면에 새로운 아들, 과거의 실패를 회복하고 더 나은 미래를 창조할 젊은이가 나타났음을 알리는 신호였다. 주체론의 역사관은 조상을 기리는 의례를 준수하고 지속적으로 세대 간의 연속성을 강조하는 세계 속에서 유교적 가족을 되살리는 친숙한 언어로 전해지는 이야기라는 점에서 설득력이 있었다. 이 비판적

---

4 이 연설문은 내가 기념식에 참석해서 녹음한 뒤 정리했다.

역사관에 힘을 부여하는 '핵심 열쇠'는 아버지가 아들의 몸으로 '재탄생'하여 그의 실패를 회복시킨다는 시각이었다. 역사의 중요한 사건들은 단순히 고립된 개별 사건이 아니다. 이 사건들은 세대를 걸쳐 전해 내려오며 그것이 미래 세대에 의해 회복되어 종결될 수 있을 때까지 몇 번이고 반복해서 재연되는 가족 전통으로 구체화된다. 주체론은 또한 한국인의 사적 고통을 민족주의 담론을 바탕으로 구체화한 역사관이기도 했다. 『죽음을 넘어 시대의 어둠을 넘어』에서 기술되었듯이, 민족사와 가족의 비극 사이의 연결은 민족주의 역사관에 감정적 힘을 부여한다.[5]

> 동학농민전쟁에서 의병으로 또한 광주 학생 반제투쟁운동 등으로 이어지는 **민중운동의 전통과 맥락이 혈연적으로 실존하고 있다는, 민족운동에 대한 뚜렷한 자각과 자부심을 들 수가 있겠다. 실제로 민주 재야인사 중에는 일제 시대 광주학생운동의 주역이 생존해 있었고, 조부나 증조부가 동학과 의병의 일원이었던 청년층이 가족들의 회상을 통하여 근대사의 생생한 흔적을 핏속에 간직하고 있었다.** 이와 같은 점은 근대 백 년의 역사가 한 집안에 같이 살고 있다는 구체적인 예증이 된다. (황석영 1985: 19, 강조는 필자)

---

5 1980년 광주민주화항쟁을 기록한 이 책은 1990년대 초반까지 판매금지 대상이었다. 황석영의 이름으로 출간됐지만 전남민주청년운동협의회가 여러 글들을 모았으며 이재의가 초고를 집필했다.

이와 같은 가족적 주제와 기억은 또한 1929년 광주학생항일운동에서 목숨을 잃은 학생들을 기리며 전남 광주에 세워진 기념탑의 비문에도 선명하게 드러나 있다. 아래 글의 필자는 세대를 거쳐 전해 내려오는 저항정신의 '유전'을 언급한다.

> 이날은 광주 학생들이 일제의 탄압에 항쟁하여 일어선 민족 정기의 날. 굴욕으로 사는 것보다 차라리 죽음을 택하겠다는 의기로써 너도나도 뛰쳐 나서자 이에 호응하여 전국에서 일어난 학생들이 무릇 오만 사천여 명, 혹은 쇠사슬에 묶이어 철창 아래 갇히었으며 또 혹은 피를 뿜고 쓰러졌으되 그날 그들이 높이 들었던 정의의 횃불은 그대로 역사 위에 길이길이 타오르나니. 어허 여기 흐르듯 고인 **그들의 피와 눈물은 천지와 더불어 영원히 마르지 않을 것이며 또한 여기 서린 채 깃든 그들의 넋과 뜻은 겨레의 갈 길을 밝히 비치리로다.** (광주학생독립운동기념탑 비문, 1954년 6월 10일 건립, 강조는 필자)

한국의 새로운 '민족주의' 소설 중 상당수가 정치 투쟁을 면면히 이어지는 가족 드라마의 관점으로 묘사하며 한국사를 개인화했다는 점 역시 중요하다. 예컨대 박경리의 베스트셀러 대하소설 『토지』에서, 민족 투쟁의 연속적 순환은 부모로부터 아이에게로 전승되는 태생적 반란 및 저항의 정신을 통해 가족 일대기의 시간적 질서와 연결된다. 『토지』의 등장인물 김개수는 동학농민운동의 접주 중 한 명인데, 부친의 애국심을 물려받은 그의 아들 역시 자라서 동학운동에 참여한다. 이 아들이 결혼해 낳은 딸은 다시 3·1운동의 지도자와 결혼한다. 그리고 놀랄 것도 없이 그들의 딸은 1929년 광주학생항일운동의 지도자가 될 남자와 결혼한다.

'애국적' 유산에 대한 혈통적 집착은 조정래의 열 권에 걸친 대하소설 『태백산맥』에도 나타난다. 소설의 주요 인물 하대치의 조부는 노비였는데, 동학운동에 가담했다가 그의 지주에 의해 잔인하게 살해된다. 그리고 하대치는 1948년 열흘간의 공산주의 투쟁인 여순 사건의 주동자가 된다. 손자 대에서 완연히 드러난 동학의 유산은 또한 그의 아버지가 아들의 공산주의 활동으로 숙청당한 지주의 아들 무리에게 살해당하며 자신의 목숨을 바칠 때 그 운명을 어렴풋이 드러낸다. 마찬가지로 선우휘의 소설 「불꽃」에서 주인공은 조부의 정적이면서 변치 않는 세계, 그리고 항일운동의 지도자로 활동하다가 3·1운동 중에 살해당한 부친의 진보적이고 해방적인 세계 사이에 끼어 있다. 결국 그는 부친의 저항정신을 이어받아 그가 남긴 애국심이라는 유산의 자랑스러운 계승자가 된다.

이처럼 강력한 가족적 유대를 동반한 부계의 정치는 사회관계를 중시하는 유교 이념에 의해 강화되었고, 학생들의 역사에 대한 이해 및 역사와의 관계도 결정했다. 가족사의 순환과 연결되는 특정한 애국 전통의 '상속자'로서, (남)학생들은 조상에 대한 제례적 의무를 수행하면서 역사에서 자신의 역할에 대한 인식을 형성했다. 이들의 유사성은 혈통과 계승, 과거와 현재, 죽은 자와 산 자 사이의 연결을 강조하는 가족 내 세계의 관심사를 통해 매개된 시간과 사건이 문화적으로 구성되면서 만들어졌다. 실제로 세계를 개혁하기 위한 각각의 새로운 투쟁은 과거와의 연결을 끊기는커녕 과거에 대한 극적 서사의 형태로 나타났고, 각각의 인물은 자발적으로 과거의 역할을 수정해 재연할 뿐이었다. 따라서 이러한 서사적 패러다임 속에서 각각의 '혁명'은 한국 가족 문화의 역사 속에서 하나의 운동으로 구성되어 (아버지, 아들, 손자 등 부계적) 세대를 거쳐 면면히 이어지는 지속적 재생의 애국 서사가 된다.

이러한 서사 전략은 아들(혹은 손자)에게 결말의 잠재성을 부여함으로써 한국의 '혁명적' 아버지들의 실패에 대한 의식을 제한했다는 점에서 호소력을 가진다. 통일 한국의 달성을 상징하는 '봄'과 '재생'이라는 은유의 반복적 사용(두 은유 모두 새로운 생명의 시작과 연관된다)은 이러한 역사관에 힘을 부여한다. 아들의 성공 가능성을 제시함으로써 과거 부친/조부의 실패에 회복의 비전을 제공하는 것이다.

헤이든 화이트Hayden White와 폴 리쾨르Paul Ricœur는 우리가 세계를 경험하는 방식과 우리가 세계에 대해 만들어내는 이야기의 본질적 관계를 언급한 바 있다. 주체론의 핵심에 있는 회복적 서사 구조에 대한 나의 지적은 이들의 언급과 그 맥을 같이한다. 즉 우리가 과거를 서술하기 위해 무언가를 선택하는 방식은 우리가 자신의 공동체를 바라보는 관점과 직접적인 관련이 있다. 데이비드 카가 말했듯, "공동체는 경험과 활동을 통해 지속적으로 존재하는 '우리'에 대한 서사적 설명이 존재하는 곳이라면 어디든 존재한다"(Carr 1986: 163). 우리가 과거에 대해 전하는 이야기는 처음, 중간, 끝의 순서로 구성되는데, 이는 사회적 삶에서 우리가 공유하고 있는 시간 경험으로부터 비롯된다. 서사 전략의 차원에서 주체론은 반체제 세력이 경험한 가족 투쟁을 반영하여 한국 근현대사를 논하고 있다. 학생운동가 임수경이 세계청년학생축전에 참석하기 위해 비밀리에 북한으로 떠난 직후에, 그녀의 방북을 계획하고 조직하는 데 주도적인 역할을 했던 전대협 간부 전문환은 자기 부친에게 보낸 공개편지에 다음과 같이 썼다.

> 부모님께도 말씀드렸듯이 제가 축전준비위원장을 맡기로 결정하게 된 이유는, 제가 가지고 있는 통일에 대한 열망뿐만 아니라 **우리 가족에 얽힌 사연이 바로 분단으로 인해 6·25전쟁을 치르면서 빚어낸 결과라고 생각했기 때문입니다.** 그러기에 저는 (······) 통일운동에 제 모든 노력을 다하고 싶었습니다. (전문환 1989: 192, 강조는 필자)

세상을 바꾸고자 하는 한국의 학생들에게 '혁명'이란 과거를 버리는 것이 아니라 과거를 회복시키는 것이었다. 따라서 한국에서 신앙심과 애국심은 쉽게 동반된다. 열렬한 혁명가의 이상적 모델은 서구의 경우처럼 부친을 살해하는 아들이 아니라 효성이 지극한 아들이다. 이런 측면에서 본다면, 매우 급진적인 정치적 입장을 자임하고 있음에도 불구하고 주체론은 본질적으로 상당히 보수적이다. 유교 관습에 충실한 효자들이 충실한 애국자가 된다. 적어도 이론적으로는 그렇다.

가족과 국가, 개인적 투쟁과 국가적 회복의 필연적인 연결은 학생운동의 상상적 사회학에서 김일성의 이미지가 어떻게 구성되었는지를 분석할 때 가장 분명히 확인된다. 1980년대 중반의 반체제 문헌들은 김일성을 유교적 부성의 최선의 모델로 찬양하면서 남한 지도자들의 정치적 정당성에 도전했다. 한국 근현대사를 제국주의적 외세에 맞선 일련의 투쟁이 실패해온 과정으로 보는 서사 전략의 맥락에서, 김일성만이 홀로 성공한 영웅으로 등장한다. 따라서 주체론은 한국사의 반복적인 후퇴를 인식하면서도 부분적 승리, 즉 김일성이 일본 식민주의와 이후 미국 제국주의를 성공적으로 방어했음을 주장한다. 남한 지배계급이 식민체제에 이어 미국의 지배를 받아들인 사실을 고려한다면, 이들에게 관철되기는 어려운 주장이었다.

남한 반체제 세력이 한국 근현대사로 이어지는 투쟁의 서사를 남성적 '회복'의 이야기로 구조화하는 데 있어서 김일성이라는 존재가 구축되고 대중화하는 방식은 상당한 비중을 차지한다. 남한의 학생운동 세력은 다름 아닌 김일성이 민족의 운명을 성공적으로 실현했던 **유일한** 혁명적 아버지라고 생각했기에 그를 이상화했다. 다른 모든 지도자(와 아버지)가 실패했지만 오직 김일성

만이 외세의 적과 싸워 승리했다. 그러므로 이 역사적 인물의 형
상화는 주체론의 서사적 논리에 대해 많은 것을 알려준다. 김일
성이 현명하고 자비로운 아버지로 칭송되는 것은, 자기 부친에
대한 청년들의 실망과 관련이 있다. 그 부친들이 한국사가 달성
해야 했던 비전을 이뤄내지 못한 데서 비롯된 실망 말이다.

그런데 부성에 대한 반체제 세력의 집착은 저항의 정치를 훌쩍
뛰어넘는 것이었다. 반체제 세력이 민족성의 위기와 연결시킨 부
성의 위기는 정치적으로 보다 온건한 세력에게도 관심의 대상이
었다. 1980년대 중·후반에 학생운동이 약진한 것은 더 큰 사회
문제에 대한 증상으로 간주되곤 했는데, 이는 다시 가정의 문제
로 거슬러 올라갈 수 있다. 예컨대 임수경이 1989년 6월에 밀입
북한 이후, 남한에서는 아버지와 자식 사이의 안녕에 대해 엄청
난 우려가 쏟아졌다.《동아일보》는 "아버지와 (……) 평양으로 떠
난 딸과의 충돌"이라고 썼다.

> 최근의 보도들은 아버지와 자식의 사이가 가슴 아프게 엉키고
> 꼬인 모습을 극명하게 보여주고 있다. 이 시대 젊은이들의 고
> 통, 스스로 옳다고 여겨 거기에 온몸을 던진 행동과 아버지에
> 대한 사랑이 왜 동참이 되지 못하고 역방향으로 맞부닥쳐야 하
> 는 것일까. 아버지의 뜻에 따르고 아버지를 존경하는 일이 왜
> 반나라사랑, 반겨레아끼기, 반참교육, 반통일로 여겨져야 하는
> 것일까. (《동아일보》, 1989년 7월 14일)

애국의 계보학

학생운동 세력에 좀 더 호의적인 다른 언론인은 임수경의 저항을 심각한 "이 시대 아버지상의 문제"에 따른 결과로 해석했다. 만일 그녀가 가족에게 절망한 나머지 그들을 떠나 북한으로 도망쳤다면, 임수경뿐 아니라 아버지들도 비판받아야 한다.

> 이 시대 우리의 아버지상은 구미 같은 심리적인 부재 상태를 훨씬 웃돌고 있다는 데에 문제의 심각성이 있다. 학업을 뒷전에 미루어두고 '운동'에 몰두하는 대학생들의 심리적 갈등 구조를 우리는 알아보아야 한다. 아버지가 자식에게 무관심한 문제의 가정이 많다. 어떤 경우에는 아버지가 번 돈으로 대학을 다니고 있지마는 그 돈이 검은 수법으로 생겼다는 의식이 자식에게 있다. 아니면 어렵사리 번 돈이지만 그것은 이 사회경제의 구조적 모순의 희생이거나 아부아첨의 결과라는 의식도 있다. 그러한 아버지상 때문에 아버지의 뜻을 거스르는 것이 곧 정의라는 뒤틀린 반발심을 그들은 갖고 있다. (《동아일보》, 1989년 7월 14일)

김일성은 남한의 군부 지도자라는 실패한 아버지의 이미지와는 완전히 대조되는, 자애로운 부성의 이상적 상징으로 형상화된다. 이것이 주체론 역사관이 제공하는 역사에 대한 '회복적' 가족 서사를 강화하는 데 어떤 영향을 미쳤는지는 앞으로 더 살펴봐야 한다. 그런데 주체론이 직접 제시하지는 않는다 하더라도, 회복적 사고를 담은 하위 텍스트에는 김일성의 삶에 대한 신화가 녹아 있다. 실제로 주체사상을 구현하기 위해 그토록 열심히 노력한 인물의 삶과 사상을 분리하기란 어렵다.

　물론 나는 김일성과 주체론 역사관의 고유한 관계를 지적하면서 역사의 행위자와 역사 형성 사이의 결정적인 연관성을 주장하고자 한다. 김일성을 위대한 애국적 지도자로 칭송하고, 1980년대 중반 주류 학생운동에서 필수 요소가 된 주체사상에 정통해지는 것은 김일성을 자애로운 (그리고 성공한) 아버지로 이상화하는 것과 일치한다. 앞으로 살펴보겠지만, 김일성의 생애에 대한 이야기는 결국 아버지의 애국 투쟁 이야기로서 이는 아들의 투쟁 결의로 이어진다. 아이러니하게도 이 이야기는 박정희의 민족주의적 역사관의 서사 구조에 내재된 민족적·남성적 회복의 비전과 다르지 않다.

김일성의 영웅적 전기

　북한에서 출간된 김일성에 대한 거의 모든 전기는 극소수의 예외를 제외하고 강력한 '애국적' 혈통에 대한 설명으로 시작된다. 그의 증조부는 1866년 8월 미국 제너럴셔먼호의 침략에 맞선 항쟁의 지도자로 알려져 있다. 백봉은 김일성의 전기 『민족의 태양 김일성 장군』에서 이렇게 기술했다. "애국심이 강하셨던 그이[김일성의 증조부]는 미국 해적선 '샤만호'가 대동강을 거슬러 침입해왔을 때 군중의 앞장에서 대동강에 여러 겹의 밧줄을 건너지르며 해적선의 길을 막아 나서는 등으로 맹렬히 투쟁하신 일도 있었다"(백봉 1968: 7). 나아가 조부는 동학농민운동 중에 조국의 '아들딸들'이 독립운동과 혁명 활동을 할 수 있도록 지원하는 데 헌신했다고 한다. 부친도 "조국 광복을 위한 투쟁에 일생을 바치신 열렬한 애국자"이자 "강렬한 지하 혁명조직을 가지고 희생적으로 원수들과 싸운 전위적인 투사, 혁명가"였다(8).

김일성의 모친 역시 "반일 투쟁에 한생을 바치신 강의剛毅한" 사람으로 알려져 있다(8~9). 김일성의 동지들은 이구동성으로 이렇게 말했다고 한다. "성주[김일성의 아명] 동무의 어머님은 우리의 어머님이오. 어머님의 대해 같은 사랑을 생각해서라도 혁명을 더 잘해야겠소"(22). 김일성의 작은삼촌은 "일제에 반대하여 손에 직접 무기를 잡고 투쟁"하다가 체포되어 옥사한 혁명가로 알려져 있다. 남동생 김철주 역시 만주에서 적에 맞서 싸우다가 약관의 나이에 목숨을 잃은 "열렬한 반일 투사"였다(9).

북한의 공식적인 역사 기록에서도 김일성의 애국적 '유산'에 대해 비슷한 찬사가 발견된다. 『위대한 수령 김일성 동지 혁명활동략력』은 "김일성 동지의 일가 분들은 모두가 나라의 자주 독립과 인민의 자유와 행복을 위하여 외래 침략자들과 계급적 원수들을 반대하는 투쟁의 선두에 서서 싸우신 열렬한 애국자, 혁명가들"(조선로동당중앙위원회 1969: 7)이라고 기록하고 있다. 이어서 "이토록 혁명적인 가족은 세계 어디에서도 기록을 찾아볼 수 없을" 뿐 아니라, "주체의 혈통이 뿌리내리고 인류의 태양이 솟아오른 혁명의 요람"이었다고 평한다(7). 김일성의 부친은 독립운동에 아낌없이 몸을 바치면서도 장남에게 조국의 자랑스러운 역사적 사건과 사랑받아온 애국 영웅에 대한 이야기를 읽어주며 자녀 교육에 각별한 관심을 기울였다.

> [김일성의] 아버지는 자주 어린 장군을 데리고 만경봉에 올라 아름다운 경치며 주위의 사적들을 돌아보시며 많은 옛이야기를 들려주시었다. 이 나라를 빼앗으려고 대동강을 거슬러오른 미국 해적선 '샤만호'를 불태워버린 이야기, 외적을 쳐부순 을지문덕, 강감찬, 이순신 등 애국 명장 이야기, 조선 침략의 괴수 이등박문을 쏘아 눕힌 안중근 의사 이야기……. 모두 다 어린 장군의 가슴에 용맹과 애국의 감정을 일으키는 내용이었다. (백봉 1968: 26)

김일성의 모친은 특히 아들에게 헌신적이었던 것으로 묘사되었다. 한 노인은 유난히 추웠던 밤 그녀가 "부엌 아궁이 앞에 쪼그리고 앉아서 불을 때고 계셨는데, 치맛자락으로 나무를 싸서 꺾으시는" 모습을 보았다고 회상했다. 노인이 왜 그렇게 장작을 쪼개느냐고 묻자, 그녀는 손가락을 입술에 대며 목소리를 낮추라 하더니 이렇게 속삭였다. "성주가 저녁 늦게까지 집에 오지 않기에 찾아 나왔더니, 저렇게 찬 온돌방에서 정신없이 책을 읽고 있

애국의 계보학

어요. 공부를 하는데 방해가 될까 봐 조용히 불을 때주고 있었지요"(백봉 1968: 21).

한국 근현대사에서 김일성의 고유한 자리를 정당화하기 위하여 그를 유서 깊은 저항 가족의 '전통' 속에 배치하려는 시도가 이어졌다. 4대에 걸친 애국적 업적 속에 그의 생애를 구조화하기 위해 서사적 관습이 활용되었는데, 한국 근현대사에서 면면히 이어지는 투쟁의 순환을 가족 안에 반영하는 식이었다. 그의 전기는 그 자체로 유교 기반의 역사성 개념을 구현한 것이었다. 특정주제의 반복을 통해, 시간은 개인의 삶과 죽음을 넘어 집안 다음세대의 '재탄생'으로 확장되었다. 이런 이야기가 구조화한 시간성은 과거, 현재, 미래가 통일성을 가진다는 데 뿌리를 두고 있다. 개인의 운명은 공통의 운명(가족, 국가)과 결부된다는 것이다. 이럴 때 김일성의 투쟁과 그의 이상화된 가정은 이상적인 국가("위대한 혁명 가정")를 구축할 가능성을 갖게 된다. 이를 낙관적으로 추구함으로써 가족 윤리인 효, 충, 인은 시민적 미덕과 융합되었다. 그가 자신의 백성(이 자체가 유교 이념의 표현이다)을 이끌기 위해 따르는 길은 효성스러운 아들에서 자애로운 아버지로 성장하는 자기수양의 여정과 다를 바 없었다.

김일성의 공식 전기에 어린 시절 그가 매우 모범적인 효자였음이 반복적으로 언급되는 것은 이 때문이다. 김일성의 전기 『은혜로운 태양』의 저자 오태석에 따르면, 김일성의 어머니가 겨울철에 바깥에서 가족의 옷을 빨다가 손가락이 차갑게 얼어 감각이 없어지자 김일성이 "어머님의 손을 입김으로 녹여드리시고 손수 약까지 발라"주었다(오태석 1975: 21). 또한 어머니가 새 운동화 살 돈을 주자 여자 고무신을 사들고 왔다. "그분께서는 자신의 볼품없는 신발보다는 이국 땅에 와서까지 고생 속에 구차스레 지내시는 어머님을 생각하면 언제나 가슴속에 피가 떨어지는 것처럼 괴로우셨던 것이다"(21). 또한 한국인에 대한 김일성의 위대한 '부성애'와 '어버이로서의 돌봄'에 대한 설명은 김일성을 개인숭배할 때 활용되는 확고한 주제 중 하나였다. 북한 언론인《오늘의 조선》*Korea Today*에서는 인민의 땅의 번영에 대해 말하면서 "위대한 아버지가 사랑으로 키운"이라는 표현을 사용했다.

> 그분[김일성]은 인민의 위대한 아버지로, 인민을 믿어주고 그들을 위해서라면 심지어 바다를 메워 육지로 만들어주신다. 혹시 인민을 해친다면 산도 옮겨주시고 그것이 큰 공장처럼 소중한 곳이라 해도 단숨에 쓰러뜨리신다. 그분의 자애로운 사랑 덕분에 우리는 가장 행복한 민족이 되었으며, 우리나라는 낙원이 되었다. (《오늘의 조선》, 1982년 4월호)

심지어 북한은 일반 국어사전에서도 '위대한 아버지'의 개념을 활용하여 단어의 의미를 설명한다. 예를 들어 '자애로운'이라는 단어의 용례를 "아버지 수령님의 자애로운 돌봄 속에서 행복한 삶을 영위하라"라고 들고 있다.

애국의 계보학

김일성이 부성적 자애로움을 가진 인물로 찬양되는 이유는 그 위대한 수령이 인민의 사적 고통에 친밀한 가족적 방식과 공적인 정치적 방식 모두로 응답했기 때문이다. 그의 정치적 페르소나는 잘 알려져 있듯 추종자들과 사적 시민(아버지, 형제, 아들)으로서 관계를 맺으면서도 그것을 공적 관계로 만듦으로써 설득력을 지닌다. 예를 들어 『은혜로운 태양』에서는 독립운동 중에 "아버지 수령님"이 무장한 동지들을 "자애로운 부모님처럼" 얼마나 각별히 돌봐주었는지에 대해 감동적으로 묘사한다. 한 이야기에서 김일성은 어떤 쓰러진 병사의 어머니를 찾아주고자 했다. "위대한 수령님은 이 혁명 가정을 각별히 돌보시며 매서운 겨울에도 얇은 베옷을 입고 있던 아이들에게 솜옷을 사 입힐 수 있도록 그녀[병사의 모친]에게 돈을 주었다." 그의 "깊은 애정"과 "병사들의 가족에 대한 자상한 돌봄"은 너무 위대한 나머지 그분은 "희생된 부모나 아들딸의 역할을 대신해주었다"(오태석 1975: 117).

또한 김일성은 자신의 "위대한 사랑과 헌신"을 전사한 군인의 자녀에게까지 나누어주었다. 김일성의 아내였던 김정숙은 『우리 어버이』에서 혁명을 하다가 목숨을 잃은 이들의 자녀를 위해 1947년에 만경대혁명학원을 건립하면서 김일성이 가족적 특성을 발현하는 모습을 묘사했다.

사랑하는 자식일수록 더 잘 입히고 더 잘 먹이고 싶은 것이 부모들의 심정이라 하지만, 유자녀들에게 세상에서 제일 귀하고 좋은 모든 것을 다 돌려주시고도 무엇인가 부족한 것만 같으시어 그들의 의복과 신발, 모자의 모양에 이르기까지 깊은 관심 속에 보살펴주시는 어버이 수령님의 사랑에는 진정 끝도, 한계도 없으시다. (김정숙 1987: 96)

영화 역시 김일성 개인숭배를 위한 대중매체가 되었다. 〈영원한 사랑의 품〉(1983)에서 그는 만경대혁명학원을 직접 찾아가 학생들 한 명 한 명에게 직접 선물을 건넨다. 이들의 가방을 살펴본 뒤 연필, 지우개, 공책, 기타 학용품이 다 있는지, 심지어 신발과 양말까지 꼼꼼히 살펴보는 모습이 그려진다. 그가 만경대혁명학원에 불시에 찾아왔을 때, 학생들은 그를 먼저 보려고 앞 다투어 달려들었다.

주춤 걸음을 멈추더니 자기들의 차림새를 보고 고개를 숙이는 것이었다. 아이들의 눈에서는 후두둑 굵은 눈물방울이 떨어져 버렸다. 어서 달려가 안기고 싶어도 남루한 옷 때문에 발목이 붙잡혀 굳어진 것이었다. (……) 어버이 수령님께서도 목이 막히신 듯 더 걸음을 옮기지 못하시었다. (……)
이때 한 아이가 울음 섞인 목소리로 "장군님!" 하고 부르짖으며 어버이 수령님의 넓으신 품에 안기었다. 다른 아이들도 눈물 젖은 얼굴로 일제히 장군님께로 달려갔다.
"장군님! 장군님!"

유자녀들은 어버이 수령님의 옷섶과 팔소매에 얼굴을 파묻고 그냥 흐느껴 울었다. 참고 참았던 오열을 한꺼번에 터뜨리는 원 아들을 한 품에 안으신 수령님께서는 갈라진 음성으로 말씀하시었다.

"일없다. 울지들 말아라. 이제 옷도 좋은 것으로 해 입고 공부도 하고……. 그러면 된다."(김정숙 1987: 91~92)

이러한 서사에서 북한 정치의 중요한 차원을 엿볼 수 있다. 리더십과 부성 사이의 본질적 연관성에 대한 보편적인 믿음이 바로 그것이다. 은인이자 보호자로서 아버지의 이미지는 이상적 애국자를 상징하게 되었다. 따라서 국가의 후손에 대한 그의 보호적 배려의 태도는 효성스러운 아들에서 자애로운 아버지로 세대를 이어 반복되는 불변의 서사를 통해 표현된다.

이때 당연히 외국인, 특히 미국 및 일본 '제국주의자'는 자가 재생하는 부성은 물론 생존, 번영, 가족/국가의 정체성에 위협이 되었다. 자주와 독립에 몰두하는 지적 세계에서, 김일성의 가정적 가치에 대한 애착은 한국을 침략하는 외국의 적이 국가와 가족에게 저지르는 파렴치한 범죄와 반복적으로 대조되었다. 북한의 단편, 사극, 박물관, 기록물에 정리된 '실제' 사건들은 한국인 가족(부부나 부모 자식 간의 유대 등)에 대한 외세의 침해에 거듭 초점을 맞춘다. 특히 김일성 자신이 각별하게 돌보았던 아이들에게 가해진 잔학 행위는 매우 자주 강조되었다.

가령 백봉은 3·1운동에 참가한 어린 여자아이가 오른손에 태극기를 쥐고 흔들자, "악랄한 일제 침략 군대"가 그 팔을 잘라버렸다고 기술했다. 아이는 당차게 왼손으로 태극기를 옮겨 쥐었고, 일본 군인은 그 팔마저 잘랐다. 백봉은 "그래도 만세를 피나게 외치니 이번에는 가슴을 찔러 땅에 쓰러뜨렸다"고 썼다(1969: 28). 매우 인기 있던 영화 〈피바다〉에서는 젊은 독립투사가 가난한 과부의 집에 잠시 몸을 숨기는 장면이 나온다. 일본군은 끝내 그의 은신처에 대한 정보를 얻지 못하는데, 그러자 과부와 어린 아들을 냉혹하게 총으로 쏘아 죽인다.

미군 역시 가족과 어린이에게 폭력을 자행하는 것으로 그려졌다. 예컨대 황해남도 신천박물관의 유리 전시대에는 불에 그을린 천 신발의 잔해가 담겨 있다. 그 신발들은 한국전쟁 당시 미군에 의해 며칠간 물과 음식을 먹지 못한 채 창고에 갇혀 있다가 불에 타 죽은 여성과 아이들의 것이라고 전해진다. 이외에 돌에 짓눌려 저수지 바닥으로 던져진 여성의 시체에서 수습했다고 전해지는 길게 땋은 검은 머리카락도 있다. 또한 미군들이 벽돌 창고 두 곳에 불을 질러 400명의 여성과 102명의 아이가 희생되었다는 언급도 있다(《오늘의 조선》, 1989년 8월호).

이러한 기록 모두 북한 외부의 정보원에 의해 확인된 적이 없고 진실성에 대해 많은 의심이 제기되었지만, 진위 여부보다는 국가를 단결시키는 효과가 훨씬 중시된 듯하다. 가족에게, 특히 어린 아이에게 자행된 잔혹한 행위는 아이들에 대한 사랑으로 널리 알려진 아버지 지도자의 명망 높은 자애로움과 대조된다.

가족에게 저지른 악행에 대한 복수도 북한의 역사물에서 인기 있는 모티브 중 하나였다. 오태석은 일본 군대에 의해 가족을 잃은 김정숙에 대한 이야기를 한다. "김정숙 동지께서 마을 쪽에서 나는 총소리를 들으시고 급히 내려오시니 집은 이미 불타 무너진 데다 어머님마저 치명적인 화상을 입고 쓰러져 계셨다." 어머니는 눈을 감기 직전 딸에게 이런 말을 남겼다. "이 원수를 갚아다우!" 김정숙은 울부짖고 발을 구르며 "어머님 앞에, 형님 앞에 원수를 백 배로 복수하겠노라고 맹세"했다(오태석 1975: 340).

이 가족 복수극과 유사한 이야기가 '위대한 수령' 자신에 대해서도 전해진다. 일곱 살 때 김일성과 그의 어머니는 투옥 중인 아버지를 찾아갔다. 아버지의 얼굴은 "모진 고문으로 형색을 알아볼 수 없"었다. 면회 후, 모친은 이제 다시 아버지를 만날 수 없을 것이라며, "네가 어서 커서 아버지의 원수를 갚아야 한다"고 울부짖었다. 그 말을 들은 김일성은 "아버지의 원수를 꼭 갚겠다"고 맹세하며 어머니를 위로했다(백봉 1967: 39~40).

아들이 아버지의 복수를 하는 미래 속에서 또다시 과거와 현재가 만난다. 따라서 김일성의 서사 이면에 있는 서사는 자가 재생의 부성과 가부장적 권력에 대한 일종의 환상이다.[6] 그러나 이는

---

6 이런 의미에서 김정일의 정치적 정당성은 순전히 공산주의 왕조의 부계 승계 체제에서 비롯된 것이다. 따라서 김정일을 '자애로운 아버지'로 형상화하려는 북한 지도부의 지대한 노력에도 불구하고, 나는 그가 김일성이 누렸던 영광을 끝내 얻을 수 없으리라고 추측한다.

아버지의 실패가 아들의 성공으로 만회되는 역사 회복의 비전을
제공한다.

아버지, 아들, 그리고 역사적 상상

지금까지 살펴봤듯, 한반도의 분단으로 초래된 민족성의 위기
는 종종 부성의 위기로 표현되곤 했다. 나약함, 무력함, 국가 존엄
의 상실이 모두 동일한 좌절감으로 귀결되었다. 이 좌절감은 오
직 새로운 세대의 남성이 끈질기게 투쟁하여 국가의 서글픈 과거
를 회복시켜주리라는 희망으로만 해소될 수 있었다. 이 부계 계
승의 비전과 낙관적 서사의 핵심에 있는 '재탄생'이라는 회복의
이야기는 조상의 기억과 애국적 의무를 결합한 가족/국가 이데
올로기를 구축하는 데 기여했다.

이러한 맥락에서 현대 한국의 학생운동 세력이 조상의 고향에
연결되어 있다고 느끼는 것과 거의 비슷하게 대학 공동체에 연
결되어 있다고 느끼는 것은 놀랄 일이 아니다. 학생운동가들에
게 대학 공동체는 마치 가족 단위처럼 '애국적' 유산을 따라갈 수
있는 전통의 보고 역할을 했다. 실제로 많은 학생들이 대학 동료
와의 관계를 가족 관계의 확장으로 보았다(박종철열사기념사업회

1994년 7월 8일 김일성이 사망한 이후, 김정일은 '혁명'의 외형을 계속 유지할 수 있었다. 그
럼에도 나는 정치 과정에서 김정일의 역할이 대체로 상징적이었을 뿐이라고 본다.

1989: 120). 이는 또한 학생운동 세력이 핵심적 '애국' 행사를 그토록 중시한 이유이기도 하다. 이 제례적 '축일' 동안 학생들은 정교한 추모 의식을 거행했으며, 이는 거의 매번 대학 정문에서 벌어지는 폭력 투쟁으로 이어졌다. 예를 들어 광주시에서는 5월 18일이 되면 시 전역의 대학생들이 모여 광주민주화항쟁에서 목숨을 잃은 사람들이 묻힌 묘지를 찾아다니며 마치 효자가 아버지의 묘를 성묘하듯 그들의 무덤을 돌봤다.[7] 이를 비롯한 여러 추모 집회를 통해 학생들은 다음 세대에게 애국적 기억에 대한 충성심뿐 아니라 '조상의' 과거와의 연관성을 각인시키고자 했다.

따라서 학생운동 세력이 김일성의 애국적 유산에서 민족주의적 영감을 얻으려 했든, 자기 나름의 '애국적' 뿌리를 발견하기 위해 대학 공동체의 가족적 역사에 편입되었든, 이렇게 효성스럽고 애국적인 아들이 놓이는 정치적·도덕적 적합성의 범위를 설정하는 것은 유교적 가족 윤리다. 아버지가 죽고 다시 태어나면서 과거와 현재가 순환적으로 계승되며 만난다. 따라서 과거에 대한 낙관적인 두 가지 테마, 즉 구원과 부활은 주체론에 담긴 유교적 가족 중심의 세계 질서에서 본질적 논리로 구축되었다. 실제로 주체론의 내적 논리와 그것이 한국 근현대사를 이야기할 때 활용하는 '구원'의 서사 전략을 면밀히 살펴보면, 주체론이 과거를 구성하는 방식이 앞 장에서 논의한 식민주의 및 '공식적' 전후

---

7 1989년 5월에 열린 광주민주화항쟁 추모 행사에서 내가 직접 학생들에게 들은 이야기이다.

민족주의 역사관과 크게 다르지 않다는 점을 알 수 있다. 반체제 세력이 국가의 과거를 가부장적 언어로 재건하고자 했다면, 그것은 실제로 자비로운 아버지는 거의 없었으며 그 공백을 어떻게든 효성스러운 아들들이 메워야 한다고 생각했기 때문이다.

기념비적 역사

> 중세 시대까지 우리의 조상은 남자다운 남자들이었지만,
> 이 남자다운 성격은 조선왕조가 수립되면서 사라졌다.
> (……) 우리의 과거사를 살펴본들 얻는 것이라고는 오직
> 슬픔뿐이다. _박정희(1962)[1]

　명목상 아직 끝나지 않은 전쟁을 어떻게 기념할 수 있을까? 적
어도 미국인에게 한국전쟁은 1953년에 끝났지만, 한국 사회에서
이 전쟁을 기리는 담론은 아직 종결되지 않았다.[2] 분단과 반체제
가 중심 서사를 이루고 있는 전쟁, 역사가 아직 만들어지고 있는
과정 중인 전쟁을 과연 어떻게 끝낼 수 있을까?

　남한에서 한국전쟁의 공식적 기념은 언제나 북한에 반대하는
입장에서 이루어졌다. 그러나 이러한 견해는 2000년 6월 평양에
서 남한의 대통령 김대중과 북한의 수령 김정일이 만나 역사적

1　Park(1970b: 167).

2　1953년 7월에 북한, 중국, 유엔은 휴전협정을 체결했다(남한은 서명을 거부했다). 남한과 북
　한 사이에 비준된 평화 조약은 없었다.

인 남북정상회담이 성사된 것을 계기로 갑자기 의문시되었다. 실제로 바로 그해에 50주년을 맞은 한국전쟁을 기념하기 위해 계획된 대규모 시가행진 및 인천상륙작전의 역사적 재현 등의 추모 행사 대부분이 취소되었다. 이 행사에 참여하려 했던 수많은 참전 용사들에게는 갑작스러우면서도 실망스러운 일이었다.

물론 한국전쟁에 대한 남한의 공식적 역사 서사는 획일적일 뿐 아니라 그 안에 내포된 반북 수사를 비롯하여 의문을 제기할 여지가 많다. 새로운 견해, 특히 북한에 대한 새로운 관점을 자유롭게 공표하는 것은 최근에야 가능해진 일이다. 모든 기념행사, 특히 전쟁을 기념하는 것은 역사를 만드는 한 형식으로, 그 사건에 대한 특정한 해석을 확정하고 발전시키는 동시에 잠재적으로 논쟁적인 해석을 차단하거나 삭제하는 것을 목표로 한다. 특히 남한에서 전쟁에 대한 공식적 기억은 언제나 국가의 정당성을 홍보하기 위한 국가의 자기규정 담론 안에서 구성되었다. 남한의 공식적 기념 문화에서 한국전쟁은 국가의 자기규정 및 정통성에 대한 남성적 언어를 정의하는 데 근본적인 역할을 해왔다. 이 공식적 기념 문화는 특정한 남성적 이상의 관점에서 과거에 대한 하나의 견해를 생성 및 영속시킨다. 또한 전쟁의 기억을 떠올리게 함으로써 통일 한국의 미래에 대한 국가의 비전을 영속시키기 위한 남성적 이미지에 권위를 부여하고 국가적 주체의 정체성을 확립시킨다.

이 장의 목적은 서울시 용산구에 건립된 전쟁기념관을 상세히 검토하여 이 공식적 기념 문화의 남성적 논리를 탐구하는 것이다. 여러 동의 건물이 거대하게 자리한 전쟁기념관은 1988년 노태우 정권이 구상했으며, 30년 이상의 군부 통치 이후 처음으로 수립된 문민정부의 집권기인 1994년에 대중에게 공개되었다. 이는 지금은 상실하여 잊힌 군사 전통, 그 '남자다운' 과거와 연결되는 고대 한국을 미화하는 동시에, 고대의 군사적 가치를 '회복'시켜줄 현대 한국의 새로운 모습을 강조하는 기념물이다. 전쟁기념관은 군사, 남성다움, 민족주의 사이의 접점을 만들어내는데, 자신을 국가의 특권적 '주체'로 여기는 사람들이 역사를 기록하는 방식, 더 중요하게는 북한에 대항하여 남한의 정통성을 **확립**하려는 정치적 목적을 위해 젠더적 이상향(이 경우에는 군사적 남성성)을 전유하는 방식이 이 접점에서 여실히 드러난다. 이곳에서는 전쟁으로 얼룩진 과거의 비참한 상태에 대항하는 남자답고 강력한 국가에 대한 이야기가 울려 퍼지며, 분단된 미래라는 곤경에 저항하는 애국적 **가치**로서 남성성과 형제애를 내세운다.

한국에서 군사적 유산이 오늘날의 시민 정치에 지속적으로 미치는 영향력을 파악하려면, 신채호의 민족주의 역사와 박정희 정권의 강화된 역사에서 상세하게 나타나는 씩씩한 (군사적) 남성성에 대한 숭배를 반드시 이해해야만 한다. 예를 들어 IMF 경제 위기가 한창이던 1998년, 김대중 정부는 남한이 이 위기에서 벗어나려면 전통적인 '무사 문화'를 회복해야 한다고 했다. 게다가 박정희의 유산을 존중하겠다는 김대중 대통령의 확고한 의지에 따라, 박정희 시대에 발전한 남성적 '구원' 서사가 **여전히** 온갖 문제에 대한 해결책으로 활용되기도 했다.[3]

무사의 과거를 기념하고 재생산하며 구체화하고자 진지하게 노력한 시기는 놀랍게도 남한에서 근 30년간 이어진 군사 통치의 역사적 정점을 목격한 기간이었다. 그러나 전쟁기념관은 그저 국가의 군사력을 통렬히 상기시키는 데 그치지 않는다. 이는 국가적 '진보'를 군사적 역량과, 경제적 '생존'을 군사적 남성성 숭배와 연결시키려는 사회진화론, 군사주의, 민족주의의 역사적 유산을 계승한다. 이러한 관점은 군부와 '시민', 남한과 북한을 화합시키기 위해 사건들의 합의된 버전을 도출함으로써 한국전쟁을 기념하는 구심점이 되어 남한 사회에서 군사의 역사화 및 재역사화에 중요한 역할을 해왔다. 한국전쟁에 대한 문화적 기억은 다른 전쟁에 대한 기억의 맥락 속에서 환기되기 때문에, 한반도 분단에 대한 '치유'의 과정은 한국사에서 영웅적 장군 및 병사들이 이룩한 다른 치유의 순간과 은유적으로 연결되어 나타난다.

---

3 1998년 제2의 새마을운동 및 제2의 건국운동 발족이 그러한 사례다. 두 운동 모두 1970년대 박정희가 성공적으로 주도한 국가 캠페인을 본보기로 삼았다. 게다가 5·16 군사 쿠데타 37주년을 불과 이틀 앞두고 당시의 대통령이었던 김대중이 보낸 박정희에 대한 열광적인 찬양은 한국사에서 박정희의 역사적 입지를 재평가한 것으로 여겨졌다. 김대중은 1999년 5월 18일에 열린 제19주년 광주민주화항쟁 기념행사에 연립내각의 파트너인 김종필 국무총리를 보내 과거 군부 지도자들과의 '화해'를 위한 추가적인 노력을 했다.

애국의 계보학

전쟁기념관과 영웅의 계보

1994년에 전쟁기념관이 문을 열었을 때, 소수이지만 강경한 항의가 제기되었다. 반체제 지식인과 학생들은 전쟁기념관의 개관을 애국적 역사를 기념하도록 위에서부터 강제하여 권위주의적 국가권력을 유지하려는 의미로 받아들였다. 이들은 웅장하고 당당한 전쟁기념관을 국가의 권위 및 기존의 이익을 강화하려는 의도로 고안된 계획적 기념물이라고 보았다. 또한 전쟁기념관은 불안과 초조의 감정을 촉발하기 때문에, 그곳을 찾은 관람객들이 국가권력 앞에서 '취약함을 느끼게' 된다고 주장했다(김란기 1994). 이는 스탈린의 크렘린 궁, 히틀러의 베를린 광장, 무솔리니가 복원한 로마 유적, 마오쩌둥의 기념관과 차례로 비교되었다. 냉혹한 비평가들은 입을 모아 전쟁기념관이 "사악한 음모", "태어나지 말았어야 할 괴물", "절대 빛을 보아서는 안 될 저주받은 아이"라고 비판했다(Lee Sung-kwan 1997b).

통상적으로 있을 법한 문제 제기를 훌쩍 뛰어넘는 이러한 맹렬한 비판에서 흥미로운 지점은, 비평가들이 비판을 위해 사용한 언어 그 자체에 있다. 이들은 전쟁기념관을 부적절한 사생아라고 표현한 것이다. 가족적 관점에서 기념관의 정당성을 비판함으로써, 이 비평가들은 무의식적으로 기념관이 구축한 토대, 즉 가족과 국가, 조상의 혈통과 국가의 혈통, '혈통의 계승'과 국가의 정통성을 연결시키려는 시도를 공격한다.

한국의 전쟁 영웅은 삼국시대부터 시작되는 '애국적'(남성) 전사의 계보를 따라 거슬러 올라갈 수 있는데, 이 계보는 국가 기념물이자 국립 박물관으로서 전쟁기념관이 갖는 의의 중에서도 결정적인 핵심이다. 달리 말하면 전쟁기념관의 기념비적 의미는 이 계보의 잠재적 불안정성에서 비롯된 것이며, 그렇기에 여기에서는 한국의 영웅적 과거사를 단절되지 않은 전사의 전통으로 제시한다. 이때의 역사란 시기별로 구분되는 것이 아니라 단절된 국면들이 연결된 하나의 연속체이다.

이처럼 전쟁기념관은 고유의 '혈통'에 대한 집착을 드러내는데, 그 단서 중 하나를 중앙 광장인 '평화광장'에서 찾아볼 수 있다. 좌우의 전시관을 모두 품고 있는 광대하고 개방된 공간인 평화광장은 중앙 계단의 양쪽 끝을 향해 새겨진 두 개의 부조를 제외하고는 텅 비어 있다. 두 부조에는 비슷한 장면이 담겨 있다(도판 7, 8). 왼쪽에는 일본 식민지배자들에 맞서 싸우기 위해 나서는 일반 시민들의 호전적 모습이, 오른쪽에는 다음의 비문과 더불어 단단히 무장한 의병들의 모습이 새겨져 있다.

> 항일 의병의 호국 정신 이어받아
> 겨레의 자존 되찾기 위해
> 항쟁하던 독립군 광복군의 함성 들리네
> 그 맥 이어 다시 찾은 영광
> 오, 자랑스러운 우리 국군

애국의 계보학

도판 7. 전쟁기념관 평화광장 왼쪽에 설치된 부조
도판 8. 전쟁기념관 평화광장 오른쪽에 설치된 부조

의병, 독립군, 광복군 간에는 긴밀한 가족 코드,[4] 즉 세대를 거쳐 전해 내려오는 저항정신의 '계승'이 명백한 연결 고리가 된다. 그런데 이 부조들에는 역사적 국면들을 하나의 가족적 연속체로 이어주는 또 다른 핵심적 코드가 담겨 있다. 왼쪽 부조의 선봉에 서 있는 아버지와 아들이 좌우 양쪽 부조의 존재들을 '끌어안음'으로써 세대 사이의 강화된 연속체를 보여주는 것이다. 그렇게 이 부조들은 항일 전쟁 영웅인 의병 및 독립군과 반공 전쟁 영웅인 대한민국 군대의 가족적 연결을 시각적이면서도 상징적으로 표현하고 있다. 마지막으로 이 부조들의 서사적 구조에 담긴 세 번째 코드는 군대와 시민 간의 연결이다. 전쟁기념관을 기획한 이들로서는 이 건축물의 존재를 정당화하려면 이들을 연결해야만 했다. 군사 영웅이 곧 시민의 영웅이라는 주장을 핵심에 두어야 했던 것이다. 사실 이 연결은 관람객이 전쟁기념관 부지에 발을 들이자마자 확인할 수 있다. 평화광장으로 들어가는 진입로 오른쪽에 놓인 화강암에는 다음 글이 새겨져 있다.

여기 맥맥이 흐르는 숭엄한 겨레의 숨결과

거룩한 호국의 발자취 살아 있어 경모敬慕의 정 뜨겁게 솟구치리

---

4 이때의 의병은 1592년 임진왜란 때 일본에 맞선 조선의 민간 게릴라군을, 독립군은 1895년 명성황후 시해 직후 일본에 대항하여 일어난 게릴라군(이 역시 의병이라 불리기도 한다)을, 광복군은 대한민국 임시정부와 중국 국민당 연합군을 가리킨다. 광복군 장교들은 이후에 대한민국 육군의 최고위층을 장악한다.

애국의 계보학

한 핏줄 이어온 자존과 삶의 터전 지킨 영웅들 위훈으로

이 하늘 이 땅에 해와 달 고이 빛났어라

침략 물리친 선열의 얼 좇아 불 뿜는 조국애 드넓게 떨치어

자랑스러운 민족사 영원토록 보존하리라

이로써 전쟁기념관의 두 가지 설립 목적이 분명하게 드러난다. 교육과 개혁이 박물관으로서의 목적이며, 이를 통해 새로 습득한 내용을 숭배의 정신으로 기리는 것이 기념관으로서의 목적이다. 이렇게 하면 분명 한국의 애국적 역사를 내밀하면서도 영원한 것, 무상하면서도 불멸하는 것으로 정확하고도 획일적으로 이해하는 성과를 달성할 수 있다.

중앙 홀에서 '이달의 호국인물'을 기리는 의식은 '계승된' 애국적 역사의 광대한 연속체 안에서 친밀성을 한층 강화한다. 중앙 홀에서 호국의 길로 들어서면 50여 개의 호국 인물 조각상이 전시되어 있으며,[5] 매달 한 명의 인물을 선정하여 영웅에 대한 경의를 표한다(도판 9). "이들의 정신과 업적을 기림으로써 후세에 귀감이 되도록" 하기 위해서이다(전쟁기념사업회 1990: 12). 이 영웅들은 불멸의 과거와 영광스러운 미래 사이에서 칭송받는다. 이러

---

5 [편집자] 필자가 전쟁기념관을 직접 방문한 뒤 연구를 진행한 이후, 전쟁기념관은 몇 차례의 리모델링을 진행했다. 2012년 호국추모실을 재개관하면서 호국의 길의 기둥 사이사이에 있던 조각상들은 중앙 홀 등으로 옮겨졌고, 호국의 길은 호국 영령들이 별이 되어 대한민국을 수호한다는 의미를 담아내는 공간으로 바꾼 뒤 '호국의 별'로 그 명칭을 변경했다.

도판 9. 50여 개의 호국 인물 조각상이 전시되어 있는 호국의 길

한 시간적 논리를 통해 애국적 역사가 제시되며, 단일하고 연속적인 국가적 주체가 형성된다. 이때 그 주체에게는 고유하면서도 평범하고, 독특하면서도 구별할 수 없는 특성이 더해진다. 또한 각 영웅의 특정한 애국 행위가 아니라 애국정신 그 자체가 기념된다.

이렇게 각각의 영웅들을 개별적으로 마주치며 호국의 길을 걷다 보면 관람객은 호국추모실의 어두운 공간에 이르게 된다. 영웅의 전당은 깊숙이 들어갈수록 더 오랜 과거로 거슬러 올라가는 방식(한국전쟁 시기에서부터 삼국시대까지)으로 구성되어 있다. 국가의 역사는 반복되는 현재의 시점에 과거가 회고적으로 파고드는 플래시백 형식으로 재구성되어 있다. 여기에서 고구려가 수나라의 침략에 맞서 싸운 전투는 남한이 북한 공산당의 침략에 맞

애국의 계보학

서 싸운 한국전쟁의 전신이 된다. 이런 방식으로 과거를 바라볼 때, 역사는 동일한 것이 연속적으로 발전하는 과정이 된다(Duara 1995). 따라서 관람객은 두 가지 시간성 사이에 있다. 변치 않는 영광스러운 과거는 순차적으로 이어지며, 마찬가지로 변치 않고 영광스러운 미래의 토대가 된다.

이때 시간과 공간은 분리되어 있지만 분명 연결되어 있다. 역사와 국가는 아버지, 아들, 손자가 긴 계보를 이루며 거듭해서 태어나는 하나의 통일체로 만난다. 기념되는 것은 각각의 (패배한) 전투가 아니라 세대를 걸쳐 전해 내려오는 애국의 '정신'이다. 호국의 길에 늘어선 기둥들은 바로 이러한 역사적 연속체를 시각적으로 표현한 것이다. 관람객이 중앙 홀의 기념 공간(현재)에서부터 긴 호국의 길(과거)을 따라 걸어가면 결국 호국추모실의 어두운 공간(고대 과거)에 이르게 된다. 한국의 과거로 거슬러 올라가는 것이 승리의 역사라는 영광스러운 과거를 상기시키기 위한 것이라면, 전쟁기념관은 그 구조 자체로써 애국적 역사의 현재와 미래를 상징적으로 보여준다.

전시의 방향

그렇다면 정확히 무엇이 국가의 과거가 되는 것일까? 그리고 그것은 어떻게 전시되어야 할까? 전쟁기념관의 기획자들에게 이

질문은 모두 외세의 지배에 맞선 한민족의 투쟁과 국방의 역사에서 담당해온 군대의 중추적 역할을 신화화해온 작업과 관련이 있다. "우리 민족이 수많은 외침을 극복하고 반만년의 유구한 역사를 면면히 이어온 원동력은 반만년 역사 전체를 관통하는 호국 영령들의 살신성인의 구국 의지이다"(전쟁기념사업회 1990: 11). 미래의 조국 통일은 과거 영웅의 업적을 신성하게 되새김으로써 실현할 수 있다. 전쟁기념관 전시의 기본 방향은 다음과 같다.

> 전쟁기념관은 호국 영령들의 민족 자존과 호국 의지를 표출하여 선열들을 추모하고, 이를 거울삼아 남북통일이라는 민족적 여망을 성취할 수 있는 다짐의 장으로서의 역할을 수행함을 그 목적으로 한다.
>
> • (……) 민·관·군의 총화단결만이 국난을 극복할 수 있다는 교훈을 인지케 한다.
> • 오늘의 번영된 조국이 있기까지는 창군 이후 온갖 희생과 시련을 극복한 국군이 있었음을 상기시켜 우리 국군의 자랑스러운 모습을 부각시킴은 물론 군과 민이 둘이 아닌 하나임을 자각케 한다.
> • **시대를 막론하고 국방력이 약화되었을 때는 국가가 존망의 기로에 선다는 사실을 극명히 표출하여** 군에 대한 신뢰감을 심어줌은 물론 국민의 확고한 국가관 정립과 애국심을 함양할 수 있도록 한다. (전쟁기념사업회 1990: 11, 강조는 필자)

애국의 계보학

이 인용문에 등장하거나 암시되는 '통일', '총화단결', '강함', '신뢰'와 같은 단어는 전쟁기념관의 마스터플랜 전반에 걸쳐 반복적으로 사용된다. 이러한 반복 자체가 한국 근현대사를 관통하는 지배적 주제로서 '나약함에 대항한 강인함의 승리, 분열에 대항한 단결의 승리, 불신에 대항한 믿음의 승리'를 가리킨다. 국민이 군대를 사회의 정당한 세력으로 인정할 때 비로소 '국력'이 확보되며, 이를 통해 국가는 궁극적으로 강화와 통일을 이룩할 수 있다. 군대와 국민의 연대가 남한의 부강함으로 귀결되는 것과 마찬가지로, 그 유익한 연대가 마침내 남한과 북한의 기꺼운 통일마저 실현해낼 것이다.

전쟁역사실과 이순신 장군

전쟁기념관의 모든 곳이 기념하고 있는 역사 속에서는 군대와 국민 사이의 근원적인 단결의 힘이 (통일과) 번영의 미래를 위한 **제1조건**으로 묘사된다. 국가의 승리는 전투에서 군대의 승리뿐만 아니라, 대내외적 역경을 극복한 한민족의 승리로 표현된다. 전하고자 하는 메시지는 분명하다. 단결한 국민은 평화와 번영에 이르며, 분열된 국민은 국가적 패망에 이른다는 것이다("뭉치면 살고, 흩어지면 죽는다").

이러한 관점에 따라, 전쟁역사실 전시에서는 임진왜란과 정유재란 당시 한민족이 '단결'하여 눈앞에 닥친 국난을 극복하는 과정이 펼쳐진다.[6] 이순신의 업적에 대한 전시 공간은 특별히 넓

7장 | 기념비적 역사

게 할애되는데, 이는 국가의 분단 상황에 대한 뚜렷한 은유로 기능한다. 거북선을 한껏 두드러지게 전시하며 상징적으로 제시하는 역사적 비유는 한민족의 과거와 현재, 그리고 거기서 군대가 맡았던 결정적 역할에 대한 증언이다. 『전쟁기념관 전시연출계획』에 따르면, 조선 시대에 일본의 한반도 침략은 "국론이 분열"되어 "국가가 풍전등화의 위기"를 맞으면서 벌어진 일이다. 이럴 때 "민생은 도탄에 빠지게 된다는 교훈을 심어주어 관람객들로 하여금 민족 화합의 다짐"을 하게 하는 것이 이 전시의 목적이다 (전쟁기념사업회 1990: 82~83).

> 조국이 누란의 위기를 당했을 때 이순신 장군의 백의종군, 전국적인 의병의 봉기, 행주대첩 등이 보여준 군·관·민의 일사불란한 항전은 세계 역사상 그 예를 찾아보기 힘든 우리 민족 특유의 애국애족 정신의 발로였으며, 이것이 바로 수많은 국난을 극복하고 반만년의 유구한 역사와 찬란한 문화를 창조할 수 있는 원동력이었음을 주지시킨다. 특히 의병 봉기와 항쟁 부분에 역점을 두어 (……) **살신성인의 의병 정신이 일본 제국주의의 침략에 대항한 한말 의병, 독립군으로 이어지고, 다시 동족상잔의 비극인 6·25 당시 조국을 위해 기꺼이 산화할 수 있었던 군인 정신으로 계승되었음을 도출한다.** (전쟁기념사업회 1990: 83, 강조는 필자)

---

6 [편집자] 전쟁역사실 전시는 선사시대부터 일제강점기까지의 대외 항쟁사를 시대순으로 보여주는데, 필자의 기술처럼 이순신의 활약이 전시의 중심에 놓여 있다.

이 단락에서 특히 흥미로운 지점은 계보의 정당성 문제이다. 대한민국 군대의 전통을 의병과 독립군으로까지 거슬러 올라가면서도, 한국군을 구축하는 데 있어 일본이 미쳤던 역할은 보이지 않는다.[7] 또 하나 간과한 것은, 항일 독립투사의 대다수가 실제로 한국군이 아니라 조선인민군으로 그 계보가 이어진다는 점이다(Cumings 1981). 하지만 이러한 사실들은 모호하게 가려지는데, 이것이 결국 전쟁기념관의 현재적 관점이다. 남한으로서는 '애국'의 과거를 주장하려면, 일본 제국주의와 북한 공산주의라는 적들에 대항하여 거둔 강성한 국가의 **궁극적** 승리를 강조해야만 할 것이다. 이는 전쟁기념관의 구조 그 자체에 구현되어 있는 권력과 번영의 거창한 전시를 통해 부각된다. 남한은 이러한 **궁극적** 승리를 단언해야만 자신의 애국적 전통을 주장할 수 있다. 그리고 북한(그리고 북한군)이 **궁극적으로** 실패했다고 논할 수 있다.

이러한 승리의 관점으로 과거를 요약하면서 몇 가지 문제점이 선명하게 드러났다. 특히 조선 시대에 대한 전쟁기념관의 묘사는 유독 문제가 많다(다른 어떤 시기보다 조선 시대에 훨씬 넓은 전시 공간을 할애한 것은 결코 우연이 아니다). 더욱 새롭고 군사적으로 강력한 조선의 이미지를 만들어내기 위해, 전쟁기념관은 조선의 역사를 관료적 나약함이 아니라 군사적 힘의 관점에서 다시 써내려

---

7 일본군 사관학교를 졸업한 한국인들의 기록에 의하면, 이들 중 북한으로 간 사람은 없었다고 한다. 졸업 후에 군 경력을 이어가고자 했던 이들은 모두 남한의 군대에 입대했고, 그중 상당수가 1940년대부터 1960년대까지 대한민국 군대에서 요직을 맡았다.

갔다. 조선 시대는 중국에 '의존'하고 있었다는 이유로 한국사 가운데서 가장 '수치스러운' 시기로 널리 알려져 있었기에, 전쟁기념관은 현재를 위해 더욱 강하고 보다 '남성적'인, 하지만 실제로는 존재하지 않았던 군사적 전통을 주장해야만 했다. '승리한' 현재에 상응하는 새로운 조선사를 만들고자 하는 의도는 전시 기획에서도 뚜렷하게 드러난다.

> ㉠ 조선 시대 군사제도와 무관을 중심으로 한 교육제도 및 과거제도를 제시하여 당시 장수나 무인들이 지·덕·체를 겸비하였음을 보여준다. 또한 이들이 강인한 무사 정신과 확고한 국가관을 갖고 임전하였기에 (……) **조선 시대의 국방이 한층 강화되었음을 보여준다.**
>
> ㉡ 각종 무기류를 실물 또는 복원 전시함으로써 **조선 시대는 문치주의로 인해 국방력이 약화되었다는 일반적인 인식을 불식시키도록 구성한다.**
>
> ㉢ 조선 전기에 단행했던 왜구의 소굴인 대마도 정벌과 북쪽 오랑캐인 여진족을 몰아내고 개척한 4군 6진 개척을 부각, 전시하여 선조들의 유비무환의 호국 의지와 진취적이며 능동적인 국토 확장 의지 노력을 실감할 수 있도록 한다. (전쟁기념사업회 1990: 82, 강조는 필자)

조선은 그저 외세의 위협으로부터 국가를 지킬 수 있는 군사력

애국의 계보학

만 보유한 것이 아니라 영토 확장의 열의를 품은 것으로도 묘사된다. 조선 관련 전시의 목적은 당대의 유교 사대부 문화가 수행한 중요한 역할을 주변화하는 방식으로 역사를 다시 쓰는 것이었다. 나아가 조선왕조의 종말을 의미하는 '대한제국'을 묘사할 때도 대한제국과 동시대 다른 '위대한' 제국의 군사력 사이에 상대적 연결 고리를 그리는 방식으로 이루어졌다. 이는 대한제국의 군복과 영국, 독일, 미국, 일본, 중국의 군복을 시각적으로 연결시키는 놀라운 방식으로 구현되었다.

역설적이게도 '대한제국의 군복' 전시는 그 시기 한국에서 실제 벌어진 사건들과 극명하게 대조된다. 이 '위대한 제국'은 고작 13년간 지속되었을 뿐이고, 이때 한민족은 주권국가로서의 조국이 몰락하고 한반도가 일본의 식민지가 되는 광경을 목격한다. 하지만 이러한 사실은 거의 거론되지 않으며, 대신 기념비적 전투와 칭송받는 군사적 '승리'의 계보 속에서 그저 공백기로 다뤄진다(일제강점기 역시 마찬가지인데, 다만 1920년 10월의 청산리 전투가 만주에서 독립군이 일본군을 상대로 거둔 최초의 중대한 군사적 승리라는 점에서 '청산리 대첩'이라는 이름으로 강조된다).

한국에 대한 일본의 식민통치가 매우 간략하게만 언급되는 데 비해, 400여 년 전 조선이 일본을 상대로 거둔 승리는 위대한 업적 중 하나로 기념된다. 1592년과 1597년에 이순신이 일본에 거둔 승리에 대해서는 매우 넓은 전시 공간이 할애되어 있다. 또한 왼쪽 홀 한가운데에 전략적으로 거북선을 배치하여 관람객은 전

도판 10. 전쟁기념관 전쟁역사실에 전시된 거북선 모형

시관을 오가는 도중 여러 번 이와 마주치게 된다(도판 10). 한국
사에 대한 전시 경로를 '여행'하는 동안, 거북선의 위풍당당한 형
상은 영웅적이며 승리로 가득 찬 과거에 대한 증거가 된다. 거북
선의 전략적 배치는 현재와 미래 모두에 의미를 부여할 수 있는
과거를 창조하기 위한 것이다. 즉 외세의 침략과 국가의 내분을
뒤로한 채 거둔 이순신의 승리는 북한 공산주의와 국가 분단에
대한 남한의 (최종적) 승리를 떠올리게 한다. 이 시기를 미래 세대
를 위한 모범 사례로 내세우면서, 전쟁기념관은 이순신의 '효심
깊은' 후예로서 국가를 정당화하고자 했다.

애국의 계보학

한국전쟁과 대한민국 군대

전쟁역사실에 이어 두 번째 주요 전시 공간은 2, 3층에 위치한 6·25전쟁실이다. 전시가 반북 선전에 초점을 맞추고 있지는 않지만, 그럼에도 관람객은 한국전쟁이 북한에 의해 유발되었다는 뚜렷한 증거를 마주하게 된다.[8] 주요 전시 구역은 크게 네 군데로 구획되며, 다음 내용이 시간순으로 배치되어 있다. (1) 한국전쟁의 배경, (2) 북한의 침공, (3) 낙동강 방어작전, (4) 인천상륙작전, (5) 국군의 북진, (6) 중공군의 참전, (7) 교착 상태, (8) 휴전 협정. 대강 덧붙인 듯한 마지막 전시는 한국전쟁에 참전한 유엔군에 할애된다(유엔군이 입었던 군복과 사용한 무기, 전장 생활이 전시되어 있을 뿐이다). 한국전쟁 관련 전시의 놀라운 특징 중 하나는, 국군을 **주요한** (그리고 영웅적인) 주체로 강조하여 이 전쟁의 갈등이 주로 국군과 북한 **및** 중공군 사이에서 벌어진 것으로 묘사했다는 점이다(유엔군이 수행한 결정적 역할에 대한 언급은 거의 없다). 심지어 전쟁에서 유엔군이 담당했던 전략적 역할이 생략되는 것과는 달리, 북한에 대한 중국의 지원은 강조된다.[9] 『전쟁기념관 전시연출계

---

8 『전쟁기념관 전시연출계획』(전쟁기념사업회 1990: 84)에는 다음과 같이 기술되어 있다. "단순히 도발자에 대한 응징의 단계를 넘어서 6·25전쟁 자체가 우리 민족 전체의 비극이었다는 데 초점을 맞춘다. (……) 6·25가 소련의 사주를 받은 북한 공산집단의 불법 남침이었음을 실증 자료들을 통해 극명하게 표출한다."

9 [편집자] 전쟁기념관에서는 2013년에 6·25전쟁실 내부에 별도의 유엔실을 마련했다. 이곳의 전시는 필자가 설명한 기조가 달라졌다기보다는 새로운 내용이 덧붙여지는 방식으로 기획되었다. 한국전쟁에 참전한 유엔군의 희생을 기리고 유엔의 역사와 활동을 보여주되 한국

획』은 다음과 같이 설명한다.

- 초기의 전황이 국군에게 매우 불리하였음과, **이러한 상황에서**
  도 애국애족에 불타는 국군 용사들이 살신성인의 호국 의지를 발휘
  한 사실을 도출한다. (……)
- 휴전 회담이 진행되고 조금의 땅이라도 더 차지하려는 몸부
  림을 고지전투 등을 통해 생생히 보여줌으로써 **국군 용사들의**
  호국 정신을 본받고 영령들에 대한 고마움을 느낄 수 있도록 한다.
  (전쟁기념사업회 1990: 84, 강조는 필자)

여기서 짚고 넘어가야 할 두 가지 중요한 지점이 있다. 첫 번째
는 역사란 역경을 극복하기 위한 의로운 투쟁이라는 관념에 대
한 것이다. 이를 위해서는 상당히 친숙한 서사들이 활용된다. 일
본을 물리친 이순신의 전투, 일본 식민지배자에 대한 독립군의
투쟁, 북한 공산당에 대한 남한의 투쟁이 그것이다. 이전 전시 공
간에서 관람한 전쟁들과 마찬가지로, 한국전쟁은 의로운 투쟁의
연속체 중 일부처럼 취급된다. 두 번째는 감사("영령들에 대한 고마
움")의 관념에 대한 것이다. 전시는 관람객들이 전사자들을 추모
하도록 유도하는 데서 그치지 않는다. 추모는 1945년 해방 이후
의 역사 자체가 되어 그 안에 녹아 있는 감정으로 자리한다.

이 유엔의 지원을 받는 나라에서 지원을 하는 나라로 바뀐 지점이 특히 강조된다. 이는 다음
전시실인 해외파병실의 전시와도 자연스럽게 이어진다.

애국의 계보학

6·25전쟁실 다음에 이어지는 해외파병실에는 남한의 베트남 전과 걸프전 참전 및 소말리아, 서사하라, 앙골라의 평화유지 작전에 대한 전시물이 있다. "우리 남한이 자유를 위해 우방국들을 어떻게 지원해왔는지"를 보여주는 곳이다(장정독 1997). 여기에서 남한은 한국전쟁의 잿더미에서 다시 일어나 국제적으로 인정받는 국력을 지닌 충성스러운 우방이자 자유를 위해 다른 강대국들과 어깨를 나란히 하고 싸우는 믿음직한 국제 파트너로 그려진다. 국경 안에서 자유를 위해 싸워온 남한은 세계 속에서도 자유를 위해 싸운다. '의로운' 대의를 공유하는 국제 사회의 자랑스러운 일원으로서, 남한의 군대는 다시 한번 국민들의 추모 대상이 된다.

국군발전실과 옥외전시장

그렇다면 전쟁기념관의 기획자들은 군대와 국민, 그리고 군사력과 국가적 번영 간의 고유한 연관성을 강화하기 위해 정확히 어떤 시도를 했을까? 첫 번째 단계는 현대의 대한민국 국군과 그 '본래적' 선조와의 역사적 연관성을 재차 강조하는 것이다. 관람객들은 다음과 같은 설명과 도표를 마주하게 된다.

> 1907년 8월 일본이 조선의 군대를 강제 해산시키자, 이에 저항하여 전국 각지에서 의병이 일어났다. 1910년 한일병합 이후, 의병은 독립군으로 편성되어 항일 투쟁을 이어갔다.

의병 → 독립군 활동 → 광복군 → 국방경비대 → 육군

대한민국 군대가 한민족의 선형적 (애국) 역사의 주체라는 관념
은 민족주의 역사에서 매우 고질적인 균열 중 하나를 드러낸다.
그것은 민족의 계승과 그 역사 서술의 궁극적 목적인 근대성 사
이의 모순이다(Duara 1995). 여기서 한국군은 한민족이 세운 국
가가 '자연스럽게' 진화해온 과정의 최종 결과물로 인식된다. 그
리하여 민족의 '진정한' 무사 정신이라 여겨지는 것이 오늘날에
'고스란히 계승되고 회복'되어 새롭고 완전히 현대적인 무언가
가 된다. 프라센지트 두아라에 따르면 "역사의 주체로서 민족은
민족-공간에 이미 항상 존재했던 것으로서의 투명성을 확보하
기 위해, 특히 외부의 도전에 맞서면서 민족의 본질을 회복시키
는 작업을 끊임없이 되풀이해야만 한다"(Duara 1995: 29). 한국의
경우 이 '본질'은 대체로 국가의 '중심 주체' 역할을 하게 된 신화
적 군사문화와 결부된다. 그리고 이러한 국가적 연속성의 가설과
더불어 '그 주체'에 의해 형성된 국가의 과거와 미래 전반에 걸친
역사, 전통, 문화에 대한 다른 주장들도 함께 도출된다.

전쟁기념관의 기획자들은 군대에 민족 공동체와 '국민'을 정의
하는 **주요 행위자**라는 특권을 부여하고자 한다. 그리하여 한국의
현대는 미래를 향해 착실히 나아가는 한편 상실한 과거를 '회복'
하는 재편의 시기로 인식된다. 이 기획자들은 군대-국민(이들이
사용한 용어로 말하자면 "국민의 군대")을 민족사의 새로운 주체로

위치시키며, 한편으로는 국민의 '미래'를 만들어가면서 다른 한편으로는 국민과 문화의 연속성을 '회복'하고자 했다.

그런데 국민의 이름으로 군대가 등장했다면, 역사적으로 국민국가가 항상 존재하고 있었다는 의미가 된다. 이때 국민은 정확히 누구인가? 국가의 주권의 토대로서, 국민은 아주 오래전부터 있었던 것으로 여겨진다. 그런데 '참신하고 진보적인' 미래, 특히 조국 통일의 미래를 맞이하기 위해서는 국민이 '현대적'인 상태에 맞게 개조되어야 했다. '국민의 군대'가 이끄는 새로운 국가를 정당화하기 위해서는 그 소임을 다하기 위해 국민이 개조되어야 했던 것이다. 이러한 과정의 일환으로 전쟁기념관의 기획자들은 국민을 대상으로 오늘날에는 군대가 그들의 삶에 새롭고도 결정적인 역할을 한다고 주장하는 교육을 마련했다. 한국의 진정한 전통적 가치의 보고이자 국민의 근대화를 이끄는 주축으로서의 역할을 모두 수행하면서, '국민의 군대'는 국민국가와 동의어가 된다. 그리하여 국가의 자주국방 정신의 '각성'은 곧 본래적 국민-군대-국가에 대한 '재각성'으로 인식되었다.

이제 우리는 전쟁기념관 기획자들에게 '새로운' 국민-군대-국가로서 국민과 군대를 물리적으로 연결시키는 것이 왜 중요한지 이해할 수 있다. 대형장비실과 옥외전시장에서 관람객들은 커다란 전쟁 무기들을 실제로 만져볼 수 있고, 이들 사이를 자유롭게 거닐면서 교감할 수 있다. 군대와 국민, 그리고 자주국방의 애국적 역사와 국민 사이에 자리하여 지리적으로 상징적 의미를 지니고 있는 공간에 합류하는 경험은 '국민의 군대'가 바라 마지않는 정당성에 또 한번 신뢰를 부여할 것이다. 이것의 목표는 국가권력과 대중을 친숙하고도 친밀한 방식으로 통합하는 것이었다. 이렇게 군사력을 친숙하게 (그리고 가족적으로) 전시하는 방식은 현대 남한 사회에서 재탄생한 '진정한' 문화적 본질의 연속성을 설명하기 위해 계산된 전략이었다.

경외와 수용

옥외전시장은 관람객의 자유를 최대한 보장하지만, 중앙 광장의 폐쇄 공간은 출입이 엄격히 제한된다. 전쟁기념관 입구로 이어지는 이 드넓은 야외 공간은 '경외감'을 유발하도록 설계되었다. 이곳에 들어서면 관람객들은 일상의 '사소한' 걱정은 "떨쳐버리고 전쟁, 희생, 애국심의 위대한 의미를 마주할 수밖에 없다". 양쪽의 전시관이 마치 "두 팔"로 광장을 감싸 안는 듯한 시각적 효과는 "포용, 따스함, 심지어 사랑의 감각마저 불어넣는다"(Lee Sung-kwan 1997b). 영웅적 과거와 영광스러운 현재, 국민과 국가, 개인과 역사는 이렇게 포용적인 공간에서 민족의 화합, 경외감, 공유된 기억으로 연출되어 하나로 통합된다.

건물 밖 회랑에 반복적으로 배치된 기둥과 명비(1945년부터 전사한 10만 명 이상의 국군, 경찰, 유엔군의 이름이 새겨져 있다)는 국가

애국의 계보학

도판 11. 전쟁기념관 회랑의 전사자명비

의 역사 및 기억에 대한 시간적 집착을 강조한다(도판 11). 역사
적 연속체는 형태의 반복을 통해 표현된다. 이 공간은 "태양의 위
치가 변하며 점점 길어지는 잔잔한 그림자가 시간의 흐름을 알려
줌에 따라 한층 깊어지는 경외와 기억의 자질"을 일깨운다. "전
사자의 이름이 새겨진 명비 사이사이의 빈 공간에 햇살이 비치
면서 만들어내는" 그림자의 움직임을 통해 "죽음과 삶, 분노와 안
식, 과거와 현재의 계시적이고 반복적인 장면"이 연출되도록 설
계되었다(Lee Sung-kwan 1997b).

그런데 여기서 국민과 그들의 역사가 만나는 것과 관련된 '포
용'의 관념은 또 다른 해석을 제공한다. 그것은 남한 측 전사자
의 (북한을 포함한) **모든** 한국인에 대한 포용이다. 건물이 내뿜는

위풍당당한 '남성적' 강인함을 통해 우애와 관대함의 포용이 시각적으로 한층 강조되며, 이는 "조국의 평화통일을 위해 헌사된 기념물"로서 전쟁기념관의 의미를 뒷받침해준다(Lee Sung-kwan 1997b). 두 팔을 활짝 벌린 형태의 전시관은 전쟁기념관 왼쪽에 얼싸안은 형제의 모습을 담은 조형물과 더불어 시각적으로 한층 더 부각되며, 영광뿐 아니라 용서를, 승리뿐 아니라 사랑을 나타낸다. 특히 한쪽은 강하고 한쪽은 약한, 한쪽은 나이가 많고 한쪽은 어린 형제의 상봉은 대대로 내려오는 '핏줄'의 계보에 대해서는 전혀 의문을 제기하지 않는 방식으로 묘사된다. 남한은 한국의 애국 전사 전통의 '정당한' 계승자인 형님으로 그려지며, 이 형님이 나약하고 제멋대로인 아우를 용서하는 것이 북한이 마침내 가족/국가의 '두 팔'에 안겨 그 품으로 돌아갈 수 있는 조건이 된다.

형제의 포옹

〈형제의 상〉은 전쟁기념관 기획이 승인된 이후에 구상되었다. 그럼에도 '남성적' 강인함을 통한 재회의 메시지는 전쟁기념관이 표출하고 있는 국가적 승리에 대한 남자다운 기념을 한층 강화시켜준다. 〈형제의 상〉에서 가장 먼저 눈에 들어오는 것은 두 인물상 사이의 엄청난 크기 차이이다(도판 12). 아우를 가슴에 꼭 끌어안고 감격에 젖은 남한 병사는 아우인 북한 병사를 뜨겁게 바

도판 12. 전쟁기념관 왼편에 있는 〈형제의 상〉

라보고 있으며, 북한 병사는 존경과 감사를 담은 눈으로 (상상컨 대) 눈물을 글썽이며 형님을 올려다보고 있다. 두 인물의 자세에서 드러나는 대조는 형님만 총을 메고 있다는 사실로 인해 더욱 강조된다. 반면 아우는 약해 보이는 만큼이나 아무 무기 없이 무방비한 모습이다. 이 조형물을 기획하고 총괄 제작한 건축가 최영집의 설명에 따르면, 남한 병사의 "용서를 담은" 포옹은 "위협적이지 않은 방식으로 바깥쪽을 향하고 있는 무기로 인해 한층 더 강조된다"고 한다(최영집 1997). 그러나 그가 소총을 메고 있는 데서, 남한은 다시 침공당할 경우에 대비하고 있음을 알 수 있다. 국가가 약해지면, 전쟁은 불가피한 것이다. 나아가 아우를 약하고 무방비하게 표현한 것은 북한 공산주의의 패배와 남한 민주주의의 승리를 보여주기 위한 것이다.

　남성성의 승리(혹은 패배) 서사와 불가분하게 연결된 국가의 정당성은 다음과 같이 매우 친숙한 방식으로 표현되었다. 형님은 영웅적이고 고결하며 한국의 영광스러운 '남성적' 과거의 정당한 '계승자'였다. 반면에 아우는 약하고 여성적이며, 나아가 합당한 자격을 가지지 못했다. 이러한 형제애의 수사는 극도로 엄격한 가족의 위계질서와는 양립할 수 없다. 본래의 조상으로부터 진정한 '혈통'을 물려받은 후손으로 승인받아야만 비로소 조국 통일을 보장할 수 있기 때문이다. 이 경우에는 형님인 남한만이 유일하게 적법한 상속자이다.

재회와 재생

　〈형제의 상〉에 대한 이러한 해석을 고려한다면, 인물상을 받치고 있는 돔 형식의 기단은 어떻게 봐야 할까? 최영집에 따르면, 기단은 신라 시대 왕릉의 형태를 본떠 만들었다고 한다. 삼국 통일에서 신라의 역할을 감안하면, 고대의 과거와 분단된 현재 사이의 역사적 유사성이 놀랍게도 분명히 드러난다. '무덤' 위로 솟아올라 통일된 반도는 형제의 국가로 다시 태어난다. 갈라진 돔의 양쪽에 서 있는 두 인물상이 서로를 끌어안으며 하나의 통일체를 이루면서 기단 바닥의 균열은 점차 줄어든다. 최영집은 이렇게 설명한다. "[신라의] 무덤을 기단으로 사용한다는 나의 아이디어는 죽음의 관념을 상기시키려는 것이 아니었다. 반대로 희망과 재생, 말하자면 역사의 순환 관념을 불러일으키려는 의도였다. 두 형제는 과거의 자궁으로부터 다시 태어나 미래에 다시 하나가 된다"(최영집 1997).

〈형제의 상〉은 전쟁기념관 내 다른 전시물들 속에 전략적으로 배치되면서 국가 재생의 개념을 다시금 부각시킨다. 〈형제의 상〉의 반대편 끝인 전쟁기념관 오른쪽에는 거대한 광개토대왕비의 복제물(원본은 중국 길림성 집안시에 있다)이 있다. 광개토대왕은 고구려 왕 중에서 가장 높이 칭송되는 인물일 것이다. 비석의 네 면에는 고구려 건국신화, 광개토대왕의 공적, 무덤 관리 규정 등이 새겨져 있다. 414년 광개토대왕의 아들 장수왕이 선왕의 위대한 업적을 기리기 위해 세운 이 비석은 전쟁기념관에서 새롭고도 중요한 역할을 담당한다. 한민족의 영웅적 과거를 드러내면서, 또한 국가의 영예로운 '재생'을 웅변하기도 하는 것이다. 마찬가지로 '영광스러운' 현재를 기념하는 전쟁기념관은 신화화된 고구려 역사의 과거와 미래 모두를 창조한다. 그 역사는 현재 살아 있는 사람과 앞으로 태어날 사람들에게 보내는 것만큼이나 영웅적으로 죽은 사람에 대한 헌사가 된다. 전쟁기념관, 〈형제의 상〉, 광개토대왕비는 삼각형 형태로 배치되어 주제의 측면에서 서로 연결되며, 각자의 방식으로 과거-현재-미래, 그리고 역사와 국가적 '재생'을 상징한다. 아래 도표는 이들의 상징적 구조를 보여준다.

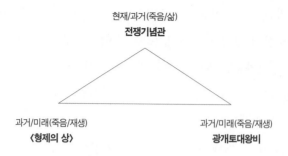

현재/과거(죽음/삶)
전쟁기념관

과거/미래(죽음/재생)　　　　　　　　　　　　과거/미래(죽음/재생)
〈형제의 상〉　　　　　　　　　　　　　　　**광개토대왕비**

　이 기념물들의 삼각 배치는 역사에 대한 국가의 비전과 지리적
차원의 국가를 보여준다. 통일 한국의 미래는 신라의 유산(왼쪽)
에서 발견되며, 활기찬('남성적인') 민족/국가의 미래는 고구려(오
른쪽)를 모델로 삼고 있다. 이 과거와 미래는 승리로 빛나는 현재
의 순간에 서로 만난다.

　이때 형제애라는 비유는 국가의 두 가지 주요 문제를 해결하
는 데 유용하다. 본래적 조상의 '적통을 잇는'(정당한) 후계자로
서 남성(전사)들의 종족 공동체를 구축해야 할 필요성과, 근대 사
회를 건설해야 할 필요성이 그것이다. 영광스러운 군사 전통이라
는 '상실한' 과거를 회복하고 이를 통해 동질적이고 연속적인 민
족 주체를 만들어내기 위해, 전쟁기념관은 한국사에서 유교주의
를 대체할 대안적 전통을 찾아야 했다. 그 과정에서 고구려 역사
를 자신의 것으로 전유하며 북한도 자연스럽게 포섭된다.

　지금까지 살펴봤듯이 이 역사는 대부분 한국사 중 조선 시대에
적극적 역할을 맡지 못했던 한국의 군사적 유산에 대한 이야기였

　　　　　　　　　　　　　　　　　　　애국의 계보학

다. 이 '회복'의 문제는 또한 '나약한' 중세로부터 내려온 특정한 유산을 제거하는 문제이기도 하다. 그리고 과거를 기념하는 데서 시작된 작업은 곧 (통일된) 국가의 미래를 재건하는 친숙한 작업과 맞물리게 된다.

전쟁과 평화

한국전쟁의 아픈 기억이 김대중과 김정일이 형제애를 담아 포옹하는 놀라운 이미지로 잠시 가려진다면, 이 드라마 속에서 전쟁기념관은 미래 세대에게 어떤 역할을 하게 될까? 조국의 전사한 병사와 미래의 병사를 기념하는 헌사는 여전히 평화에 대한 공식적 증언으로 읽힐까, 아니면 또 다른 전쟁에 대한 불길한 전주곡으로 읽힐까? 순종적 눈빛, 남자다운 자세, 용서를 담은 포옹, 준비된 소총의 모습을 담은 〈형제의 상〉은 통일에 대한 희망을 의미할까, 아니면 미래의 갈등을 의미할까? 군사력에 대한 기념비는 과거 군사정권의 폭력적 통치를 상기시키는 대상으로 읽힐까, 아니면 민주주의를 향한 평화로운 이행과 포용의 상징으로 보일까?

전쟁기념관에 깃들어 있는 모순적 가능성이 뒤섞인 모호함은 아직 완전히 끝나지 않았다. 이는 제대로 완결되지 않은 한국전쟁이라는 경험의 모호함과 전적으로 관련이 있다. 강력한 기념이

라는 남성적 시선 안에는 마찬가지로 강력한 화해와 평화의 제안
이 담겨 있다. 비록 그 평화가 오직 전쟁에 대한 기념을 통해서만
표현될 수 있는 것이라 해도 말이다.

김대중의 승리

이 책의 전반부에서는 신채호와 박정희의 사상을 검토하여 이들이 어떻게 한국의 민족 담론으로 자리 잡게 되었는지를 추적했다. 이광수와 학생운동 세력에 대한 논의에서는 국가적 상상 가운데 여성이 맡은 역할에 초점을 맞추었는데, 한국의 유교적 과거와 결부된 인물상인 '실패한' 남성이 전면에 부각되면서 여성이 가정, 나아가 국가의 충실하고 개화된 수호자로 등장한다. 여기서 나는 세계체제적인 현대 자본주의가 부상하고 이와 연계해 국가가 등장하면서 한국인이 자신을 젠더화된 존재로 인식하는 방식이 변했다는 점을 보여주고자 했다. 한민족이 새로운 남성성(그리고 정도는 덜하지만 여성성)을 만들어낸 것은 현대 세계체제와 국민국가의 요구에 의해 벌어진 현상이다.

물론 이런 관찰이 완전히 새로운 것은 아니다. 조지 모스^{George} Mosse도 『내셔널리즘과 섹슈얼리티』에서 이와 비슷한 내용을 언급했다. 다만 그는 국가와 민족을 연구하는 동시대의 여러 이론가들과 마찬가지로 국민국가가 권력과 통제의 메커니즘을 통해 구성원의 (자연스러운) 섹슈얼리티와 젠더 표현을 억제하는 방식을 찾아내는 데 초점을 맞추었다. 반면에 나는 그와 상반되게 새로운 정체성을 **생산**해내는 국가의 창조력에 주목했다.[1]

실제로 **비슷한** 근대의 패러다임 및 대립항(가정/세계, 전통/진보, 여성/남성, 야만/계몽 등)을 만들어내면서도, 다양한 맥락과 환경 속에서 지속적으로 자신을 변형시키는 민족주의의 창조력에 나는 매료되었다. 그러면서 한국 역사에서 일견 서로 관련이 없

---

1 모스는 자신의 선구적 연구인 『내셔널리즘과 섹슈얼리티』(1985)에서 민족주의와 섹슈얼리티의 암시적 일치 문제를 다루고 있다. 그는 민족주의가 이와 관련된 사회규범과 맺는 관계를 분석하면서, 독일을 비롯해 이탈리아, 영국, 프랑스의 중산층에서 성적 고결함에 대한 의식이 확산되는 양상을 추적한다. 넓은 의미에서 이러한 연구는 푸코의 『성의 역사』의 연속선상에 있다고 볼 수 있다. 푸코가 민족주의 문제를 명시적으로 다루지는 않았지만, 그와 모스는 본질적으로 섹슈얼리티를 그것을 억압하는 것처럼 보이는 권력 구조의 효과라고 보았다. 17세기까지 기독교 교리와 연결되어 있던 품위, 고결함, 사회규범은 18세기 말 민족주의에서 "이미 여러 교회에서 시도했던 성을 통제하려는 투쟁" 그리고 "산업화 및 정치적 격변으로 인해 매우 명백히 나타난 결과에 대처하기 위한 더 큰 노력의 일부"로서 재등장했다(Mosse 1985: 9). 푸코에게 이 시기가 '성에 대한 억압 담론'이 시작된 때라면, 모스에게 이 시기는 새로운 형태의 공동체적 상상이 출현한 때이다. 모스가 민족주의에서 섹슈얼리티에 대한 '억압'적 제약을 발견한 반면, 푸코는 자본주의 사회의 모든 곳에 내포되어 있으면서 성에도 행사되는 권력과 통제의 기술을 발견한다. "이 생체권력은 틀림없이 자본주의의 발전에 불가결한 요소였을 것이고, 자본주의의 발전은 육체가 통제되어 생산기구로 편입되는 대가를 치름으로써만 보장될 수 있었다"(Foucault 1978: 140~141). 따라서 국민국가, 자본주의, 부르주아 도덕 사이의 충실한 조응은 사회적 통제의 메커니즘을 구성했다. 이들 셋의 자연스러운 부산물인 민족주의는 근대 중산층이 '고결함'의 관습을 만들어내는 데 도움을 주었고, 그에 따라 '정상'으로 여겨지는 사회적 행동 규범 및 성적 실천 전반을 강제하게 되었다.

는 듯한 여러 텍스트와 사건을 분석하게 되었으며, 이를 통해 국가의 추정적 과거를 진보의 서사로 재구성하려는 매우 포괄적인 역사론에 의문을 제기하고자 했다. 두아라를 비롯한 여러 학자들이 지적했듯, 국민국가는 근대성이든 진보든 문명이든 미리 정해진 목적지를 향해 나아가는 연속적 스토리라인을 지닌 신화를 만들어내기 위해 노력한다. 하지만 그와는 대조적으로 이 책은 역사적 진보의 신화에 문제를 제기하는 데 초점을 맞추고 있다. 이는 공통점이 없는 것처럼 보이는 텍스트 및 사건 사이의 기묘한 연관성을 분명히 드러내면서 그 연관성 속에서 잊힌 혹은 억압된 '기억'을 찾아내는 방식으로 이루어진다. 그 기억은 또한 현재 시점에서 과거를 성찰하는 경험과 결합된다. 나의 목표는 시간의 흐름에 따른 선형적 발전보다는 텍스트/순간의 **집합**으로서 국민국가의 역사에 관한 대안적 시간성을 드러내는 것이다.

김대중 대통령에 대한 마지막 장에서는 이러한 작업의 마지막 토대를 보여줄 것이다. 여기서는 이전 장에서 살펴봤던 남성성의 '비유'를 김대중이 어떻게 지속적으로 활용하는 동시에 창조적으로 재가공했는지 살펴보고자 한다. 특히 기독교에 근거한 김대중의 남성성의 이상이 어떻게 (통일) 국가에 대한 그의 비전에 영향을 미쳐왔으며 (남성적) 국가 지도자로서 자신에 대한 이미지와 밀접한 관련을 맺게 되었는지 분석하는 데 나의 관심이 있다. 앞으로 살펴보겠지만, 남성성에 대한 김대중의 생각은 남성성에 대한 이전의 형태에 순응하는 동시에 반발하면서 형성되었다.

새로운 유형의 남성/국가

김대중이 대통령에 '등극'하는 과정에 대한 이야기는 상당히 주목할 만하다. 정규교육도 제대로 받지 못한 가난한 시골 소년이 (부패한) 권력에 의한 암살 시도, 가택 연금, 정치적 위협 등 온갖 역경을 꿋꿋이 이겨낸 뒤 해방 이후 처음으로 대한민국의 야당 출신 대통령이 된 이야기 말이다. 한때 김대중의 정적이었던 박정희도 이런 부류의 이야기를 애용한 바 있다. '천신만고 끝에 승리하는 영웅' 혹은 좀 더 단순하게 '정당한 지도자의 도덕적 (민주적) 승리'는 한국의 국가적 수사에서도 비범한 남성의 비범한 삶을 이해하기 위해 널리 활용되어온 친숙한 서사이다.[2] 실제로 김대중이 지닌 인간적 호소력 중 상당 부분은 그의 이야기가 국가 전체의 이야기와 공명하는 데서 나온다. 한 신문 사설은 그가 2000년에 노벨평화상 수상자로 선정된 이유를 이렇게 설명했다. "김대중의 정치 역정은 한국 민주주의의 고난사와 궤적을 같이했다. 그의 노벨평화상 수상이 개인만의 영광이 아닌 한민족의 영광으로 받아들여지는 이유다"(《뉴스피플》, 2000년 10월 26일).

---

2 청와대 공식 웹사이트에는 김대중의 대선 승리에 대해 "이는 40년 동안 가혹한 탄압과 시련을 견뎌온 김대중에게 극적인 승리였을 뿐만 아니라 한국의 본격적 민주주의 실현을 향한 거대한 발걸음이었다"라고 기술되어 있다. 그의 개인적 투쟁을 국가적 투쟁으로 표현한 대표적인 기사로는 다음을 참조하라. 《한겨레》, 1997년 12월 20일; 《동아일보》, 1997년 12월 22일; 《뉴스피플》, 1997년 12월 26일~1998년 1월 1일; 《뉴스플러스》, 1998년 1월 1일; 《한겨레21》, 1998년 1월 1일; 《주간조선》, 1998년 1월 1일. 이는 1997년 대선 직후 이러한 논조로 발표된 수많은 기사 중 일부에 불과하다.

애국의 계보학

더불어 김대중은 해방 이후 최악의 국가적 경제 위기 속에서 자신의 인생 이야기를 영감을 주는 우화로 활용하여 국민들을 격려하곤 했다.

이루 말할 수 없는 고난의 세월을 40년 넘게 감내해왔습니다. 저는 반드시 국민 여러분의 기대에 부응할 것을 굳게 다짐합니다. 수많은 시련과 고통 속에서도 산업화와 민주화의 위업을 이룩한 우리 국민의 저력을 저는 굳게 믿고 있습니다. (……) 조국의 광복과 민주 대한의 수호를 위하여, 그리고 이 땅에 민주주의를 실현하기 위하여 몸 바쳐 싸우다가 먼저 가신 애국 영령들이 우리를 지켜주실 것입니다. 우리 모두 손에 손을 잡고 하나가 되어 '제2의 건국'을 향해 힘차게 나아갑시다. 이 시대의 영광된 주인이 됩시다. 후손들에게 자랑스러운 내일을 물려줍시다. (김대중의 광복절 경축사, 1998년 8월 15일)

투쟁하고 구원받는 남성성/국가성에 대한 서사는 김대중의 대통령 취임사에서도 동일하게 언급되었는데, 여기서는 '외적으로부터 국가를 지킨' 이순신의 전투와 유사한 암시를 활용하여 경제적·국가적 갱생을 위해 '싸우고 있는' 사람들에게 영감을 불어넣었다.

우리를 가로막고 있는 고난을 딛고 힘차게 전진합시다. 국난

극복과 재도약의 새로운 시대를 열어갑시다. (……) 민족 수난의 굽이마다 불굴의 의지로 나라를 구한 자랑스러운 선조들처럼 우리 또한 오늘의 고난을 극복하고 내일에의 도약을 실천하는 위대한 역사의 창조자가 됩시다. 오늘의 위기를 전화위복의 계기로 삼읍시다. (김대중의 제15대 대통령 취임사, 1998년 2월 25일)

그러나 이와 같은 전투와 투쟁에 대한 암시에도 불구하고 김대중의 정치에는 이전 군사정권과는 전혀 다른 고유한 특징이 있다. 그의 정치는 신채호와 박정희가 이상화하던 (군사적) 남자다움의 형식을 **선택적으로** 거부하고 있기 때문이다. 그렇기에 김대중에게 투쟁이란 과거와 완전히 다른 의미를 가지며, 진보에 대한 사회진화론적 관념보다는 고통과 구원이라는 기독교적 관념에 훨씬 밀접하게 연결되어 있다. 김대중의 정치에 주목하는 외국의 전문가 중에서도, 독실한 가톨릭 신자로서 신앙이 그의 세계관을 비롯하여 남성이자 국가 지도자로서 자신을 바라보는 그의 관점에 깊이 영향을 미쳤다는 점에 주목한 사람은 거의 없다. 그러나 기독교적 용서에 대한 이상에 기반을 둔 김대중의 강렬한 신심은 그의 정치와 활동을 형성해온 원천이자 이념적 토대이다.

예를 들어 김대중은 박정희 대통령 기념관의 건립을 제안했다.[3] 전 대통령이 가한 핍박을 상기하면서도, 그는 박정희, 전두환, 노태우로 이어지는 군사정부에 대한 원한이나 악의는 없다고 거듭 밝히며 다음과 같이 말했다. "용서하지 않는다는 것은 국민과 사회를 지키기 위한 것이 아니라 눈에는 눈, 이에는 이로 대하는 부끄러운 보복 행위밖에 되지 않습니다." 그리고 이러한 말을 덧붙인다.

> 용기 있는 사람만이 용서할 수 있습니다. 국민 외에는 누구도 두려워하지 않는 사람, 올바른 사람은 반드시 승리한다는 확신을 가진 사람만이 진정한 용기를 낼 수 있습니다. **용서야말로 최대 승리라는 철학과 신념을 가진 자만이 자신 있게 용서를 할 수 있습니다.** (김대중 1998: 115~116, 강조는 필자)

이러한 발언을 비롯하여 김대중의 철학 전반에서 흥미로운 점은, '승리'에 대한 그의 관점이 생존 투쟁을 중심으로 하는 사회진화론적 세계관보다는 기독교적 용서의 이상에 근거하고 있다는 것이다("용서할 수 없는 것을 용서하는 것이 참 용서요, 인간 승리의 극치입니다"[1998: 84]). 실제로 그는 "처음부터 투사가 아니었고, 성격적으로 강경한 사람도 아닙니다. 오히려 나의 핏속에는 예술적인 기질이 더 많이 흐르고 있습니다"(1998: 164)라고 말하며 자서전 전반에 걸쳐 사회진화론적 세계관을 부정하는 입장을 취한다. 박정희가 어린 시절에 나폴레옹을 이상화했다면, 김대중

---

3 이 사업에 대한 설명 및 박정희에 대한 김대중의 견해를 담은 인터뷰는 「김대중 대통령 육성술회: 박정희와의 역사적 화해」(《월간조선》, 1999년 6월호)를 참조하라.

은 "십자가를 진 그분[예수]"과 "원수에 대한 이해와 관용"을 가르쳐준 링컨 대통령을 "창조적으로 모방"했다(1998: 173).

> 예수님은 우리에게 '우리가 죄지은 자를 용서하듯이 우리의 죄를 용서하소서'라고 기도하도록 가르친 것입니다.
> 이런 점을 빗대어 니체는 얼마간 경멸투로 기독교를 '약자의 종교'라고 했습니다. 영웅 숭배와 초인 숭배에 젖어서 일반 민중과 여자를 무자비하게 짓밟아도 좋다는 그의 터무니없는 철학에서 볼 때는 그런 억지도 나올 수 있었을 겁니다. 그러나 그가 숭배했던 나폴레옹과 그의 사상을 이어받았다는 히틀러의 최후는 어떠했습니까.
> 그리고 기독교를 지배자의 착취 앞에서 민중의 저항력을 약화시키는 아편이라던 공산주의도 패망했습니다. 오직 하느님 앞에 죄를 자복하고 원수를 용서하고 이웃을 위해 봉사하는 정신적 초인만이 역사를 통해 영원한 승자로서 존재하고 있습니다. (1998: 82~83)

김대중의 정치가 이상화하는 남자다움의 형태는 적에 맞서 싸우는 투사도, 생존 투쟁에서 살아남는 '적자適者'도 아닌, '그저 견디는' 남자이다. 그는 "근본적인 것은 전쟁에서 이기는 것입니다. 전투에서 이겼더라도 전쟁에서 진다면 아무 소용이 없습니다"라고 말한다(1998: 183). 김대중에게 이 전쟁은 기독교적 용서의 덕

애국의 계보학

목에 근거한 보다 높은 도덕적 원칙의 전투를 포함한다. "용서하지 않으면 전투에는 이기더라도 전쟁에는 집니다"(1998: 183). 실제로 김대중은 다음과 같이 설명한다.

> 우리의 목표를 조금 멀리, 조금 높이, 조금 넓게 잡도록 합시다. 그러면 참지 못할 것이 없습니다. 참아야 할 이유가 있는 사람은 참을 수 있습니다. 참지 못하는 것은 고통 때문이 아니라 **참을 이유가 없기 때문입니다**. (1998: 183, 강조는 필자)

김대중의 역사관은 겉보기에는 남성적·국가적 구원과 관련된 사상 및 투쟁에 의해 추동되었을지 몰라도, 이전 군사정권의 통치자들이 선전했던 민족주의적 시각과는 상당히 다르다. 역사가 어떠한 세속적 '승리'(가령 개화, 문명, 국가성 등)를 향해 인간이 노력해온 '진보'의 기록이라면, 김대중의 역사관은 모종의 초월적 목표, 즉 만인을 위한 민주주의, 자비, 용서라는 **보편적** 승리를 향한 진보의 기록이다.[4] 예를 들어 1999년 7월 4일, 필라델피아 자유메달 수상 연설에서 김대중은 자유를 향해 순례하는 동안 "억압받는 사람들의 인권을 위해 십자가 상에 목숨을 바친 예수님"

---

4 청와대 공식 웹사이트에는 김대중의 '더 높은' 노력에 대해 다음과 같이 기술되어 있다. "김대중은 한반도에서 전쟁을 억제하는 국가적 능력을 강화함으로써 동북아의 평화와 안정을 위한 확고한 기반을 마련했다. 나아가 그는 동티모르의 다국적 연합군에 한국군을 파병하여 동아시아의 다른 민주화 운동에 힘을 실어주었다. 실제로 그는 세계화의 기치하에 세계 평화와 인권을 강화하기 위해 노력하고 있다."

과 "역사 속에서 반드시 승자가 될 것이라는 역사관" 등이 자신을 지탱하게 해준 힘이었다고 말했다. 그가 바라보는 역사는 궁극적으로 의로운 자가 승리하는 투쟁과 구원으로 나타난다. "역사나 세계를 살펴보면, 자유와 정의를 위해 싸운 사람들이 결국은 승리했습니다. 물론 현실은 암울했을 뿐이었던 적도 수없이 많습니다. **하지만 저는 언제나 결국은 역사가 저를 승자로 만들어주리라고 확신하고 있었습니다**"(《코리아 헤럴드》, 2000년 10월 14일, 강조는 필자). 이때의 승리란 세속적 차원에서 정의되는 '승리'와는 무관하며, "하느님의 정의가 이 세상에 실현되도록"(김대중 1998: 144) 더 높은 원칙을 따르며 살아가야 한다는 영적 의미의 승리이다.

당연하게도 김대중의 적들이 가장 두려워하는 것은 정확히 그의 정치가 추구하는 '더 높은 소명'이었다. 그가 과거의 적들과 화해하고자 할 때의 키워드였던 사랑과 용서는 북한에 햇볕정책을 펼칠 때도 마찬가지로 통용된다. 실제로 2000년 6월 12~14일에 개최된 역사적인 남북정상회담을 위해 그가 평양을 방문한 데 이어 김정일과 감동적으로 '형제 상봉'을 하는 장면은 두 '적' 간의 화해가 금세라도 이뤄질 것처럼 느껴지게 만들었다(도판 13). 무엇보다 김정일은 미치기는커녕 사뭇 제정신이었으며 심지어 유쾌하고 재치 있었다. 김대중은 (형님이 마땅히 받아야 할) 존중과 경의를 담은 대접을 받았고, 상당히 즐거운 시간을 보내는 듯 보이기까지 했다. 이 최초의 화해 장면이 두 나라 사이의 얼음을 녹이기에 충분치 않았다 하더라도 훈훈한 순간은 그 뒤로도 몇 번

애국의 계보학

도판 13. 2000년 6월 평양에서 열린 남북정상회담에서 만난 김대중과 김정일

이고 이어졌다. 이틀 후 서울로 돌아올 때 김대중은 영웅으로 환영받았으며, 그의 용서의 정치는 진정 성과를 거둔 듯 보였다.

　김대중의 방북이 장기적으로 성공인지 실패인지를 판단하기엔 아직 이를 것이다. 그럼에도 여기서 강조하고 싶은 것은 그가 국가의 투쟁과 구원(통일)의 신화를 어떻게 재구성하여 **다른** 버전, 즉 이전의 군사정부가 내세웠던 남성성의 이상과는 첨예하게 대조되는 국가성/남성성을 창조했는지이다. 김대중은 박정희의 업적에 담긴 가치를 존중한다는 의사를 분명히 밝히면서도, 기독교적 덕목과 용서라는 자신의 관점을 적용하기 위해 남성 정체성과 남성적 힘에 대한 개념을 수정했다. 그 권력의 핍박에 무수히 쓰러졌음에도, 이 '새로운' 남성은 적을 쓰러뜨리기 위해서가 아니라 **그를 용서하기 위해** 몇 번이고 다시 일어난다.

신채호와 박정희가 주장하던 남성성의 이상과는 상당히 대조적으로, 김대중은 불굴의 강인함과 **동시에** 취약성과 유약함을 가진 남성을 이상화한다. 그의 힘은 육체적 역량이 아니라 정신력에서 나온다. "우리는 아무리 강해도 약합니다. (……) 두렵지 않기 때문에 나서는 것이 아닙니다. 두렵지만, 나서야 하기 때문에 나서는 것입니다"(1998: 37). 약함 속의 강함에 대한 이러한 이해는 김대중의 호인 '인동초'로 요약된다. 인동초는 겨울을 나는 동안 빨간 열매를 맺는 덩굴식물이다. 이 애착 어린 호에 대해 김대중 자신이 설명했듯이, "그 가녀린 인동초가 겨울을 버티는 힘은 머지않아 봄이 온다는 믿음에 있다. 나 또한 겨울을 이기고 봄을 준비하는 마음으로 여기까지 왔다"(1997: 317). 김대중의 '승리'는 공격성과 육체적 역량, 그리고/또는 남성의 정력적 이상과 연관된 물리적 강인함이 아니라 영적 신념의 힘에서 나온다.

이와 같은 새로운 버전의 남성성/국가성이 향후 남북한의 통일에 어떤 영향을 미칠지는 아직 알 수 없다. 그러나 분명한 것은 김대중이 자기 정부의 정당성과 권위를 높이고 조국의 통일을 앞당기기 위해 일구어온 남자다움의 형태 역시 남성성에 대한 이전 개념에서 비롯되었다는 점이다. 권위주의 정부로부터 민주주의 정부로 명백하게 이행했다는 점에서 김대중의 정치는 필연적인 역사 진보의 논리를 수반하는 기존의 진화적 패러다임을 다시 한번 승인하는 듯 보이기도 한다. 하지만 나는 이 책 전반에 걸쳐 이러한 진보가 신화임을 입증하고자 했다. 김대중은 과거(박정희)로부터 거리를 두기는커녕 과거와의 연관성을 적극적으로 내세웠다. 과거를 부인하는 대신 그것을 참조하여, 박정희 시대의 주요 주제 및 표상을 반복하는 동시에 거기서 현재 그리고/또한 대안적 미래와의 감춰진 관계를 찾아내어 새로운 남자다움의 표상을 재창조했다.

21세기에 들어선 뒤 과거와 현재의 관계를 오직 이행의 개념으로만 이해하고자 했던 포괄적 역사 이론의 실패한 약속을 반성하면서, 이 지배적인 패러다임에 사로잡히지 않고 국민국가의 역사를 써야 한다는 과제가 제시되었다. 그러한 전략의 결과가 차이와 저항의 행동을 통해서든 역사 서사 전체를 회피하는 것을 통해서든 그저 지배 문화를 다시 쓰는 것으로 이어져서는 안 된다. 오히려 진보적 역사에 대한 이전의 비판 전통으로 돌아감으로써, 우리는 벤야민이 말했던 '변증법적 이미지', 즉 그가 감춰지거나 잊혔을 과거와의 연결이 현재 속에서 예상치 못하게 나타나며 밝혀지는 각성의 순간이라 부른 관점을 통해 국가를 개념화했던 방식을 비로소 재고할 수 있다. 따라서 역사가의 과제는 텍스트, 사건, 이미지의 병치로 드러나는 여러 겹의 의미의 층위를 벗겨내고, 그 사이에 존재하는 무한하고 예상치 못하거나 숨어 있는 연결을 (재)포착하는 것이다.

감사의 말

학술 연구가 대부분 그렇듯이, 이 책도 사적인 친구, 동료, 익명의 심사자 등 많은 사람들이 작업의 단계마다 아낌없이 시간을 할애하여 수많은 장을 검토하고 논평하며 공동의 노력을 기울인 결과물이다. 이 연구의 대부분을 한국에서 진행했기에, 작업의 다양한 단계에서 여러 한국인 친구, 동료, 관계자들의 도움을 받았다. 그중에도 특히 장정덕, 김영남, 이성관, 최영집에게 감사하고 싶다. 이들의 도움이 없었더라면 이 책의 7장은 쓸 수 없었을 것이다. 한국 반정부 학생운동의 지하조직이라는 생경한 세계를 내게 알려주고 그에 대한 통찰을 들려준 송청연, 신채호의 저술에 담긴 미묘한 뉘앙스를 이해할 수 있게 도와준 호 '선생님'에게 고마운 마음을 전한다. 뜨거운 여름에 새마을지도자연수원에서

애국의 계보학

수백 건의 편지, 사진, 교재를 찾아 정리하는 일을 도와줬을 뿐 아니라 알려지지 않은 잡지나 이미 절판된 책을 찾아준 관오정의 동료 의식에도 깊이 감사드린다. 시 링 쳉과 엘리자베스 라무뤼는 한국의 노동 및 젠더 정치에 대해 밤늦도록 토론하며 도움을 주었다. 한국 식민문학 애호가인 재닛 풀은 2장과 3장에 담긴 나의 의견을 재검토해주었으며, 전체 원고를 관대하게 읽어주었다. 이 책의 여러 버전을 예리하게 살펴봐준 낸시 에이벨만에게도 감사한다. 보니 고든과 캐러신 매킨타이어 피터스는 연구 작업 내내 나를 지원해주었다. 이들의 우정 덕분에 책을 쓰는 오랜 기간 동안 나는 버틸 수 있었다.

이전에 출판한 내 글들을 이번 책에 재수록하는 것을 허락해준 출판사들에도 감사드린다. 「미래에 대한 시각, 혹은 현대 한국의 가족 역사 만들기A Vision of the Future; Or, Making Family Histories in Contemporary South Korea」(*Positions: east asia cultures critique* 4, no. 1, Spring 1996), 「'여성'과 근대성의 약속: 한국에서 국가에 대한 사랑의 징표'Woman' and the Promise of Modernity: Signs of Love for the Nation in Korea」(*New Literary History* 29, no. 1, Winter 1998), 「기념비적 역사들: 남성성, 군대와 전쟁의 기념Monumental Histories: Manliness, the Military and the War Memorial」(*Public Culture* 14, no. 2, 2002)이 그렇게 이 책에 포함된 글들이다. 더불어 아시아연구협회Association for Asian Studies의 허가를 받아 내 논문 「여성, 저항, 그리고 분단국가: 한국 통일의 낭만적 수사Women, Resistance, and the Divided Nation: The Romantic Rhetoric of Korean

Reunification」(*Journal of Asian Studies* 55, no. 1, 1996)의 수정판도 이 책에 재수록했다.

한편 이 연구는 대산문화재단 연구원(1999~2000), 미국역사협회의 베르나도티 슈미트 장학금(1999), 아시아연구협회의 NEAC 여행 지원금(1999), 아시아연구기금의 장학금(1999), ACLS/SSRC의 국제 박사후연구원(1998~1999), 한국학중앙연구원의 박사후연구원(1998), 한국국제교류재단의 박사후연구원(1997), 그리고 또 다른 ACLS/SSRC의 국제 박사후연구원(1996)으로 자금을 지원받아 진행되었다. 이 모든 기관들에 진심으로 감사드린다.

마지막으로 나는 이 책을 남편이자 가장 친한 친구이면서 영혼의 동반자인 김지율에게 바치고 싶다. 그의 인내와 격려가 없었더라면 이 연구는 결코 결실을 맺지 못했을 것이다. 이 책을 완성하기 위해 연구하고 집필하던 수년 동안 나의 세 아이, 아이작, 해나, 에마가 태어났다. 이들의 사랑이 나를 계속 버티게 하면서 나에게 영감을 불어넣어주었다.

대통령 선거에 임할 때 사람들은 자신이 어떤 국가에서 살고 싶은가라는 질문에 직면한다. 자신이 국가에 바라는 비전과 이상적 국가의 이미지를 고민하며 지지하는 정당과 대통령 후보를 정한다. 북한보다 더 잘 사는 나라를 만들고자 하던 때도 있었고, 군부독재를 끝내고 민주화를 바란 적도 있었으며, 노동 유연화의 압박 속에서 일자리를 간절히 원하거나 파행과 무능의 극치였던 국가 제도의 정상화를 요구한 적도 있었다. 그리고 2022년 3월 대통령 선거에서 국민들이 가장 강렬히 의식한 것은 노동의 좌절이었다. 노동으로는 변변한 임금도, 삶에 반드시 필요한 돌봄 및 재생산의 조건도 확보할 수 없음을 절감한 국민들은 개개인이 모두 투자자본가가 되는 길밖에 없다는 직감 속에서, 막연히 시장과 자본에 더 친화적이고 복지와 분배에 적대적일 것 같은 정당과 후보를 선택했다. 정작 그 후보는 국민의 투자소득을 지원하는 구체적인 공약을 제시한 적도 없는데 말이다. 국정에 대한 아무 계획도 약속도 없이 거의 백지에 가까운 선거 공보물을 낸 후보를 대통령으로 지지한 국민들의 선택은 역설적으로 대통령 선거야말로 국민이 국가에 기대하는 이상적 국가 이미지를 묻고 답하는 현장임을 증명한다.

실라 미요시 야거의 『애국의 계보학』은 개화기부터 현대까지 한국의 국가 건설에 영향을 미친 여러 요소 중에서 특히 행위자들이 추구하던 국가의 이상적 이미지가 무엇이었는지를 집중적으로 탐구한다. 야거에 따르면, 이 이상적 국가 이미지는 전통적으로 익숙한 이야기를 근대적으로 '번역'한 서사를 근간으로 형성되고 추구되며, 여성성과 남성성이라는 젠더적 성격을 띤다.

1, 2, 3장에서는 걷잡을 수 없이 국운이 기울고 결국은 주권을 침탈당한 시기에 신채호와 이광수라는 두 지식인이 현 국가의 문제점을 무엇으로 진단하며, 이 난국을 타개하기 위해 어떠한 국가가 되어야 한다고 주장하는지를 소개한다. 야거의 분석에 따르면, 신채호와 이광수는 모두 당시 조선의 문제점이 유교 문인의 형상으로 표상되는 국가의 '나약하고 무력한 남성성'에 있다고 보았다. 그러나 조선이 추구해야 할 대안으로 두 지식인이 제시하는 바는 사뭇 다르다.

1장에서 소개한 신채호는 한민족의 본령을 고구려의 광개토대왕이나 을지문덕과 같이 막강한 무력과 용맹한 기개를 가지고 중국에 대항하는 자주적 정신에 있다고 보았다. 그런데 조선의 문을 숭상하고 무를 버리는 풍조와 중국에 대한 극심한 사대주의로 인해 한민족의 정신이 훼손되고 국력도 약화되었다고 진단한다. 그리하여 신채호는 조선왕조가 변질시킨 한민족의 본령, 즉 강인한 무사로서의 남성성을 되찾아야 한다고 주장한다.

그에 반해 2장과 3장에서 다루고 있는 이광수는 나약하고 무력한 조선의 남성성으로 인한 존재의 부재와 사랑의 부재가 문제라고 지적한다. 고향에서 성실하고 정숙한 여자들이 외세에 의해 고초를 겪고 있음에도 고향을 떠난 남성은 끝내 돌아오지 않고, 설령 함께 있다 한들 열정도 사랑도 없이 우유부단할 뿐이다. 따라서 이광수는 「무정」의 영채와 병욱처럼 굳은 절개로 부당한 세력에 저항하고 새로운 가치를 받아들이며 성장하는 근대적 여성성을 대안으로 제시한다. 이 대안적 국가 이미지에 정당성을 부여하는 근거로서 새로운 근대의 서사로 번역된 이야기는 바로 「춘향전」이다. 「춘향전」에서는 춘향이 탐관오리 변학도의 횡포에도 꿋꿋하게 절개를 지키는 동안 암행어사로 성장한 몽룡이 춘향을 구해준다. 반면에 「무정」에서 강간을 당한 영채는 아무 도움도 주지 못하는 우유부단한 남성인 형식이 아니라 근대적 가치로 계몽된 신여성 병욱의 도움으로 구시대의 질서에서 벗어나 새로운 국가를 건설하는 주역으로 재탄생한다.

4장에서는 1980년대 학생운동 세력도 마찬가지로 '춘향'으로

옮긴이의 말

대표되는 열녀의 형상, 즉 부당한 세력의 위협에도 정절을 지키며 헤어진 남성의 귀향을 기다리는 절개 높은 여성을 민족의 상징으로 삼았다는 점에 주목한다. 그들은 미국 제국주의에 의해 부당하게 분단된 조국의 상황을 생이별을 겪은 채 서로를 그리워하며 재회할 날을 간절히 기다리는 연인/부부의 낭만적 서사로 설명한다. 그러나 여기서 '침해당한 국가'를 표상하는 여성은 부계 질서 속에서 권력을 가진 남성들이 외부의 다른 남성들에게 뺏기지 않기 위해 보호하거나 단속해야 하는 소유물로서의 여성이기에 통일 국가를 회복하는 적극적 행위자로서의 의미는 희박하다.

분단 이후 국가 건설의 주체가 역시 남성으로 표방되었다면, 이때는 어떤 남성성이 강조되었을까. 5장과 6장에서는 20세기 후반 남한과 북한에서 이상적 국민과 이상적 지도자로 제시된 남성의 이미지를 구체적으로 탐구한다. 5장에서는 1970년대에 군사독재에도 불구하고 국가 지도자로서의 정당성을 획득하기 위해 박정희가 취한 서사 전략을 농촌의 새마을운동을 중심으로 살펴본다. 먼저 박정희는 개화기 식민주의자들이 설정했던 구도와 비슷하게 과거 한국의 농민은 마치 조선 시대의 양반처럼 나태하고 무능했기에 과거의 악습을 모두 버린 뒤 근면하고 현대적인 새마을 지도자로 거듭나야 한다고 주장한다. 그러나 한국인의 이 후진적 근성은 매우 고질적이고 만성적이어서, 박정희와 같이 아주 강력한 지도자의 전폭적인 개혁 의지를 국민들이 일사분란하게 추종하며 철저하게 의식을 개조해야만 농촌과 국가가 발전하고 북한의 침략을 막을 수 있다고 보았다. 그러면서 박정희는 전장에서 뛰어난 용기와 지략으로 병사들을 이끌며 외적의 침입을 물리친 이순신을 민족의 영웅으로 내세우며 군사적 남성성을 이상적 이미지로 제시한다. 이 과정에서 이순신에 대한 무능한 관리들의 모함이 자신에 대한 민주화 세력의 저항과 동일시된다.

6장에서는 김일성이 자신의 권력을 정당화하기 위해 '자애로운 부성'을 강조한 전략이 논의된다. 야거는 특히 1980년대 남한의 학생운동 세력이 김일성과 맺는 관계에 주목한다. 앞서 4장에서 지적했지만 1980년대 학생운동 세력이 분단 조국의 상황을 생이별한 연인/부부가 재회를 갈망하는 낭만적인 서사로 표현할 때, 여성은 외부 세력에 의해 정조를 위협받는 피해자로서의 조국으로, 남성은 이 수난에 저항하여 국가의 본래 상태를 되찾고자 하는 적극적 행위자로 그려진다. 여기서 흥미로운 점은 이 저항적이고 반체제적인 남성들이 미제를 물리치고 여성을 단속하며 조국의 온전한 본령을 되찾는 과정을 표현하기 위해 활용한 이상적 서사가 정작 유교 가부장적 가족을 회복하는 이야기였다는 것이다. 야거는 당시 남한 학생운동 세력의 서사적 상상 속에서 김일성은 남한의 모든 실패한 지도자/아버지와 달리 유일하게 혁명에 성공한 이상적 아버지이며, 그 아버지에게 극진하게 효도하는 아들이 되는 것이 바로 애국이자 혁명이었다고 분석한다. 즉 1980년대 남한 학생운동 세력이 혁명과 통일을 위해 추구한 이미지는 자부慈父와 효자孝子라는 유교적 남성성이었다.

이렇게 유교 가부장적 가족 서사를 통해 국가의 정당성을 회복하려는 시도는 남한의 노태우 정부에서도 동일하게 이어진다. 7장에서 야거는 군사 쿠데타와 광주민주화항쟁에 대한 폭력 진압 등 폭정을 일삼은 전두환 정권의 뒤를 이은 노태우 정권이 전쟁기념관을 통해 국가의 정통성을 주장하는 남성적 언어를 구성하는 방식을 분석한다. 대규모로 건립된 전쟁기념관에서는 이순신과 의병 및 독립군이 치러온 역사적 전쟁, 그리고 무엇보다 한국전쟁을 중점적으로 기념한다. 한국 본연의 성격을 군사 전통의 '남자다운' 과거로 규정한 노태우 정권은 이렇게 영웅적 전쟁의 길을 걸어온 남성적이고 군사적인 국가를 미래 통일 한국의 비전으로 제시한다. 특히 한국전쟁 후 휴전 중이라는 분단 상황은 군사적·남성적 국가야말로 현재 한국에 가장 필요한 국가 정체성이라고 주장하면서 군사독재 정부에 정당성을 부여하는 근거가 된다. 전쟁기념관을 방문한 국민들은 전쟁이라는 거대한 국가적 사건을 중심으로 군대-국가에 공동체적 소속감을 느끼도록 유도되며, 남한의 군사정부를 중심으로 한 공동체적 유대와 포용은 향후 남한이 이루어야 할 통일에 대한 서사적 상상과 연결된다. 남한군과 북한군의 화해를 강하고 너그러운 형과 약하고 속죄하는 아우의 포용으로 표현한 동상에서 확인할 수 있듯, 한반도의 통일은 유교 가부장적 가족 질서의 복원으로 그려진다.

『애국의 계보학』에서 국가는 이미 본질적으로 어떤 성격을 띠고 있는 대상이 아니다. 특히 외세에 의해 급격하게 근대국가로 이행하는 과정에서 식민지배를 경험하고 해방 후에도 전쟁과 분단을 겪은 한국의 경우, 국가란 당연히 존재하는 것이 아니라 의식적으로 과거의 문제가 무엇이었는지를 되돌아보고 지금은 어떻게 만들어야 할지 고민해야 하는 대상이었다. 여기서 야거는 근대 한국이 국가 이미지를 구성하면서 조선 시대의 유교적 남성성과 어떤 관계를 맺을 것인가의 문제가 관건이었다고 지적한다. 이 책에서는 이를 크게 두 가지 입장으로 정리한다. 첫 번째는 유교적 남성성을 문약함, 나약함, 사대주의 등 부정적 특성으로 규정하며 식민지배, 가난, 후진성의 원인으로 보는 입장이다. 이는 조선 시대 유교로 인해 오히려 한민족 본연의 용맹한 정신이 왜곡되었으며, 자주적이고 씩씩한 군사적 남성성을 회복해야 한다고 주장한다. 두 번째는 유교적 남성성을 민족 공동체를 보호하고 돌보는 가부장적 권위로 규정하는 입장이다. 그에 따르면 아버지-남편-형으로 표상되는 이 유교 가부장적 남성이 외세의 침입으로 인해 정조를 위협받는 여성으로 표상되는 민족을 단속해야 하며, 분단으로 인해 헤어진 가족과의 재회를 이뤄낼 낭만적 가족 로맨스의 주인공이 되어야 한다. 이와 같이 유교적 남성성에 대한 상반된 평가와 이를 바탕으로 도출한 국가의 대안적 이미지는 주권 침탈, 분단 및 체제 경쟁, 군부독재, 민주화 운동, 통일과 같이 국가의 비전을 비판적으로 검토해야 하는 국면마다 좌우, 민관을 넘나들며 반복적으로 등장했다.

근현대사를 거치며 한국이 구축해온 국가 이미지를 분석할 때 야거가 주목한 또 하나의 중요한 특징은 그것이 젠더적 특성을 기반으로 한다는 점이다. 근대적 인식틀에 따르면 인간은 어디까지나 젠더화된 존재로서 인식된다. 즉 근대사회에서 '인간이란 무엇인가', '적절한 인간다움이란 무엇인가'의 질문은 곧 '적절한 남자다움이란 무엇인가'에 대한 모색이었으며, 그에 비해 여성다움은 이류 인간이나 비인간으로 분류되었다. 또한 국민이나 지도자 등의 인격과 등치시키는 방식으로 국가를 상상하거나 국가 자체를 국제 사회 속 하나의 행위자로 인식한다면, 국가 역시 젠더화된 존재로 인식될 수 있다. 그리고 '바람직한 국가다움'을 추구할 때에도 '적절한 남자다움이란 무엇인가'라는 질문의 영향을 강하게 받는다. 한국의 경우에는 과거의 유교적 남성성을 비판적으로 평가하고 근대적 남성성의 대안을 구성하는 방식으로 바람직한 근대국가의 이미지를 모색했는데, 이 책에서 야거는 다양한 역사적 사례를 통해 바로 그 과정을 증명하고 있다.

이 책의 에필로그에 따르면, 군사독재를 마감하고 남북 화해 정책을 추진한 김대중 정부에서는 군사적 남성성과 유교 가부장적 남성성과는 다르게 용서와 화해를 추구하는 기독교적 남성성이 제안되었다고 한다. 그러나 이후에 2007년 금융 위기, 세월호 참사, 코로나 바이러스 사태 등 여러 역사적 국면을 거치면서, 현재에는 지금까지 당연하게 여겨지던 '국가란 국제적 차원의 성장과 발전을 이뤄 부강해져야 한다'는 명제 자체에 의문이 제기되

애국의 계보학

고 있다. 오히려 돌봄, 안전, 기후정의에 대한 책임에 집중하는 기구로서 국가의 역할이 주목되는 것이다. 이렇게 또 한번 국가 이미지에 대한 패러다임에 큰 전환이 이루어지고 있는 시기에, 한국의 현재를 진단하고 미래를 구상하기 위해서는 새롭게 요구되는 이상적 국가의 이미지나 젠더적 특성은 무엇이며 과거의 국가상과는 어떤 식의 관계를 맺어야 하는지를 다시 한번 점검해볼 필요가 있다. 이때 이 책에서 야거의 논의가 제공한 분석틀과 격동의 시기마다 저자가 포착한 한국의 대응 방식을 확인해보는 작업은 우리에게 큰 도움이 될 것이다.

옮긴이의 말

참고 문헌

영어 저작과 논문

- Allen, Horace. 1908. *Things Korea.* New York: Fleming H. Revell.

- Anderson, Benedict. 1983. *Imagined Communities: Reflections on the Origin and Spread of Nationalism.* London: Verso(베네딕트 앤더슨, 『상상된 공동체』, 서지원 옮김, 길, 2018).

- Asad, Talal. 1973. "Two European Images of Non-European Rule." In *Anthropology and the Colonial Encounter,* ed. T. Asad. London: Athlone Press.

- Baik Bong. 1969. *Kim Il Sung Biography: From Birth to Triumphant Return Homeland.* Tokyo: Miraisha.

- Baker, Edward. 1976. "The Tale of Ong-nang." *Korea Journal.* Translated by E. Baker. Vol. 16, no. 5: 45~61.

- Barlow, Tani. 1994. "Theorizing Women: *Funü, Guojia, Jiating* (Chinese Women, Chinese State, Chinese Family)." In *Scattered Hegemonies: Postmodernity and Transnational Feminist Practice,* ed. Interpal Grewal and Caren Kaplan. Minneapolis: University of Minnesota Press.

- Baym, Nina. 1991. "Between Enlightenment and Victorian: Toward a Narrative of American Women Writers Writing History." *Critical Inquiry* 18, no. 1(Autumn 1991).

- Beaver, Pierce. 1965. *All Loves Excelling: American Protestant Women in World Mission.* Ann Arbor: William Eerdmans.

- Benjamin, Walter. 1968. *Illuminations: Essays and Reflections*. New York: Shocken Books.

- _____. 1999. *The Arcades Project*. Translated by Howard Eiland and Kevin McLaughlin. Cambridge, MA: Harvard University Press(발터 벤야민, 『아케이드 프로젝트』 1·2, 조형준 옮김, 새물결, 2005~2006).

- Bhabha, Homi. 1994. *The Location of Culture*. New York: Routledge(호미 바바, 『문화의 위치』, 나병철 옮김, 소명출판, 2012).

- Braudel, Fernand. 1980. *On History*. Translated by S. Matthews. Chicago: University of Chicago Press.(페르낭 브로델, 『역사학 논고』, 이정옥 옮김, 민음사, 1990).

- Brooke, Timothy and Schmid, Andre. 2000. *Nation Work: Asian Elites and National Identities*. Ann Arbor: University of Michigan Press.

- Brown, Arthur. 1919. *The Mastery of the Far East: The Story of Korea's Transformation and Japan's Rise to Supremacy in the Orient*. New York: Charles Scribner's Sons(아서 브라운, 『극동의 지배』, 류대영·지철미 옮김, 한국기독교역사연구소, 2013).

- Brudnoy, David. 1970. "Japan's Experiment in Korea." *Monumenta Nipponica* 25: 172~216.

- Butler, Judith. 1990. *Gender Trouble: Feminism and the Subversion of Identity*. New York: Routledge, Chapman & Hall(주디스 버틀러, 『젠더 트러블』, 조현준 옮김, 문학동네, 2008).

- Canary, Robert and Kozicki, Henry. eds. 1978. *The Writing of History: Literary Form and Historical Understanding*. Madison: University of Wisconsin Press.

- Carr, David. 1986. *Time, Narrative, and History*. Bloomington: University of Indiana Press(데이비드 카, 『시간, 서사 그리고 역사』, 유화수 옮김, 한국문화사, 2009).

- Chan Wing-Tsit. 1963. *A Source Book in Chinese Philosophy*. Princeton: Princeton University Press.

- Chandra, Vipan. 1986. "Sentiment and Ideology in the Nationalism of the Independence Club (1886~1898)." *Korean Studies* 10: 13~33.

- Chang Duk-soon. 1970. *The Folk Treasury of Korea: Sources in Myth, Legend and Korean Oral Literature*. Seoul: Society of Korean Oral Literature.

- Chatterjee, Partha. 1986. *Nationalist Thought and the Colonial World: A Derivative Discourse*. Dehli: Oxford University Press (빠르타 짯떼르지, 『민족주의 사상과 식민지 세계』, 이광수 옮김, 그린비, 2013).

- _____. 1989. "Colonialism, Nationalism, and Colonialized Women: The Contest in India." *American Ethnologist* 16: 622~633.

- Chen, Charles. 1969. *Neo-Confucianism, Etc.: Essays by Wing-tsit Chan*. Amherst: Oriental Society.

- Cheong Ji-Woong. 1981. "Informaion, Education and Training in Saemaul Movement." In *Toward a New Community: Reports of International Research Seminar on the Saemaul Movement*, 1980, ed. Lee Man-gap. Seoul: Seoul National University (정지웅, 「새마을 운동에 있어서의 홍보, 교육, 훈련」, 『새마을 운동의 이론과 실제』, 서울대학교 새마을운동 종합연구소, 1981).

- Ching, Julia. 1985. "Yi Yulgok on the 'Four Beginnings and the Seven Emotions.'" In *The Rise of Neo-Confucianism in Korea*, ed. W. de Bary and John Haboush. New York: Columbia University Press.

- Choe Dok-sin. 1987. *The Nation and I: For the Re-unification of the Motherland*. Pyŏngyang: Foreign Languages Publishing House.

- Choi Jang-jip. 1993. "Political Cleavages in south Korea." In *State and Society in Contemporary Korea*, ed. Hagen Koo. Ithaca: Cornell

University Press.

- Clark, Allen. 1961. *History of the Korean Church*. Seoul: The Christian Literary Society of Korea(곽안전, 『한국교회사』, 심재원 옮김, 대한기독교 서회, 1961).

- Clifford, James. 1988. *The Predicament of Culture: Twentieth Century Ethnography, Literature and Art*. Cambridge, MA: Harvard University Press.

- Cohn, Bernard S. 1980. "History and Anthropology: The State of Play." *Comparative Studies in Society and History* 22: 198~221.

- _____. 1981. "Anthropology and History in the 1980s: Towards a Rapprochement." *Journal of Interdisciplinary History* 12: 227~252.

- _____. 1987. *An Anthropologist Among the Historians and Other Essays*. New Delhi: Oxford University Press.

- Comaroff, John and Comaroff, Jean. 1991. *Of Revelation and Revolution: Christianity, Colonialism and Consciousness in South Africa*. Chicago: University of Chicago Press.

- _____. 1992. *Ethnography and the Historical Imagination*. Boulder: Westview Press.

- Conroy, Hillary. 1960. *The Japanese Seizure of Korea: 1868~1910: A Study of Realism and Idealism in International Relations*. Philadelphia: University of Philadelphia Press.

- Cook, Harold. 1972. *Korea's 1884 Incident: Its Background and Kim Ok-kyun's Elusive Dream*. Seoul: Royal Asiatic Society.

- Cott, Nancy. 1977. *The Bonds of Womanhood: "Women's Sphere" in New England, 1780~1835*. New Haven, CT: Yale University Press.

- Craiger, John. 1968. "The Aims and Content of School Courses in Japanese History, 1872~1945." In *Japan's Modern Century*, ed. E.

Skrzypczak. Tokyo: Voyagers Press.

- Cumings, Bruce. 1981. *The Origins of the Korean War: Liberation and the Emergence of Separate Regimes, 1945~1947*. Princeton: Princeton University Press (브루스 커밍스, 『한국전쟁의 기원』, 김범 옮김, 글항아리, 2023).

- _____. 1983. "Corporatism in North Korea." *Journal of Korean Studies* 4: 269~294.

- _____. 1997. *Korea's Place in the Sun: A Modern History*. New York: W.W.Norton (브루스 커밍스, 『브루스 커밍스의 한국현대사』, 김동노 외 옮김, 창작과비평사, 2001).

- de Bary, Theodore. 1958. *Sources of Japanese Tradition*, ed. T. de Bary. New York: Columbia University Press.

- de Lauretis, Teresa. 1987. *Technologies of Gender*. Indiana: University of Indiana Press.

- Deuchler, Martina. 1977. *Confucian Gentleman and Barbarian Envoys: The opening of Korea, 1875~1885*. Seattle: University of Washington Press.

- _____. 1985. "Reject the False and Uphold the Straight: Attitudes Toward Heterodox Thought in Early Yi Korea." In *The Rise of Neo-Confucianism in Korea,* ed. W. de Bary and J. Kim Haboush. New York: Columbia University Press.

- _____. 1992. *The Confucian Transformation of Korea: A Study of Society and Ideology*. Cambridge, MA: Harvard University Press (마르티나 도이힐러, 『한국의 유교화 과정』, 이훈상 옮김, 너머북스, 2013).

- Douglas, Ann. 1977. *The Feminization of American Culture*. New York: Doubleday.

- Douglas, Mary. 1966. *Purity and Danger: An Analysis of the Concepts of*

Pollution and Taboo. London: Rutledge and Kegan Paul(메리 더글러스, 『순수와 위험』, 유제분·이훈상 옮김, 현대미학사, 1997).

- Duara, Prasenjit. 1995. *Rescuing History from the Nation: Questioning Narratives of Modern China*. Chicago: University of Chicago Press(프라센지트 두아라, 『민족으로부터 역사를 구출하기』, 손승회·문명기 옮김, 삼인, 2004).

- _____. 1997. "Why Is History Antitheoretical?" *Modern China* 24, no. 2: 105~120.

- _____. 1998. "Transnationalism and the Predicament of Sovereignty: China, 1900~1945." *American Historical Review* 102, no. 4: 1030~1051.

- Duus, Peter. 1994. *The Abacus and the Sword*. Berkeley: University of California Press.

- Eckert, Carter. 1991. *Offspring of Empire: The Koch'ang Kims and the Colonial Origins of Korean Capitalism, 1876~1945*. Seattle: University of Washington Press(카터 에커트, 『제국의 후예』, 주익종 옮김, 푸른역사, 2008).

- Elvin, Mark. 1984. "Female Virtue and the State in China." *Past and Present*(August 1984).

- Em, Henry. 1993. "'Overcoming' Korea's Division: Narrative Strategies in Recent South Korean Historiography." *Positions: east asia cultures critique* 1, NC: Duke University Press.

- _____. 1999. "Minchok as a Modern and Democratic Construct: Sin Ch'aeho's Historiography." In *Colonial Modernity in Korea*, ed. Gi-Wook Chin and Michael Robinson. Cambridge, MA: Harvard University Press(헨리 임, 「근대적·민주적 구성물로서의 '민족': 신채호의 역사 서술」, 신기욱·마이클 로빈슨 엮음, 『한국의 식민지 근대성』, 삼

인, 2006).

- Fabian, Johannes. 1983. *Time and the Other: How Anthropology Makes Its Object*. New York: Columbia University Press.

- Fairbank, John. Reischauer, Edwin and Craig, Albert. 1989. *East Asia: Tradition and Transformation*. Boston: Houghton Mifflin (존 페어뱅크·에드윈 라이샤워·앨버트 크레이그, 『동양문화사』 상·하, 김한규·전용만·윤병남 옮김, 을유문화사, 1991~1992).

- Fenwick, Malcolm. 1911. *Church of Christ in Korea*. New York: Hodder and Stoughton (맬컴 펜윅, 『한국에 뿌려진 복음의 씨앗』, 예영커뮤니케이션, 2004).

- Fiedler, Leslie. 1960. *Love and Death in the American Novel*. New York: Anchor Books.

- Fogel, Joshua. 1996. *The Literature of Travel in the Japanese Rediscovery of China, 1862~1945*. Stanford: Stanford University Press.

- Foucault, Michael. 1967. *Madness and Civilization: A History of Insanity in the Age of Reason*. Translated by R. Howard. London: Tavisock (미셸 푸코, 『광기의 역사』, 이규현 옮김, 나남출판, 2020).

- _____. 1978. *History of Sexuality*. Translated by R. Hurley. New York: Pantheon Books (미셸 푸코, 『성의 역사』 1~4, 이규현 외 옮김, 나남출판, 2018~2020).

- Fukuzawa, Yukichi. 1985. *Fukuzawa Yukichi on Education: Selected Works*. Translated by Eiichi Kiyooka. Tokyo: University of Tokyo.

- Gales, James. 1898. *Korean Sketches*. New York: Fleming H. Revell (제임스 게일, 『조선, 그 마지막 10년의 기록』, 최재형 옮김, 책비, 2018).

- _____. 1909. *Korean in Transition*. New York: Young People's Missionary Movement of the United States and Canada (제임스 게일, 『1909, 전환기의 한국』, 김건아 옮김, 휴먼컬처아리랑, 2021).

- Gallagher, Catherine. 1985. *The Industrial Reformation of English Fiction: Social Discourse and Narrative Form, 1832~1867*. Chicago: University of Chicago Press.

- Gann, Lewis. 1984. "Western and Japanese Colonialism: Some Preliminary Comparisons." In *The Japanese Colonial Empire, 1895~1945*, ed. R. Myers and M. Peattie. Princeton: Princeton University Press.

- Gellner, Ernest. 1983. *Nations and Nationalism*. Ithaca, NY: Cornell University Press(어네스트 겔너, 『민족과 민족주의』, 최한우 옮김, 한반도국제대학원대학교 출판부, 2009).

- Geertz, Clifford. 1973. *The Interpretation of Cultures: Selected Essays*. New York: Basic Books(클리퍼드 기어츠, 클리퍼드, 『문화의 해석』, 문옥표 옮김, 까치글방, 1998).

- Gilman, Sander L. 1985. "Black Bodies, White Bodies: Toward an Iconography of Female Sexuality in Late Nineteenth Century Art, Medicine, and Literature." *Critical Inquiry* 12: 204~242

- _____. 1992 "Plague in Germany, 1939/1989: Cultural Images of Race, Space, and Disease." In *Nationalisms and Sexualities*, ed. A. Parker, M. Russo, D. Sommer and P. Yaeger. New York: Routledge, Chapman & Hall.

- Gilmore, George. 1882. *Korea from Its Capital*. Philadelphia: The Presbyterian Board of Publication(조지 길모어, 『서울 풍물지』, 신복룡 옮김, 집문당, 1999).

- Ginzburg, Carlo. 1980. *The Cheese and the Worms: The Cosmos of the Sixteenth and Seventeenth Centuries*. Translated by J. Tedeschi and A. Tedeschi. London: Routledge and Kegan Paul(카를로 긴즈부르그, 『치즈와 구더기』, 김정하·유제분 옮김, 문학과지성사, 2001).

- Gossman, Lionel. 1990. *Between History and Literature*. Cambridge,

MA: Harvard University Press.

- Gluck, Carol. 1985. *Japan's Modern Myths: Ideology in Late Meiji Japan*. Princeton: Princeton University Press.

- Grinker, Roy Richard. 1998. *Korea and Its Futures: Unification and the Unfinished War*. New York: St. Martin's Press.

- Hall, Basil. 1818. *An Account of a Voyage of Discovery to the West Coast of Corea and the Great Loo-Choo Island*. Philadelphia: Abraham Small (바실 홀, 『10일간의 조선항해기』, 김석중 옮김, 삶과꿈, 2000).

- Hamilton, Angus. 1904. *Korea*. New York: Charles Scribner's Sons (앵거스 해밀튼, 『조선에 대한 보고서』, 이형식 옮김, 2010).

- Han Yong-un. 1970. *Meditations of a Lover*. Translated by Younghill Kang and Frances Keely. Seoul: Yonsei University Press.

- Han Yŏng-wo. 1985. "Kija Worship in the Koryŏ and Early Yi Dynasties: A Cultural Symbol in the Relationship Between Korea and China." In *The Rise of Neo-Confucianism in Korea*, ed. W. de Bary and J. Kim Haboush. New York: Columbia University Press.

- Hane, Mikiso. 1982. *Peasants, Rebels and Outcasts: The Underside of Modern Japan*. New York: Pantheon Books.

- Hebdige, Dick. 1988. *Hiding in the Light: On Images and Things*. London and New York: Routledge.

- Hill, Patricia. 1985. *The World Their Household: The American Woman's Foreign Mission Movement and Cultural Transformation, 1870~1920*. Ann Arbor: University of Michigan Press.

- Ho, Samuel Pao-San. 1984. "Colonialism and Development: Korea, Taiwan, and Kwantung." In *The Japanese Colonial Empire, 1895~1945*, ed. R. Myers and M. Peattie. Princeton: Princeton University Press.

- Hobsbawm, E. J. 1990. *Nations and Nationalism Since 1780: Program,*

Myth, Reality. Cambridge: Cambridge University Press(에릭 홉스봄, 『1780년 이후의 민족과 민족주의』, 강명세 옮김, 창비, 1994).

- Hofstadter, Richard. 1992. *Social Darwinism in American Thought*. New York: Beacon Press.

- Howard, Keith. 1987. "An Introduction to Korean Folk Bands and Folk Songs." *Korea Journal* 27, no. 8: 28~48.

- Hulbert, Homer. 1906. *The Passing of Korea*. New York: Doubleday, Page and Company(H. B. 헐버트, 『대한제국멸망사』, 신복룡 옮김, 2019).

- Hunter, Jane. 1984. *The Gospel of Gentility: American Women Missionaries in Turn-of-the-Century China*. New Haven, CT: Yale University Press.

- Hutchison, William. 1987. *Errand Into the World: American Protestant Thought and Foreign Missions*. Chicago: University of Chicago Press.

- Hwang Jong-yon. 1999. "The Emergence of Aesthetic Ideology in Modern Korean Literary Criticism: An Essay on Yi Kwang-su." *Korea Journal* 39, no. 4: 5~35.

- Irokawa Daikichi. 1985. *The Culture of the Meiji Period*. Translated by Marius B. Jansen. Princeton: Princeton University Press(이로카와 다이키치, 『메이지의 문화』, 박진우 옮김, 삼천리, 2015).

- Jackson, Leonard. 1991. *The Poverty of Structuralism: Literature and Structuralist Theory*. London: Longman.

- Jager, Sheila Miyoshi. 1994. "Narrating the Nation: Students, Romance and the Politics of Resistance in South Korea." Ph.D. diss., Department of Anthropology, University of Chicago.

- _____. 1996a. "Women, Resistance and the Divided Nation: The Romantic Rhetoric of Korean Reunification." *Journal of Asian Studies* 55, no. 1: 3~21.

- _____. 1996b. "A Vision for the Future; or, Making Family

History in Contemporary South Korea." *Positions: East Asia Cultures Critique* 4, no. 1 (Spring 1996): 31~58.

- _____. 1996c. "Woman and the Promise of Modernity: Signs of Love for the Nation in Korea." *New Literary History* 29, no. 1 (February 1998): 121~134.

- _____. 2002. "Monumental Histories: Manliness, the Military, and the War Memorial, South Korea." *Public Culture* 14, no. 2 (Spring 2002): 387~409.

- Jameson, Frederic. 1972. *The Prison-House of Language: A Critical Account of Structuralism and Russian Formalism.* Princeton: Princeton University Press.

- _____. 1981. *The Political Unconscious: Narrative as a Socially Symbolic Act.* Ithaca: Cornell University Press(프레드릭 제임슨, 『정치적 무의식』, 이경덕·서강목 옮김, 민음사, 2015).

- _____. 1984. "The Politics of Theory: Ideological Positions in Postmodernism Debate." *New German Critique* 33: 53~65. Reprinted 1987 in *Interpretive Social Science: A Second Look*, ed. P. Rainbow and W.M. Sullivan. Berkeley and Los Angeles: University of California Press.

- Karatani, Kojin. 1993. *Origins of Modern Japanese Literature.* Translated by T. de Bary. Durham, NC: Duke University Press(가라타니 고진, 『일본근대문학의 기원』, 박유하 옮김, 도서출판 비, 2010).

- Keene, Donald. 1971. *Landscapes and Portraits: Appreciation of Japanese Culture.* Tokyo: Kodansha International, Ltd.

- Kendall, Laurel, 1985. *Shamans, Housewives and Other Restless Spirits.* Honolulu: University of Hawaii Press(로렐 켄달, 『무당, 여성, 신령들』, 김성례·김동규 옮김, 일조각, 2016).

- Kikuchi, Dairoku. 1985. "Japanese Education." In *Sources of Japanese Tradition*, ed. Theodore de Bary. New York: Columbia University Press.

- Kim Byŏng-mo. 1986. "Archaeological Fruits Since Liberation and the Reconstruction of Ancient History." *Korea Journal* 27: 50~57.

- Kim Chi-ha. 1980. *The Middlehour: Selected Poems of Kim Chi-ha*. Translated by David McCann. Stanfordville, NY: Human Rights Publishing Group.

- Kim, Eugene and Koh, B.C. 1983. *Journey to North Korea: Personal Perceptions*. Berkeley: Institute of East Asian Studies.

- Kim Il Sung. 1987. *Kim Il Sung Works*. Pyŏngyang: Foreign Publishing House.

- Kim Jong-il. 1982. "The Inheritance of the Leader's Revolutionary Ideas." *Korea Today* 4: 2~10.

- _____. 1987. "On Establishing the Ch'uche Outlook on the Revolution." *Korea Today* 10: 9~14.

- Kim Shi-ŏp. 1988. "Arirang, Modern Korean Folk Song." *Korea Journal* 28: 4~19.

- Kim So-wŏl. 1977. "Chindalae kkot(Azaleas)." *A Lamp Burns Low*. Translated by Jaihiun Kim. Seoul: Seonji-sa(김소월, 「진달래꽃」, 『진달래꽃』, 매문사, 1925).

- Kim Sung-ok. 1993. *Seoul, 1964: Winter in the Land of Exile: Contemporary Korean Fiction*. Translated by M. Pihl. Armonk, NY: M.E. Sharpe(김승옥, 『서울 1964년 겨울』, 창문사, 1966).

- Kim Tong-uk. 1980. *History of Korean Literature*. Translated by L. Hurvitz. Tokyo: Centre for East Asian Cultural Studies(김동욱, 『국문학사』, 일신사, 1979).

- Kim Young-jik. 1986. *The Making of Korean Literature*. Seoul: The

Korean Culture and Arts Foundation.

- Kimball, Gayle. 1982. *The Religious Ideas of Harriet Beecher Stowe: Her Gospel of Womanhood*. New York: Edwin Mellon Press.

- Koo, Hagen. 1993. "The State, Minjung and the Working Class in South Korea." In *State and Society in Contemporary Korea*, ed. Hagen Koo. Ithaca, NY: Cornell University Press.

- Kwŏn Yi-gu. 1990. "Population of Ancient Korea in a Physical Anthropological Perspective." *Korea Journal* 30: 4~13.

- Ledyard, Gari. 1975. "Galloping Along with the Horseriders: Looking for the Founders of Japan." *Journal of Japanese Studies* 1: 217~254.

- Lee, Ann Sung-hi. 1991. "Yi Kwang-su and Early Modern Korean Literature." Ph.D. diss., Columbia University.

- Lee, Chong-sik. 1963. *The Politics of Korean Nationalism*. Berkeley: University of California Press.

- Lee, Jin-kyung. 2000. "Autonomous Aesthetics and Autonomous Subjectivity: Construction of Modern Literature as a Site of Social Reforms and Modern Nation-Building in Colonial Korea, 1915~1925." Ph.D. diss., University of California, Los Angeles.

- Lee, Jung-young. 1981. *Korean Shamanistic Rituals*. New York: Mouton.

- Lee Man-gap. 1981. *Toward a New Community: Reports of the International Research-Seminar Movement 1980*. Seoul: Institute of Saemaul Studies, Seoul National University.

- Lee, Peter. 1965. *Korean Literature: Topics and Themes*. Phoenix: University of Arizona Press.

- _____. 1975. *Songs of the Flying Dragon: A Critical Reading*. Cambridge: Cambridge University Press(피터 리, 『용비어천가의 비평적 해석』, 김성언 옮김, 태학사, 1998).

애국의 계보학

- _____. 1980. *The Silence of Love: Twentieth Century Korean Poetry*. Honolulu: University of Hawaii Press.

- _____. 1981. *Anthology of Korean Literature: From Early Times to the Nineteenth Century*. Honolulu: University of Hawaii Press.

- _____. 1990. *Modern Korean Literature: An Anthology*. Honolulu: University of Hawaii Press.

- _____. 1993. *Sourcebook of Korean Civilization: From Early Times to the Sixteenth Century*. New York: Columbia University Press.

- Lee, Sun-ja. 1981. "A *Saemaul Undong* Success Case Presented at the National Convention of Saemaul Leaders in 1975" In *Saemaul Undong: Determination and Capability of the Koreans*. Seoul: Institute of Saemaul Studies.

- Lee Sung-kwan. 1997a. *Chŏnjaeng kinyŏmgwan* (Beyond the War Memorial). Unpublished manuscript.

- _____. 1997b. Interview by the author. Seoul, 2 April.

- LeRoy Ladurie, Emmanuel. 1979. *Montaillou: The Promised Land of Error*. Translated by B. Bray. New York: Vintage Books (엠마뉘엘 르루아 라뒤리, 『몽타이유』, 유희수 옮김, 길, 2006).

- Liu, Lydia. 1994. "The Female Body and Nationalist Discourse: The Field of Dreams Revisited." In *Scattered Hegemonies: Postmodernity and Transnational Feminist Practice*, ed. Interpal Grewal and Caren Kaplan. Minneapolis: University of Minnesota Press.

- _____. 1995. *Translingual Practice: Literature, National Culture and Translated Modernity in China 1900~1937*. Stanford, CA: Stanford University Press (리디아 류, 『언어 횡단적 실천』, 민정기 옮김, 소명출판, 2007).

- Lukács, Georg. 1971. *The Theory of the Novel: A Historico-Philosophical*

Essay on the Forms of Great Epic Literature. Translated by A. Bostock. Cambridge: MIT Press (게오르크 루카치, 『소설의 이론』, 김경식 옮김, 문예 출판사, 2014).

- Marcus, George. 1986. "Contemporary Problems of Ethnography in the Modern World System." In *Writing Culture: The Poetics and Politics of Ethnography*, ed. J. Clifford and G. Marcus. Berkeley: University of California Press.

- Mattielli, Sandra. 1977. *Virtues in Conflict: Tradition and the Korean Woman Today*. Seoul: Samhwa.

- McCann, David. 1986. "Formal and Informal Korean Society: A Reading of Kisaeng." In *Korean Women: View from the Inner Room*, ed. L. Kendall and M. Peterson. New York: East Rock Press.

- McCarthy, Kathleen Louise. 1991. "Kisaeng in the Koryo Period." Ph.D. diss., Harvard University.

- McConnell, Michael. 1996. "Don't Neglect the Little Platoons." In *For Love of Country: Debating the Limits of Patriotism*, ed. Joshua Cohen. Boston: Beacon Press (마이클 매코넬, 「작은 집단들을 부정하지 말라」, 조슈아 코언 엮음, 오인영 옮김, 『나라를 사랑한다는 것』, 삼인, 2003).

- McDannell, Colleen. 1986. *The Christian Home in Victorian America, 1840~1900*. Bloomington: Indiana University Press.

- McKeon, Michael. 1987. *The Origins of the English Novel, 1600~1740*. Baltimore, MD: Johns Hopkins University Press.

- McLennan, John. 1970. *Primitive Marriage: An Inquiry into the Origin of the Form of Capture in Marriage Ceremonies*. Chicago: University of Chicago Press (존 맥러넌, 『혼인의 기원』, 김성숙 옮김, 나남, 1996).

- Megill, Allan. 1984. "Recounting the Past: 'Description' Explanation, and Narrative in Historiography." *American Historical Review* 94, no.

3: 627~653.

- Miller, J. Hillis. 1979. "The Critic as Host." In *Deconstruction and Criticism*, ed. G. Hartman. London: Routledge and Kegan Paul.

- Minh-ha, Trinh T. 1989. *Woman, Native, Other: Writing Postcoloniality and Feminism*. Bloomington: University of Indiana Press.

- Mink, Louis. 1978. "Narrative Form as a Cognitive Instrument." In *The Writing of History*, ed. R.H. Canary and H. Kozicki. Madison: University of Wisconsin Press.

- Miyoshi, Masa. 1969. *The Divided Self: A Perspective on the Literature of the Victorians*. New York: New York University Press.

- _____. 1974. *Accomplices of Silence: The Modern Japanese Novel*. Berkeley: University of California Press.

- Moes, Robert. 1983. *Auspices Spirits: Korean Folk Paintings and Related Objects*. Washington, DC: International Exhibitions Foundation.

- Mohanty, Chandra. 1991. *Third World Women and the Politics of Feminism*. Bloomington: University of Indiana Press.

- Moore, Edward. 1902. *The Spread of Christianity in the Modern World*. Chicago: University of Chicago Press.

- Morsel, F.H. 1884. "Events Leading to the Emeute of 1884." *Korean Repository* 4: 95~97.

- Mosse, George L. 1985. *Nationalism and Sexuality: Middle-Class Morality and Sexual Norms in Modern Europe*. Madison: University of Wisconsin (조지 L. 모스, 『내셔널리즘과 섹슈얼리티』, 서강여성문학회 옮김, 소명출판, 2004).

- Myers, Ramon and Peattie, Mark. 1983. *The Japanese Colonial Empire, 1895~1945*. Princeton: Princeton University Press.

- Nahm, Andrew. 1976. "Poetry and Songs of the Koreans As an Oppressed

People, 1910~1945." *Korea Journal* 6, no. 10: 4~18.

- _____. 1983. "Koran Nationalism: Its Origins and Trans-formation." *Korea Journal* 23, no. 2: 19~37.

- Nairn, Tom. 1977. *The Break-up of Britain: Crisis and Neo-Nationalism.* London: Lowe and Brydone Printers.

- Noble, M. W. 1927. *Victorious Lives of Early Christians in Korea.* Seoul: Christian Literature Society of Korea(매티 윌콕스 노블,『한국 초대 교인들의 승리생활』, 사지형 옮김, 규장문화사, 1985).

- Nussbaum, Martha C. 1996. "Patriotism and Cosmopolitanism." In *For Love of Country: Debating the Limits of Patriotism*, ed. Joshua Cohen. Boston: Beacon Press(마사 누스바움,「애국주의와 세계시민주의」, 조슈아 코언 엮음, 오인영 옮김,『나라를 사랑한다는 것』, 삼인, 2003).

- O Tak-sŏk. 1980. *The Benevolent Sun: Mt. Paektu Tells.* Pyŏngyang: Foreign Language Press.

- Oberdorfer, Don. 1997. *The Two Koreas: A Contemporary History.* Boston: Addison-Wesley(돈 오버도퍼,『두 개의 한국』, 이종길·양은미 옮김, 길산, 2014).

- Okazaki, Yoshi and Viglielmo, V. H. 1955. *Japanese Literature in the Meiji Era.* Tokyo: Ōbunsha.

- Okuma, Shigenobu. 1985. "Fifty Years of New Japan." In *Sources of Japanese Tradition*, ed. Theodore de Bary. New York: Columbia University Press.

- Park Chung-hee. 1970a. *The Country, the Revolution and I.* Seoul: Hollym Corporation(박정희,『국가와 혁명과 나』, 향문사, 1963).

- _____. 1970b. *Major Speeches by President Park Chung-hee.* Seoul: Hollym Corporation(박정희,『박정희대통령선집』, 지문각, 1969).

- _____. 1970c. *Our Nation's Path.* Seoul: Hollym Corporation

(박정희, 『우리 민족의 나갈 길』, 동아출판사, 1962).

- _____. 1977. *The Road to National Survival*. Seoul: The Mail Kyungje Shinmun Co., Ltd(박정희, 『민족중흥의 길』, 광명출판사, 1978).

- _____. 1979. *Saemaul: Korea's New Community Movement*. Seoul: Hollym Corporation.

- Park Han-yong. 1981. "A Saemaul Success Case Study Presented at the National Convention of Saemaul Leaders in 1978." *Saemaul Undong: Determination and Capability of Koreans*. Seoul: Institute of Saemaul Studies.

- Peattie, Mark. 1984. "Japanese Attitudes Toward Colonialism, 1895~1945," In *The Japanese Colonial Empire, 1895~1945*, ed. R.R. Myers and M. Peattie. Princeton: Princeton University Press.

- Pecora, Vincent. 1989. "The Limits of Local Knowledge." In *The New Historicism*, ed. H. Aram Veeser. New York: Routledge, Chapman & Hall.

- Pihl, Marshall. 1984. "Dramatic Structure and Narrative Technique in the Korean Oral Narrative Pansori." *Korea Journal* 24, no. 11: 27~32.

- Pittau, Joseph. 1967. *Political Thought in Early Meiji Japan, 1868~1889*. Cambridge, MA: Harvard University Press.

- Poitras, Edward. 1983. "Gagach'isori"(The Cry of the Magpie). In *Korea Journal* 23: 38.

- Ponsonby-Fane, R. 1942. *Studies in Shintō and Shrines*. Kyoto: The Ponsonby Memorial Society.

- Pratt, Mary Louise. 1987. "Linguistic Utopia." In *The Linguistics of Writing: Arguments Between Language and Literature*, ed. N. Fabb, D. Attridge, A. Durant and C. MacCabe. New York: Methuen.

- Pusey, James. 1983. *China and Charles Darwin*. Cambridge, MA: Harvard East Asian Monograph Series.

- Radhakrishnan, R. 1992. "Nationalism, Gender, and the Narrative of Identity." In *Nationalisms and Sexualities*, ed. A. Parker, M. Russo, D. Sommer and P. Yaeger. New York: Routledge.

- Rainbow, Pau and Sullivan, W. M. 1987. *Interpretive Social Science: A Second Look*. Berkeley and Los Angeles: University of California Press.

- Reed, John Robert. 1975. *Victorian Conventions*. Athens: Ohio University Press.

- Ricoeur, Paul. 1981. "Narrative and Time." In *The Writing of History: Literary Form and Historical Understanding*, ed. R. Canary and H. Kozicki. Madison: University of Wisconsin Press.

- _____. 1984. *Time and Narrative*. Translated by K. McLaughlin and D. Pellauer. Chicago: University of Chicago Press(폴 리쾨르, 『시간과 이야기』 1~3, 김한식·이경래 옮김, 문학과지성사, 1999~2004).

- Riley, Diana. 1988. *Am I That Name: Feminism and the Category of "Women."* Minneapolis: University of Minnesota Press.

- Riley, Glenda. 1970. "The Subtle Subversion: Changes in the Traditionalist Image of the American Woman." *Historian* 32 (February).

- Robinson. Michael. 1984. "National Identity and the Thought of Shin Ch'ae-ho: *Sadaejuŭi* and *Ch'uche* in History and Politics." *Journal of Korean Studies* 5: 121~142.

- _____. 1986. "Nationalism and the Korean Tradition, 1896~1920: Iconoclasm, Reform, and National Identity." *Journal of Korean Studies* 10: 35~53.

- Rutt, Richard. 1961. "The Flower Boys of Silla." *Transactions of the Korea Branch of the Royal Asiatic Society*, vol. 38.

- Rutt, Richard and Chong-un, Kim. 1989. "The True History of Queen Inhyŏn." In *Virtuous Women: Three Classic Korean Novels*.

Translated by R. Rutt. Seoul: Kwang Myong.

- Ryan, Mary. 1981. *The Cradle of the Middle Class: The Family in Oneida County, New York, 1790~1865.* Cambridge: Cambridge University Press.

- Sahlins, Marshal. 1981. *Historical Metaphors and Mythic Realities: Structure in the Early History of the Sandwich Islands Kingdom.* Ann Arbor: University of Michigan Press.

- _____. 1983. "Other Times, Other Customs: The Anthropology of History." *American Anthropologist* 85: 517~544.

- _____. 1990. "The Return of the Event, Again; With Reflections on the Beginnings of the Great Fijian War of 1843 to 1855 Between the Kingdom of Bau and Rewa." In *Clio in Oceania*, ed. A. Biersack. Washington, DC: Smithsonian.

- _____. 1993. "Goodbye to Tristes Tropes: Ethnography in the Context of Modern World History." *Journal of Modern History* 65: 1~25.

- _____. 1995. *How "Natives" Think, About Captain Cook, For Example.* Chicago: University of Chicago Press.

- Said, Edward. 1978. *Orientalism.* New York: Pantheon (에드워드 사이드, 『오리엔탈리즘』, 박홍규 옮김, 교보문고, 2015).

- Samson, G.B. 1929. "An Outline of Recent Japanese Archaeological Research in Korea, in Its Bearing upon Early Japanese History." *Transactions of the Asiatic Society of Japan* 6: 6~19.

- _____. 1961. *A History of Japan, 1334~1614.* Stanford, CA: Stanford University Press.

- Scalapino, Robert A and Lee, Chong-sik. 1972. *Communism in Korea.* 2 vols. Berkeley: University of California Press (로버트 스칼라피노, 『한국 공산주의 운동사』, 한홍구 옮김, 돌베개, 2015).

- Schama, Simon. 1988. *The Embarrassment of Riches: An Interpretation of Dutch Culture in the Golden Age.* Berkeley: University of California Press.

- _____. 1989. *Citizens: A Chronicle of the French Revolution.* New York: Alfred A. Knopf.

- Schmid, Andre. 1997. "Rediscovering Manchuria: Sin Ch'aeho and the Politics of Territorial History in Korea." *Journal of Asian History* 56, no. 1: 26~46.

- _____. 2000. "Decentering the 'Middle Kingdom': The Problem of China in Korean Nationalist Thought, 1895~1910." In *Nation Work: Asian Elites and National Identities*, ed. Timothy Brooke and Andre Schmid. Ann Arbor: University of Michigan Press.

- _____. 2002. *Korea Between Empires 1895~1919.* New York: Columbia University Press(앙드레 슈미드, 『제국 그 사이의 한국 1895~1919』, 정여울 옮김, 휴머니스트, 2007).

- Schwartz, Vanessa. 2001. "Walter Benjamin for Historians." *American Historical Review* 106, no. 5: 1721~1743.

- Shin, Michael. 1999. "Interior Landscape: Yi Kwangsu's 'The Heartless' and the Origins of Modern Literature." In *Colonial Modernity in Korea*, ed. Gi-Wook Shin and Michael Robinson. Cambridge, MA: Harvard University Press(마이클 신, 「내면 풍경: 이광수의 『무정』과 근대문학의 기원」, 『한국의 식민지 근대성』, 신기욱·마이클 로빈슨 엮음, 도면회 옮김, 삼인, 2006).

- Sin Tŏng-yŏp. 1980. "Spring Comes." In *The Silence of Love: Twentieth Century Korean Poetry*, ed. P. Lee. Honolulu: University of Hawaii Press(신동엽, 『신동엽 시전집』, 강형철·김윤태 엮음, 창비, 2013).

- Sklar, Katherine. 1976. *Catherine Beecher: A Study in American Domesticity.*

New Haven, CT: Yale University Press.

- Smith-Rosenberg, Carroll. 1975. "The Female World of Love and Ritual: Relations Between Women in Nineteenth Century America." *Signs: Journal of Women in Culture and Society*, 1 (Autumn 1975).

- _____. 1988. "Domesticating 'Virtue': Coquettes and Revolutionaries in Young America." In *Literature and the Body: Essays on Populations and Persons*, ed. E. Scarry. Baltimore, MD: Johns Hopkins University Press.

- Sommer, Dori. 1990. "Love and Country in Latin America: An Allegorical Speculation." *Cultural Critique* 16: 109~128.

- _____. 1991. *Foundational Fictions: The National Romances of Latin America*. Berkeley: University of California Press.

- Spencer, Herbert. 1897. *The Principles of Sociology*, vol. 1~2. New York: D. Appleton.

- Spivak, Gayatri. 1989. "The Political Economy of Women." In *Coming to Terms: Feminism, Theory, Politics*, ed. Elizabeth Weed. New York: Routledge.

- Stocking, George. 1987. *Victorian Anthropology*. New York: Free Press.

- Sym Myong-ho. 1982. *The Making of Modern Korean Poetry: Foreign Influences and Native Creativity*. Seoul: Seoul National University Press.

- Szczesniak, Boleslaw. 1954. "The Sumu-Sanu Myth." *Monumenta Nipponica* 10, no. 12: 107~126.

- Tae Hung-ha. 1988. *Poetry and Music of the Classical Age*. Seoul: Yonsei University Press.

- Takekoshi, Yosaburō. 1912. Japan's Colonial Policy. *Oriental Review* 2: 101~120.

- Tanaka, Stephen. 1993. *Japan's Orient: Rendering Pasts into History*.

Berkeley: University of California Press.

- Tang, Xiaobing. 1996. *Global Space and the Nationalist Discourse of Modernity*. Stanford, CA: Stanford University Press.

- Taussig, Michael. 1984. "History as Sorcery." *Representations*, no. 7 (Summer 1984): 87~109.

- Thompson, E.P. 1993. *Customs in Common: Studies in Traditional Popular Culture*. New York: New Press.

- Tokutomi, Iichirŏ. 1985. "The Imperial Rescript Declaring War on the United States and the British Empire." In *Sources of Japanese Tradition*, ed. Theodore de Bary. New York: Columbia University Press.

- Troeltsch, Ernst. 1949. *The Social Teachings of the Christian Church*. 2 vols. Translated by O. Wyon. London: George Allen & Unwin(에른스트 트뢸취, 『기독교사회윤리』, 현영학 옮김, 한국신학연구소, 2003).

- Tu Wei-Ming. 1985. *Confucian Thought: Selfhood as Creative Transformation*. Albany: State University of New York Press.

- Turkle, Sherry R. 1975. "Symbol and Festival in the French Student Uprising(May-June 1968)." In *Symbol and Politics in Communal Ideology: Cases and Questions*, ed. S. Moore and B. Myerhoff. Ithaca, NY: Cornell University Press.

- Turner, Victor. 1981. "Social Dramas and Stories About Them." In *On Narrative*, ed. W. J. T. Mitchell. Chicago: University of Chicago Press.

- Underwood, H.G. 1908. *The Call of Korea*. New York: Fleming H. Revell(H.G. 언더우드, 『한국개신교수용사』, 이광린 옮김, 일조각, 1989).

- Underwood, H.H. 1926. *Modern Education in Korea*. New York: International Press.

- Underwood, Lillias. 1904. *Fifteen Years Among the Top-knots*. New York: American Tract Society(릴리어스 언더우드, 『조선 견문록』, 김철 옮

김, 이숲, 2008).

- Van de Ven, Hans. J. 1996. "War in the Making of Modern China." *Modern Asian Studies* 30, no 4: 737~756.

- Van Den Abbeele, George. 1992. *Travel as Metaphor: From Montaigne to Rousseau.* Minneapolis: University of Minnesota Press.

- Vaporis, Constantine Nomikos. 1994. *Breaking Barriers: Travel and the State in Early Modern Japan.* Cambridge, MA: Harvard University Press.

- Varley, Paul. 1980. *A Chronicle of Gods and Sovereigns: Jinno Shotoki of Kitabatake, Chikafusa.* Translated by P. Varley. New York: Columbia University Press.

- Waldron, Arthur. 1991. "The Warlord: Twentieth-Century Chinese Understandings of Violence, Militarism, and Imperialism." *American Historical Review* 96, no. 4: 1073~1100.

- _____. 1995. *From War to Nationalism: China's Turning Point, 1924~1925.* Cambridge: Cambridge University Press.

- _____. 1996. "China's New Remembering of World War II: The Case of Zhang ZiZhong." *Modern Asian Studies* 30, no. 4: 945~978.

- Walraven, B.C.A. 1988. "Pollution Beliefs in Traditional Korean Thought." *Korea Journal* 28, no. 9: 16~23.

- _____. 1989. "Symbolic Expressions of Family Cohesion in Tradition." *Korea Journal* 29, no. 3: 4~11.

- Walzer, Michael. 1986. "The Politics of Michael Foucault." In *Foucault Reader*, ed. D.C. Hoy. London: Butler and Tanner.

- _____. 1996. "Spheres of Affection." In *For Love of Country: Debating the Limits of Patriotism*, ed. Joshua Cohen. Boston, MA: Beacon Press(마이클 왈저, 「애정의 영역들」, 조슈아 코언 엮음, 오인영 옮김,

『나라를 사랑한다는 것』, 삼인, 2003).

- Watt, Ian. 1957. *The Rise of the Novel: Studies in Defoe, Richardson and Fielding*. Berkeley: University of California Press(이언 와트, 『소설의 발생』, 강유나·고경하 옮김, 강, 2009).

- Weber, Max. 1958. *The Protestant Ethic an the Spirit of Capitalism*. Translated by T. Parsons. New York: Charles Scribner(막스 베버, 『프로테스탄티즘의 윤리와 자본주의 정신』, 김덕영 옮김, 길, 2010).

- Wells, Kenneth. 1990. *New God, New Nation: Protestants and Self-Reconstruction Nationalism in Korea, 1896~1937*. Honolulu: University of Hawaii Press(케네스 웰스, 『새 하나님 새 민족』, 김인수 옮김, 한국장로교출판사, 1997).

- Welter, Barbara. 1978. "She Hath Done What She Could: Protestant Women's Missionary Careers in Nineteenth Century America." *American Quarterly* 30 (Winter).

- White, Hayden. 1973. *Metahistory: The Historical Imagination in Nineteenth-Century Europe*. Baltimore, MD: Johns Hopkins University Press(헤이든 화이트, 『메타 역사』 1~2, 천형균 옮김, 지만지, 2014).

- _____. 1978. *Tropics of Discourse: Essays in Cultural Criticism*. Baltimore, MD: Johns Hopkins University Press.

- _____. 1978. "The Historical Text as Literary Artifact." In *The Writing of History: Literary Form and Historical Understanding*, ed. R. Canary and H. Kozicki. Madison: University of Wisconsin Press.

- _____. 1981. "The Value of Narrativity in the Representation of Reality." In *On Narrative*, ed. W. J. T. Mitchell. Chicago: University of Chicago Press.

- Wigen, Kären. 1999. "Culture, Power, and Place: The New Landscape of East Asian Regionalism." *American Historical Review* 104, no. 4

애국의 계보학

(October 1999): 1183~1201.

- Williams, Raymond. 1973. *The Country and the City*. New York: Oxford University Press(레이먼드 윌리엄스, 『시골과 도시』, 이현석 옮김, 나남, 2013).

- Wolf, Eric. 1982. *Europe and the People Without History*. Berkeley: University of California Press(에릭 울프, 『유럽과 역사 없는 사람들』, 박광식 옮김, 뿌리와이파리, 2015).

- Woods, George. 1984. *Naval Surgeon in Korea*. Berkeley: University of California Press.

- Yi In-jik. 1989. "Hyŏlŭinu." In *Korean Classical Literature: An anthology*, ed. Chung Chong-hwa. New York: Kegan Paul International(이인직, 『혈의 누』, 광학서포, 1907).

- Yi Ki-baik. 1984. *A New History of Korea*. Translated by E. Wagner. Cambridge, MA: Harvard University Press(이기백, 『한국사신론』, 일조각, 1999).

- Yi Ki-dong. 1987. "The Study of Ancient Korean History and Its Problems." *Korea Journal* 27: 41~50.

- Yim, Louise. 1951. *My Forty-Year Fight for Korea*. Seoul: International Cultural Research Center, Chungang University.

- Yoon Nae-hyun. 1987. "The True Understanding of Old Chosŏn." *Korea Journal* 27: 23~41.

- Young Ick Lew. 1990. "The Conservative Character of the 1894 Tong-hak Peasant Uprising: A Reappraisal with Emphasis on Chŏn Pong-jun's Background and Motivation." *Journal of Korean Studies* 7: 149~180.

- Young, Louise. 1998. *Japan's Total Empire: Manchuria and the Culture of Wartime Imperialism*. Berkeley: University of California Press.

- Yu Beong-cheon. 1992. *Two Pioneers: Han Yong-un and Yi Kwang-su of*

Modern Korean Literature. Detroit: Wayne State University Press.

- Yue, Meng. 1993. "Female Images and National Myth." In *Gender Politics on Modern China: Writing and Feminism*, ed. Tani Barlow. Durham, NC: Duke University Press. 1994.

- Žižek, Slavoj. 1993. *Tarrying with the Negative: Kant, Hegel, and the Critique of Ideology*. Durham, NC: Duke University Press(슬라보예 지젝,『부정적인 것과 함께 머물기』, 이성민 옮김, 비, 2007).

- Zǒng In-sob. 1959. *Folktales of Korea*. Seoul: Korean Cultural Series.

- _____. 1982. *Folktales from Korea*. Seoul: Hollym Corporation.

한국어 저작과 논문

- 강만길,『한국현대사』, 창작과비평사, 1984.

- 구인환,『이광수 소설연구』, 삼영사, 1983.

- 김남주,『농부의 밤』, 기독생활동지회, 1987.

- 김대중,『나의 삶 나의 길』, 산하, 1997.

- _____,『다시 새로운 시작을 위하여』, 김영사, 1998.

- 김동인,『춘원연구』, 신구문화사, 1956.

- 김란기,「기념관인가 박물관인가?」,《Plus》, 1994년 7월호.

- 김봉석,「대학 자주문화론」,《대학의 소리》4호, 1989.

- 김열규,『한국문화의 뿌리』, 일조각, 1989.

- 김영철,「한국대학생의 문화화과정 연구」, 서울대학교 석사학위논문, 1986.

- 김윤식,『근대한국문학연구』, 일지사, 1973.

- _____,『한국근대문학사상』, 서문당, 1974.

- _____,『한국근대소설사연구』, 을유문화사, 1986.

- _____,『이광수와 그의 시대』, 솔출판사, 1999.

- 김정숙, 『우리 어버이』, 금성청년출판사, 1987.
- 김종신, 『박정희 대통령: 농민의 아들이 대통령이 되기까지』, 한림출판사, 1970.
- 김지하, 『황토』, 한얼문고, 1970.
- 김태준, 「이광수의 문학론」, 『춘원 이광수 문학연구』, 연세대학교 국학연구원 엮음, 국학자료원, 1994.
- 김형배, 「신채호의 무정부주의에 관한 일고찰」, 『신채호의 사상과 민족독립운동』, 단재신채호선생기념사업회 엮음, 형설출판사, 1986.
- 문병란, 「직녀에게」, 『죽순밭에서』, 한마당, 1979.
- 문순태, 「철쭉제」, 『피울음』, 일월서각, 1983.
- 박경리, 『토지』(1969~1994), 지식산업사, 1987~1990.
- 박세길, 『다시 쓰는 한국 현대사』, 돌베개, 1988.
- 박은식, 「고구려 영락대왕 묘비등본」, 《서북학회월보》 제1권 제9호, 1909.
- _____, 『한국통사』(1910), 박영사, 1974.
- 박정희, 『우리 민족의 나갈 길』, 동아출판사, 1962.
- _____, 『국가와 혁명과 나』, 향문사, 1963.
- _____, 『박정희대통령연설문집』 제1집, 대통령 비서실, 1965.
- _____, 『박정희대통령연설문집』 제2집, 대통령 비서실, 1966.
- _____, 『박정희대통령연설문집』 제3집, 동아출판사, 1967.
- _____, 『박정희대통령연설문집』 제4집, 대통령 비서실, 1968.
- _____, 『박정희대통령연설문집』 제5집, 대통령 비서실, 1969.
- _____, 『박정희대통령연설문집』 제6집, 대통령 비서실, 1970.
- _____, 『박정희대통령연설문집』 제7집, 대통령 비서실, 1971.
- _____, 『박정희대통령연설문집』 제8집, 대통령 비서실, 1972.
- _____, 『박정희대통령연설문집』 제9집, 대통령 비서실, 1973.
- _____, 『박정희대통령연설문집』 제10집, 대통령 비서실, 1974.

- _____,『박정희대통령연설문집』제11집, 대통령 비서실, 1975.
- _____,『박정희대통령연설문집』제12집, 대통령 비서실, 1976.
- _____,『박정희대통령연설문집』제13집, 대통령 비서실, 1977.
- _____,『박정희대통령연설문집』제14집, 대통령 비서실, 1978.
- _____,『박정희대통령연설문집』제15집, 대통령 비서실, 1979.
- _____,『박정희대통령연설문집』제16집, 대통령 비서실, 1979.
- 박종철열사기념사업회,『그대 온몸 깃발되어』, 소나무, 1989.
- 백봉,『민족의 태양 김일성 장군』, 인문과학사, 1968.
- 신동엽,『신동엽 전집』, 창작과비평사, 1975.
- 신용하,『신채호의 사회사상 연구』, 한길사, 1984.
- _____,『한국민족독립운동사연구』, 을유문화사, 1985.
- _____,「신채호의 민족독립운동론의 특질」,『신채호의 사상과 민족독립운동』, 단재신채호선생기념사업회 엮음, 형설출판사, 1986.
- _____,「단재 신채호의 민족주의 사상의 성격」,『신채호와 한국민족주의』(단재 신채호 선생 순국 60주년기념 학술대회 논문집), 단재신채호선생기념사업회, 1996.
- 신일철,『신채호의 역사사상연구』, 고려대학교출판부, 1981.
- _____,「신채호의 근대국가관: 자강주의(국가)에서 아나키즘적(사회)에로」,『신채호의 사상과 민족독립운동』, 단재신채호선생기념사업회 엮음, 형설출판사, 1986.
- 신채호,「독사신론(讀史新論)」(1908),『신채호 역사논설집』, 정해렴 엮음, 현대실학사, 1995.
- _____,「을지문덕」(1908),『꿈하늘』, 송재소·강명관 엮음, 동광출판사, 1990.
- _____,「서호문답(西湖問答)」(1908),『단재신채호전집』별집, 단재신채호선생기념사업회 엮음, 형설출판사, 1972.
- _____,「제국주의와 민족주의」(1909),『단재신채호전집』하권, 단재

애국의 계보학

신채호선생기념사업회 엮음, 형설출판사, 1972.

- _____, 「문화와 무력」(1910), 『단재신채호전집』 별집, 단재신채호선
생기념사업회 엮음, 형설출판사, 1972.

- _____, 「이수상에게 도서열람을 요청하는 편지」(1910), 『단재신채호
전집』 별집, 단재신채호선생기념사업회 엮음, 형설출판사, 1972.

- _____, 「언무수문(偃武修文)」(1910), 『신채호 역사논설집』, 정해렴 엮
음, 현대실학사, 1995.

- _____, 「꿈하늘」(1916), 『꿈하늘』, 송재소·강명관 엮음, 동광출판사,
1990.

- _____, 「문예계 청년에게 참고를 구함」(1917), 『단재신채호전집』 하
권, 단재신채호선생기념사업회 엮음, 형설출판사, 1972.

- _____, 「조선혁명선언」(1923), 『단재신채호전집』 하권, 단재신채호선
생기념사업회 엮음, 형설출판사, 1972.

- _____, 「낭객의 신년만필」(1925), 『단재신채호 집』 하권, 단재신채호
선생기념사업회 엮음, 형설출판사, 1972.

- _____, 「용과 용의 대격전」(1928), 『꿈하늘』, 송재소·강명관 엮음, 동
광출판사, 1990.

- _____, 「한국사총론(조선상고사)」(1931), 『신채호』, 안병직 엮음, 한길
사, 1976.

- 오태석, 『은혜로운 태양: 백두산은 말한다』, 인문과학사, 1975.

- 윤내현, 『한국 고대사 신론』, 일지사, 1986.

- 이광린, 『한국개화사연구』, 일조각, 1969.

- _____, 『한국개화사상연구』, 일조각, 1979.

- 이광수, 「문학의 가치」(1910), 『이광수전집』 1, 우신사, 1979a.

- _____, 「문학이란 하오」(1916), 『이광수전집』 1, 우신사, 1979b.

- _____, 「소년의 비애」(1917), 『이광수전집』 8, 우신사, 1979c.

- _____, 「어린 벗에게」(1917), 『이광수전집』 8, 우신사, 1979d.

- _____, 「야소교의 조선에 준 은혜」(1917), 『이광수전집』 10, 우신사, 1979e.

- _____, 『무정』(1917), 일신서적출판사, 1994.

- _____, 「사랑인가」(1909), 김윤식 옮김,《문학사상》, 1981년 2월호.

- 이만열,『한말기독교와 민족운동』, 평민사, 1980.

- _____,『한국기독교와 역사의식』, 지식산업사, 1982.

- 이병주,『지리산』, 한길사, 1988.

- 이재선,『한국현대소설사』, 홍성사, 1979.

- 이화100년사편찬위원회 엮음,『이화 100년사 자료집』, 이화여자학교 출판부, 1994.

- 임수경후원사업회 엮음,『어머니 하나된 조국에 살고 싶어요』, 돌베개, 1990.

- 전쟁기념사업회,『전쟁기념관 전시연출계획』, 전쟁기념관, 1990.

- 조동일,『한국문학사상사시론』, 지식산업사, 1978.

- 조사연,「대학가 생활문화운동의 개념」,《대학의 소리》, 1989년 5월호.

- 조선로동당중앙위원회 당력사연구소,『위대한 수령 김일성 동지 혁명활동략력』, 조선로동당출판사, 1969.

- 조용만·송민호·박병채,『일제하의 문화운동사』, 민중서관, 1970.

- 조정래,『태백산맥』 1~10, 해냄, 1995.

- 진성호,『대학의 얼굴』, 일월서각, 1985. (*1984)

- 최영희,「3·1운동이 이뤄낸 민족 독립운동의 원천」,『3·1운동 50주년 기념논집』, 동아일보사, 1969.

- 최홍규,『신채호 민족주의사상』, 형설출판사, 1983.

- 한국민중사연구회 엮음,『한국민중사』, 풀빛, 1986.

- 한동민,『애국이란 무엇인가』, 참한출판사, 1988.

- 한용운,『한용운 시집』, 정음사, 1973.

- 함석헌,『뜻으로 본 한국역사』(초판 제목은 『성서적 입장에서 본 한국역

사』, 1954), 한길사, 1983.

- 황석영 기록, 전남사회운동협의회 엮음,『죽음을 넘어 시대의 어둠을 넘어』, 풀빛, 1985.
- 황패강 외 엮음,『한국문학연구입문』, 지식산업사, 1982.

신문, 잡지, 정부 간행물

- *Korean News Review*
- *Korea Herald*
- *Korea Report*
- *Korea Today*(《오늘의 조선》)
- *Korea Times*
- *News+*
- *Stars and Stripes*
- 《가정잡지》
- 《뉴스피플》
- 《대한매일신보》
- 《동아일보》
- 《말》
- 《사회와 사상》
- 《서울신문》
- 《신동아》
- 《씨알의 소리》
- 《월간조선》
- 《월간중앙》
- 《조선중앙일보》
- 《조선일보》

- 《코리아 헤럴드》
- 《한겨레신문》
- 《황성신문》
- 대한민국 행정자치부 기록, 1970~1980

인터뷰

- 장정독과의 인터뷰, 서울, 1997년 4월 21일.
- 최영집과의 인터뷰, 서울, 1997년 3월 25일.

- 159쪽 국가기록원 제공, 관리번호 CET0027261
- 168쪽 국가기록원 제공, 관리번호 CET0062784
- 175쪽 국가기록원 제공, 관리번호 CET0027261
- 215쪽 ⓒ Sheila Miyoshi Jager
- 218쪽 ⓒ Sheila Miyoshi Jager
- 226쪽 전쟁기념관 오픈아카이브 제공, 아카이브번호 202007-0211
- 233쪽 전쟁기념관 오픈아카이브 제공, 아카이브번호 202011-0286
- 235쪽 전쟁기념관 오픈아카이브 제공, 아카이브번호 202011-0150
- 251쪽 국가기록원 제공, 관리번호 CET0089114

숫자

애국의 계보학

메두사의 시선 04

애국의 계보학
대한민국의 정체성을 만든 서사들

초판 1쇄 발행 | 2023년 10월 27일

지은이 | 실라 미요시 야거
기획·감수 | 정희진
옮긴이 | 조고은
펴낸이 | 임윤희
편   집 | 민다인
표지 디자인 | 석운디자인
제   작 | 제이오

펴낸곳 | 도서출판 나무연필
출판등록 | 제2014-000070호(2014년 8월 8일)
주소 | 08613 서울 금천구 시흥대로73길 67 엠메디컬타워 1301호
전화 | 070-4128-8187
팩스 | 0303-3445-8187
이메일 | book@woodpencil.co.kr
홈페이지 | woodpencil.co.kr

ISBN | 979-11-87890-52-2 94300
      979-11-87890-18-8 94300 (세트)

Narratives of Nation-Building in Korea